解　説
企業経営学

ANALYSIS OF BUSINESS AND MANAGEMENT

藤芳　明人

［著］

はしがき

　バブルの崩壊から続く平成不況の間（失われた10年）に，日本的（型）経営は凋落した。その間に，サッチャーイズムとレーガノミックスに基づく規制緩和と市場原理主義で装備した経済グローバリゼーションによって，アメリカ型経営は復活した。しかし21世紀に入るや，アメリカ型グローバリゼーションにも翳が見えはじめた。

　エンロン，ワールドコム事件（2001年，2002年）で，アメリカの企業統治は決して万全ではないことが暴露された。そして，サブプライムローン（信用力の低い個人向け住宅融資）を証券化した金融商品を世界中に売りまくったところ，アメリカ住宅バブルの崩壊によって，世界中に金融危機をばらまく結果を招いた（2008年）。景気回復なるかと思われていた日本経済も再び不況に追い込まれることになった。

　まさに変化の激しい不確実性の時代である。私たちは日本的（型）経営を反省し，アメリカ型経営に修正を加え，しかも蓄積された経営原理を確認しながら，経営学の研究をすすめなければならない。

　本書作成の思考枠組は，つぎのようである。

　(1) 事業を経営する母体が企業である。その企業は資本の結合体であり，同時に人間の結合体である。したがって，『経営学』ではなく『企業経営学』である。

　(2) 株主主権の経営論から利害関係者共生の経営論に転換をはかる。この原点を近江商人「三方よし」の経営理念にみることができる。

　そして，本書はつぎのような構成になっている。

第1章　B・M・G企業論と株式会社

　新会社法による日本株式会社の解説と米・独・中国との国際比較。B・M・G（Business・Management・Governance）三面体企業像と会社機関設計の試案。

第2章　イノベーションと企業経営

　シュンペーターの「イノベーション理論」および藤芳誠一（明治大学）と

阿部實（帝人）の「蛻変の経営哲学」を解説。製造，流通，金融の業種別企業レベルにおけるイノベーション事例を紹介。自動車産業（フォードと GM およびトヨタ自動車）におけるイノベーションの脈絡を検討。

第3章　経営戦略論の展開

企業不祥事を起してまで利潤を追求する経営戦略は認められない。経営戦略は「適正利潤とゴーイング・コンサーン」標的内の戦略である。中でも重要な戦略は，企業集中力形成のための「コア・コンピタンス戦略」と「選択と集中戦略」であり，企業力革新のための「事業多角化戦略」と「事業転換戦略」である。

第4章　経営組織の編成原理と活性化

2つの組織編成原理（職能部門別組織と事業部制組織）と2つの組織構成形態（権限分類組織と事業分類組織）とを解説する。さらに，最近の新しい組織活性化策（事業解体組織，事業集積組織，知識創造組織など）を検討する。

第5章　企業不祥事とコンプライアンス経営

企業の不正会計を防止する法律・アメリカの SOX 法にならって，日本でも日本版 SOX 法が制定された。しかし，企業不祥事はいろいろな発生源からいろいろな業種で起った。この事態に対し，企業は法令遵守の経営体制を整備することが要求された。これにとどまらず，企業倫理実践（社会的責任遂行）の経営体制を整備することが望まれている。

第6章　日本的（型）経営の変容

アベグレンの日本的経営「三種の神器」は日本の高度成長を支えたが，すでに崩壊した。かわってアメリカ型グローバル経営が台頭した。しかし，これも不正会計事件や金融危機問題で信頼を失いつつある。

日本的（型）経営再生の道は，(1)「会社人間」（滅私奉公）を踏み台にした経営を「自立人間」（ワーク・ライフ・バランス）形成の経営に転換すること，(2)「利害関係者共生」の会社機構を設計し，東アジア共同体の形成に貢献することにある。

第7章　代表的マネジメント（経営と管理）理論

伝統的，代表的マネジメント理論をそれぞれ図表化してわかりやすく解説する。古典化した理論であっても，現代の経営実践の指針となるものが多々ある。また，ここのタイトルに使用したマネジメント（management）の用語は経営と管理の両方を含んでいる。

　第8章　リーダーシップとモチベーションの理論類型

　組織能力を高める原動力となるものは，個人の資質よりもリーダーシップとモチベーションであろう。リーダーシップは資質，形態，状況で分類した代表的理論を，モチベーションは内容と仕組みで分類した代表的理論をそれぞれ解説する。

　本書を作成するにあたって，「ドイツの株式会社制度」については，明治大学教授高橋俊夫先生から，「中国の株式会社制度」については，神奈川大学大学院宣京哲氏から，それぞれ資料の提供ならびにご指導をいただいた。厚く御礼申し上げる。

　また，本書作成上の資料蒐集については，中京学院大学准教授谷井良先生に，文章作成上の整理については，筆者の前任校の教え子である小山勇治君にお手伝いいただいた。深く感謝申し上げる。さらにまた，わが父明治大学名誉教授藤芳誠一先生から監修的援助をいただいた。同じく深く感謝申し上げる。

　最後に，筆者にとって最初の単著となるこの本の出版を成功させて下さった学文社の田中千津子社長はじめ編集スタッフ・社員の皆様に，心より謝意を表する。

　2008年11月11日

　　　　　　　　　　　　　　　　　　　　　　　　著者　藤芳　明人

目　次

はしがき　i

第1章　B・M・G企業論と株式会社──────1
1. 日本の株式会社制度　1
2. 株式会社の機関設計　7
3. 国際比較と会社改造　18
4. 中国の株式会社制度　32
5. B・M・G企業の構想と会社機関設計　42

第2章　イノベーションと企業経営──────55
1. イノベーションの概念　55
2. 企業経営におけるイノベーションの種類と事例　62
3. イノベーターとベンチャー・ビジネス　71
4. 蛻変の経営（企業の自己変革）　74

第3章　経営戦略論の展開──────81
1. 経営戦略の概念　81
2. ポジショニング戦略（企業地位獲得戦略）　90
3. 資源ベース戦略　95
4. 組織間関係戦略　103

第4章　経営組織の編成原理と活性化──────111
1. 組織原則と「権限分類」組織　111
2. 分業原理と「事業分類」組織　125
3. 組織活性化の新潮流　131
4. 組織の新しい課題　140

目　次　v

第5章　企業不祥事とコンプライアンス経営 ―――――――153
1. 企業不祥事　153
2. コンプライアンス経営　158
3. 社内自主管理の仕組み　163

第6章　日本的（型）経営の変容 ―――――――――――171
1. 日本的（型）経営　171
2. 「自立人間」の登場　177
3. 日本企業のグローバル経営　182
4. 江戸時代の「日本的経営原理」　190

第7章　代表的マネジメント（経営と管理）理論 ――――195
1. テイラーの「科学的管理法」　195
2. ファヨールの「管理概念」　201
3. フォーディズムとフォード・システム　207
4. ドラッカーの顧客創造の「経営哲学」　213
5. バーナードの「組織の成立と存続」理論　219
6. サイモンの「意思決定論」　225
7. メイヨー＝レスリスバーガーの「人間関係論」　231
8. ウェーバーの「官僚制」とマートンの「逆機能論」　237

第8章　リーダーシップとモチベーションの理論類型 ――245
1. アーウィックの「リーダーシップ論」（資質論）　245
2. ブレイク＝ムートンの「マネジリアル・グリッド」（形態論）　250
3. フィードラーのLPCとハーシー＝ブランチャードのSL理論（状況理論）　256
4. マズローの「欲求段階説」（コンテンツ・セオリー）　262
5. ブルームとポーター＝ローラーの「期待理論」（プロセス・セオリー）　270

索引　276

第1章　B・M・G企業論と株式会社

1. 日本の株式会社制度

1-1　株式会社形態の普及

　株式会社の元祖は，1600年に特許状によって設立されたイギリスの東インド会社であるという人もあるし，1602（慶長7）年に成立したオランダの東インド会社というのが定説だという人もある。

　これらの会社をはじめとして，17世紀から18世紀の株式会社は，いずれも国王の特許状によって設立（特許主義）されたもので，法律に従っていれば誰でも株式会社を設立できる（準則主義）ようになったのは，19世紀に入ってからである。この設立方法の普及が始まったのは，イギリスでは1844年，フランスでは1867年，ドイツでは1870年，そしてアメリカで，デラウェア会社法が最も重要な地位を占めたのは1899年のその制定に始まる。日本では明治時代になってからである。

　株式会社は，政治上の三権分立の考え方にならって，取締役会（代表取締役）は内閣（内閣総理大臣），株主総会は国会，監査役は司法に擬してつくられており，経済民主主義のひとつの型をみるものであった。そして，20世紀に入ると，株式会社制度は爆発的に世界中に普及した。

　共産主義を捨てたロシアが，株式会社制度を導入するのは当然のこととして，社会主義を捨てない中国までも，株式会社制度を導入した。また，今日では，営利事業以外の社会的分野にも，その導入が始まった。日本でも病院や学校経営さらに農業経営にも導入されつつある。

　2006年5月施行の新会社法では，資本金1円でも会社を設立することが可能になったので，資本金が1円であれば株主は1人になる。形式的には資本金1

円株主1人の会社が成立することになるが，これでは株式会社の実体をともなわない。

　いずれにしても，株式会社制度のはなばなしい世界的普及は否定できない。奥村宏（1997）は「資本主義が生んだ最大の発明品は蒸気機関でもなければ鉄道でもない，それは株式会社だ，といわれる」と指摘している1)。

1-2　株式会社形態上の特質

　神田秀樹（2006）は，「株式会社形態が，世界的に普及しつつあると言えるためには，株式会社形態の核となる部分は世界的に共通でなければならない。そうでなければ，株式会社形態の世界的な普及ということはできないからである。そして，実際のところ，株式会社形態の核となる部分は世界的に共通なのである。したがって，株式会社形態の圧倒的普及の理由は，株式会社形態がもつ特質にあるはずだということになる。それは何だろうか。
(1) 出資者による所有　(2) 法人格の具備　(3) 出資者の有限責任
(4) 出資者と業務執行者との分離　(5) 出資持分の譲渡性」
という見解を述べている2)。

　筆者は，この神田の見解を参考として，そのなかでもより強力な普及要因となった特質について検討しておくことにする。

① 会社債権者に対する出資者の有限責任

　無限責任では，事業に伴う借金であっても，経営者個人の全財産を担保として返済の責任を負わなければならない。一方有限責任では，株式会社の出資者（株主）は，出資額を超えて会社の債務について会社債権者に対して責任を負わない。

　有限責任であるということは，出資をしようとする者にとってはリスクが明確で，多数の出資者から資本を集めやすく，大規模な共同事業の形成に極めて有効に機能する。

　小規模会社のオーナー経営者にしてみると，事業に失敗して，仮に倒産して

も，個人財産まで強制執行されることはないから，安心して会社を経営できるメリットがある。

② 出資と経営の分離――専門経営者の登場

　株式会社の出資者は不特定多数である。多数の出資者がいちいち経営上の意思決定を行ったり，業務執行を担当することは事実上困難である。持分出資者（支配権すなわち経営への発言権を有しない種類の出資者）＝小株主は言うまでもなく，支配株主＝大株主であっても，無限責任の負担から解放されているため，みずから経営を担当する必然性はない。さらにまた，イノベーションの時代，不確実性の時代，グローバル化の時代においては，会社経営は高度の経営能力を必要とする。したがって，高度の経営能力をもつ所有経営者（owner manager）に代わる専門経営者（professional manager）が登場し，いわゆる出資（所有）と経営が分離されるのである。

　株式会社において，この経営を担当するのが取締役および取締役会である。日本だけではなく，先進国の会社法も，共通して取締役会の設置を要求している。

③ 出資持分（株式）の自由譲渡

　株式会社は，全資本金を均一少額単位＝株式へ分割して，資本金を集める。

　株式会社の株式は全資本金を均一少額単位に分割されたものであり，それは同時に出資する（株式を購入）ことによって得られる株主の権利を均等に分割し，単位化したものでもある。その権利とは，経営に参加する議決権（共益権），利益の分配にあずかる利益配当請求権（自益権）などである。

　この株式は，小口であること，目に見える株券という形をとることによって，譲渡性が高められている。株式会社以外の会社形態では，遺産相続の場合を除き，（無限責任）社員のすべての合意がなければ他人に株式にあたる持分を譲渡できない（有限会社では持分の譲渡は社員総会の承認を受けなければならない）。株式会社では，株式は譲渡可能であり，現実には一般投資家が所有する

上場株式を証券市場で自由に売買できる。2009年には株券の電子化により,譲渡も新しい振替制度にかわる。

1-3 法律用語と会社法

株式会社を会社法に基づいて研究するには,まず「会社の法律用語」と「会社法」の予備知識が必要である。岸田雅雄（2006）は「会社の法律用語」をやさしく教えてくれる。また神田秀樹（2006）は「会社法って,何？」と入門の幕を開けてくれる。そこで,つぎに両氏の教えを乞うことにする。

① 法律用語
・**法人企業** 私企業には個人企業もあれば,法人企業もあるが,その中心は法人企業である。たとえば近所の小さな八百屋さんが個人で商売をしていれば個人企業であるが,会社設立の手続きをして法人格を取得すれば法人企業となる（このように実体は個人企業に近いのに,法人格を取得して法人となることを「法人成り」という）。
・**法人** 文字どおり法律がつくった人である。これまで個人と呼んできた生きている人は,法律用語では「自然人」というが,法人とは「自然人以外のもので法律上の権利義務の主体とされているもの」である。
・**社団と社員** 団体としての組織・機構を備えた集団を「社団」といい,その集団を構成するメンバー（構成員）を「社員」と呼ぶ。
・**社団法人** 様々な形態の社団が現実に活躍しているわけだが,法律上一定の条件を満たす社団については,その権利能力を認め,権利義務の主体として扱うことにした。これが「社団法人」である。

権利義務の主体となることができるということは,法人自身がその名前で土地を買い商品を売るなどの取引行為＝法律行為（意思表示）をなし得るということである。
・**会社** 会社とは,営利を目的とする社団法人である。法律は原則として,法人となり得る団体を,営利を目的とする社団と公益を目的とする社団に限定し

ている。親睦団体のように営利も公益も目的としない社団は、通常は権利能力を持たない。

　法人格を取得して会社になることの意味は、(1) 会社の名前で権利義務の主体となることができること、(2) 会社の財産と社員（出資者）の個人財産が明確に区別されること、(3) さらに会社の債権者に対して社員（出資者）の責任が軽減されること、などである。ただし、合名会社は無限責任社員によって構成されるから責任軽減は認められない。

② 会社法って，何？

　株式会社にかかわる法律は多数ある。会社法は会社の基本法と言われるけれども、私たち一般の市民にとってはなじみにくい法律である。それは、普通は、会社というと、働く所だというイメージがまず浮かぶからではないかと思う。そして、会社で働くヒトは一般には従業員あるいは労働者といい（会社法では使用人と呼ぶ）、働くことに関する法律は、会社法ではなく、労働法という法律である。会社法には、従業員はほとんど登場しない。そこが会社法になじめないところである。

　会社をめぐる法律には、実に様々なものがある（図表1-1）。

　では、会社法は何を定めているのか。

　それは、株主がおカネを出し、それに基づいて、会社の運営を決め、会社が

図表1-1　会社をとりまく主な法律

出所）　神田秀樹（2006）『会社法入門』岩波新書, 9頁。

活動するという面についてルールを定めているということになる。株主の集まりである株主総会で取締役を選び，取締役が代表取締役を選び，代表取締役が会社の業務を行うというのが通常の姿である。市民感覚からすると，会社の活動のほとんどは従業員が行っている（たとえば自動車会社で自動車を作っているのは従業員だ）というのが実感だろう。そしてその実感は正しい。

しかし，会社法はそういうところにはほとんど触れていない。

なぜ，会社法が会社についての基本法なのか。働く人にとっての基本法は会社法ではなく労働法なのではないのか。それはそのとおりである。繰り返しになるが，会社法は，株主がおカネを出し，それに基づいて，会社の運営を決め，会社が活動するという面についてルールを定めているということである。会社の活動を決めるのは，株主に究極の出発点があるというのが株式会社の仕組みの基本なのである。会社法が会社の基本法といわれる理由はここにある。

2. 株式会社の機関設計

2-1 会社の機関とは何か

　会社は法人であり，法人は人間が「頭のなかでつくった存在」（法の技術）であるから，自ら意思を有し行為することはできない。そこで「一定の自然人または会議体」（ヒトや組織）の行う意思決定や一定の自然人のする行為を会社の意思や行為とすることが必要になる。このような「一定の自然人または会議体」（ヒトや組織）を会社の機関と呼ぶ[3]。

　会社法において，株式会社が必ず置かなければならない会社の機関は株主総会と取締役だけで，それ以外の取締役会，代表取締役，監査役（監査役会），会計参与，会計監査人，執行役（代表執行役）等は，オプション仕様として，定款の定めによって，設置することができる。

　この機関の組み合わせ方は，まったく自由というわけではなく，法律で一定の組み合わせ方法が決められており，40通りの組み合わせ方ができる。

　神田秀樹は，この組み合わせ方法を機関設計に関する会社法の基本的なルールとしてつぎのように整理している[4]。

(1) すべての株式会社は株主総会と取締役が必要。
(2) 公開会社（全部株式譲渡制限会社以外の会社）は取締役会が必要。（取締役会が置かれた場合には，単なる取締役は会社の機関ではなくなり，取締役会の構成員にすぎなくなる。）
(3) 取締役会を置いた場合（任意に置いた場合も含む）は，監査役（監査役会を含む）また三委員会（指名，監査，報酬）と執行役のいずれかが必要。ただし，例外として，大会社以外の非公開会社で会計参与を置いた場合は別である。なお，監査役（監査役会を含む）と三委員会・執行役の双方を置くことはできない。また，三委員会・執行役を置く会社を委員会設置会社というが，委員会設置会社以外の大会社で公開会社である会社は監査役会が必要である。

(4) 取締役会を置かない場合は，監査役会や三委員会・執行役を置くことはできない。
(5) 大会社では会計監査人が必要。
(6) 会計監査人を置くためには，監査役（監査役会を含む）または三委員会と執行役（大会社かつ公開会社では監査役会または三委員会と執行役）のいずれかが必要。

　この中で使用されている非公開会社は公開会社に対峙する会社であるから，「発行株式のすべてについて株式の譲渡制限を設けている会社」をいう。従って，それ以外の会社が公開会社である。大会社と中小会社の区別については，新会社法では，資本金5億円以上，または負債総額が200億円以上の株式会社を大会社とし，それ以外の会社はすべて中小会社となる。

2-2　株式会社の「日本型」と「アメリカ型」

　日本の株式会社は新しい会社法において，いわゆる伝統的な監査役設置型の会社か，委員会設置型の会社か，いずれかを選択することができる。監査役設置型とは株主総会が，取締役とともに監査役を選任し，監査役は取締役の業務執行を監査するという日本型システムである。委員会設置型というのは，取締役会の中に委員会を設置し，取締役会で担当する業務を分担し，執行役を選任して通常の経営業務の執行を委任するというアメリカ型システムである。
　ここでは，比較対照図で概略を示し，以下株式会社の機関について解説することにする。

2-3　株主総会

　株主総会は，会社の所有者である株主によって構成され，会社の意思を決定する必要常置の機関である。新会社法では，株主総会は，会社法に規定する事項および株式会社の組織，運営，管理その他株式会社に関する一切の事項について決議することができることになっている。
　しかし，所有と経営の分離を前提とする取締役会設置会社においては，会社

第1章　B・M・G企業論と株式会社　9

図表1-2　選択できる2つのタイプ

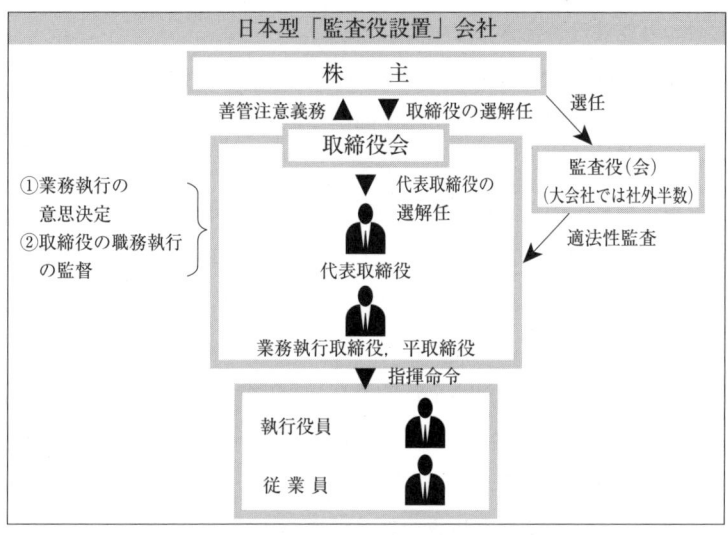

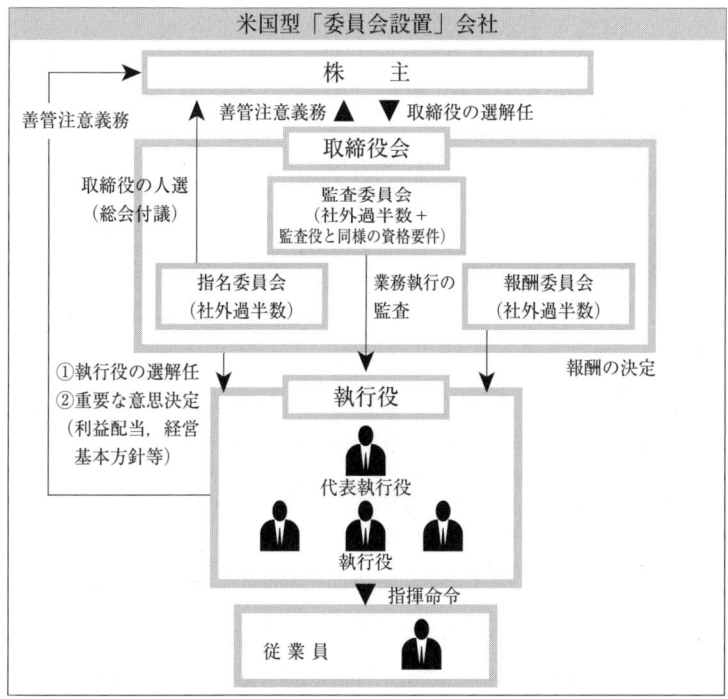

出所）『日本経済新聞』2002年6月28日朝刊。

法に規定する事項および定款で定めた事項に限り決議することができるとされ，株主総会の万能性は否定されている。

会社法上，株主総会の決議を経なければならない重要な事項は，(1) 取締役・監査役などの機関の選任・解任に関する事項，(2) 会社の基礎的変更に関する事項（定款の変更，合併・会社分割，解散等），(3) 株主の重要な利益に関する事項（剰余金配当，株式併合等），(4) 計算書類の承認，などである。

株主総会は取締役（委員会設置会社では執行役）が株主を招集して開催する。株主の株主総会における議決権の数は株式1株につき1個の議決権で，これを1株1議決権の原則という。

決議の仕方としては，議決権を行使することのできる株主の議決権の過半数を有する株主が出席し（定足数），その出席株主の議決権の過半数で決定する「普通決議」（通常決議）がある。このほか，3分の2以上の議決権数で決定する「特別決議」やより厳格な決議要件が課せられる「特殊決議」もある。

また株主には，その地位に基づいて会社に対する権利がある。その株主の権利には，自益権（剰余金配当請求権）と共益権（議決権）とがある。

2-4 取締役・取締役会

① 取締役とは何か

会社経営を実際に行うのは取締役である。したがって，非公開会社では取締役が機関となり，公開会社では，その取締役を構成員とする取締役会と代表取締役が，会社を経営する機関となる。員数は，取締役会設置会社では3人以上必要。取締役の任期は2年。非公開会社では，定款により10年とすることができる（委員会設置会社では取締役の任期は1年）。

新たに取締役に選任された者は会社と委任契約を結ぶ。委任契約というのは，会社が取締役になった者に一定の法律行為（主として取引行為）をすることを委託することである。したがって，従業員と異なり，労働法上の保護の適用もなく，任期が過ぎて再任されなければ，その職を辞さねばならない。取締役の会社における立場は雇用契約という「労務に服する」という契約を会社と結ん

でいる従業員の立場とはまるで違うものである。しかし，日本の場合，従業員（使用人）として雇用契約を結んだまま，日本的雇用慣行である内部昇格制度で取締役として委任契約を同時に結ぶ使用人兼取締役が存在しているところに問題がある。

② 取締役会

　取締役会とは，すべての取締役で構成される会議体で，公開会社では必ず設置しなければならない（取締役会という場合，取締役の集合体たる機関（board of directors）とその機関が開催する会議（meeting of directors）の両方を意味するので注意）。そして，取締役の中から代表取締役を選定しなければならない。

　取締役会の職務は，つぎの通りである。
(1) 取締役会設置会社の業務執行に関する会社の意思決定を行う。
(2) 取締役の職務の執行の監督。
(3) 代表取締役の選定および解職を行う。

　業務執行に関する意思決定事項（つぎに掲げる事項を取締役に委任することはできない）は下記の7つである。
(1) 重要な財産の処分および譲受け。
(2) 多額の借財。
(3) 支配人その他の重要な使用人の選任および解任。
(4) 支店その他の重要な組織の設置，変更および廃止。
(5) 社債を引き受ける者の募集に関する事項。
(6) 取締役の職務の執行が法令・定款に適合することを確保するための体制，その他株式会社の業務の適正を確保するために必要なものとして法務省令で定める体制の整備（内部統制システムの構築）。
(7) 定款の定めに基づく役員等の責任の免除。

　そして，選定業務執行取締役は，いわゆる専務，常務という役付取締役に該当する。

なお社外取締役は、業務執行取締役にはなり得ない。代表取締役および業務執行取締役は3ケ月に1回以上、自己の職務執行の状況を取締役会に報告しなければならないのである。

③ 代表取締役と業務執行取締役

代表取締役は内部的および対外的な業務執行を遂行する執行機関である。したがって、社外的には会社を代表する権限を有する。

取締役会設置会社では、代表取締役は、取締役会の決議で取締役の中から選定する。したがって、代表取締役は取締役会の構成員であるから、経営意思決定と業務執行の連結をはかる重要な地位に立たされる。代表取締役が複数いる場合でも、代表取締役の業務執行は各自単独で執行し得る。日本の会社では一般的に社長が代表取締役となる。

また代表取締役以外の取締役であっても、取締役会の決議によって選任されたものは、業務執行取締役となる。

④ 取締役の義務（善管注意義務・忠実義務）

取締役と会社との関係は、委任契約に基づく委任関係である。そして取締役が行うべき仕事は会社の経営である。ところが、会社法は、この委任契約の内容や、経営の内容については何ら規定がない。しかし、経営を行う場合に、どのような基準に従って行うべきかについては、注意義務についての基準、すなわちこの程度の注意をもって行わなければならない、との規定がある。これが、民法および会社法に規定されている善管注意義務である。

善管注意義務とは、善良なる管理者に期待されるべき注意義務ということで、その者が具体的に持っている能力や注意力にかかわりなく、その職業、社会的・経済的地位（ここでは取締役としての地位）において一般に要求される程度の注意義務を意味する。取締役は、会社経営のプロとしての能力を発揮することが要請されるのである。この義務を尽くさない場合には、義務違反として債務（契約履行義務）不履行となる[5]。

この善管注意義務のほかに，取締役の義務として忠実義務が会社法で規定されている。取締役は，法令および定款ならびに株主総会の決議を遵守し，株式会社のため忠実にその職務を行わなければならない。

⑤ 取締役の監視義務・その他
(1) 監視義務
　代表取締役でも平取締役（一般の取締役）でも，取締役会の構成員の一員として，他の代表取締役および平取締役の職務執行を監視する義務を負う。その義務を怠り，損失が発生した場合には，その損害を賠償しなければならない。
(2) 内部統制システム構築の義務
　大会社では内部統制システムを構築することが，会社法で取締役に義務づけられている。すなわち，取締役に対して「取締役の職務の執行が法令及び定款に適合することを確保するための体制，その他株式会社の業務の適正を確保するために必要なものとして法務省令で定める体制の整備」を求めている。
　さらに，JSOX法（日本版金融商品取引法）では，内部統制報告書を作成し，公認会計士や監査法人の監査証明を受けることを，取締役に義務づけている。

2-5　監査制度

　監査制度は，監査を受ける者（被監査者）の行為の適正性（適法性・妥当性）を常に第三者が監視するシステムであるため，結果として，間接的にその被監査者に妥当な行為を強制することによって，行為の適正性を担保する機能を営むこととなる[6]。

① 監査
　監査とは，会社の行為および状態について，それに利害関係を持つ者の要請に基づき，これらの当事者以外の第三者が調査し，その結果を報告することである。会社法上監査には，業務監査と会計監査とがある。前者は会社の業務執行に関する取締役の行為に関する監査であり，後者は会社の財産状態（取締役

の活動の成果でもある）に関する監査である7)。

②監査役

　監査役は，取締役（会計参与設置会社では，取締役および会計参与）の職務の執行を監査する。この場合監査報告書を作成しなければならない。監査役は株主総会で選任され，それぞれが独立の機関としての地位を持つ〔独任制〕（取締役会設置会社の取締役は，取締役会の構成員としての地位を有するだけで会社の機関ではない）。監査役の員数は1人以上で，任期は4年とする。

2-6　監査役会

　監査役設置会社においては，監査役は3人以上で，そのうち半数以上は社外監査役でなければならない。監査役の中から互選によって1名以上の常勤の監査役を選定しなければならない。

　監査役会の職務は，(1) 監査報告の作成，(2) 常勤の監査役の選定・解職，(3) 会計監査人の選任・解職，(4) 監査の方針，調査の方法，職務の執行に関する事項の決定である。

2-7　社外監査役

　日本の会社における従来の監査役のほとんどは，その会社内部の取締役や従業員から選任されていた。しかしながらガバナンス刷新のために，外国の例にもみられるように，会社の内部出身者でない者，すなわち「社外監査役」を監査役会の構成員とする「社外監査役制度」が設けられた。

　そこで監査役設置会社では，監査役の半数以上は「過去にその会社，またはその子会社の業務執行取締役もしくは執行役または支配人その他の使用人となったことがない者」でなければならないと会社法において定められた。

2-8　会計監査人

　株式会社は定款で定めれば会計監査人を置くことができる。ただし大会社お

よび委員会設置は会計監査人を置かなければならない。会計監査人は，会計監査をプロとして行う公認会計士または監査法人でなければならない（公認会計士―企業が作成する財務諸表を第三者の立場からチェックし，信頼性を保証する専門家。国家試験に合格して，日本公認会計士協会の名簿に登録する。監査法人―公認会計士の法人組織。5人以上の公認会計士を有していることが設立の条件。監査役が行う社内監査に対して，公認会計士が行う監査は外部監査と呼ばれる）。員数に規制はなく，任期は1年である。

　会計監査人は会社の計算書類およびその関係書類を監査し，会計監査報告を作成する。いつでも，会計帳簿などの閲覧，また取締役（執行役）等から会計に関する報告を，求めることができる。

2-9　会計参与

　会計参与とは，取締役・執行役と共同して，計算書類の作成に関与する会社の機関である。会計参与になり得る者は，公認会計士（監査法人を含む）または税理士（税理士法人を含む）である。新会社法で新しく設けられた制度で，定款が定めればすべての株式会社に置くことができるが，実際には非公開会社（中小閉鎖会社）で税理士に限られるようである。

2-10　委員会設置会社

　2003年からわが国においても，アメリカ型株式会社制度が導入されることとなった。これが委員会等設置会社である。その後，新会社法では委員会設置会社（「等」がはずれた）と改めた。

　委員会設置会社とは，指名委員会，監査委員会，報酬委員会の3つの委員会を置く株式会社である。各委員会は，それぞれ委員3人以上で組織し，各委員会の委員は取締役の中から取締役会の決議によって選定される。そして，監査役や監査役会は置かれない。それとともに，取締役会により選任される執行役および代表執行役が業務執行を行うのであって，取締役は業務執行することはできない。取締役は執行役の業務執行を監督する。

図表1-3 委員会設置会社の体制

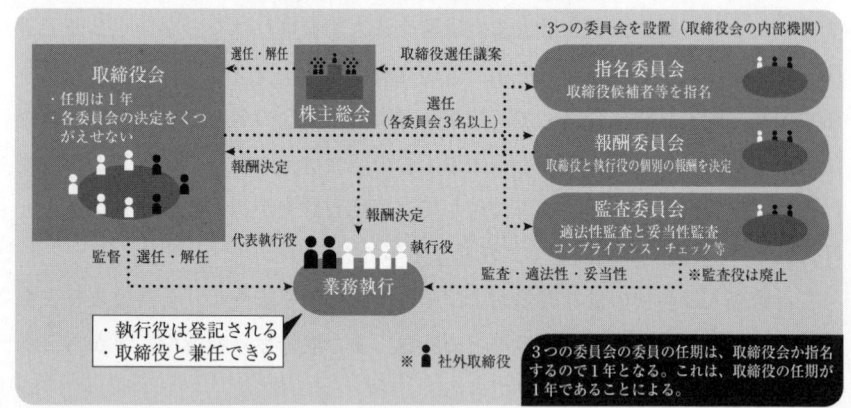

委員会設置会社は3つの委員会と取締役会,執行役の3極体制で運営される

※会社を代表するのは,代表執行役となり,代表取締役は廃止される。

出所) GAKKEN MOOK (2003)『これならわかるコーポレート・ガバナンス』学習研修社,27頁を一部修正。

① 取締役会制度

委員会設置会社においても,取締役および取締役会制度は存在する(代表取締役制度は存在しない)が,その機能は,従来型会社のそれとは大きく異なる。取締役の任期は1年。取締役会の権限は基本事項の決定,委員会構成委員の選任・監督,執行役の選任・監督等に限定される。

また取締役会の決議で,法定の事項を除いた業務執行を執行役に委任することができるが,これを取締役に委任することはできない。なお取締役会は取締役および執行役の職務の執行を監督する。

② 3委員会の組織と権限

委員会設置会社では,取締役会の内部機関として,取締役会を組織する取締役によって構成される指名委員会,監査委員会および報酬委員会の3つの委員会が必置の機関として設置される。各委員会は,それぞれ取締役3人以上で組織されるが,各委員会の委員の過半数は,社外取締役であって委員会設置会社

の執行役ではない者でなければならない。
(1) **指名委員会** 株主総会に上程する取締役の選任および解任に関する議案の内容を決定する機関。
(2) **監査委員会** 取締役および執行役の職務執行を監査し，株主総会に提出する会計監査人の選任・解任および不再任の内容を決定する権限を有する機関。監査委員は職制上兼職制限がある。
(3) **報酬委員会** 取締役および執行役が受けるべき個人別の報酬の方針・内容を決定する。

③執行役

　委員会設置会社においては，業務執行を担当する者として執行役が置かれる。執行役は，取締役会議によって委任された事項を決定し，委員会設置会社の業務を執行する機関である。委員会設置会社において，業務執行権限をもつのは執行役だけであり，取締役の立場で業務執行を行うことはできない。ただ，取締役は執行役を兼任することが認められているので，執行役を兼任している取締役は，執行役の立場で業務執行を行うことはできる。

　執行役の員数は1人または数人で，執行役の資格は取締役と同じ（執行役と会社との関係は委任関係）である。したがって，執行役は会社に対し善管注意義務と忠実義務を負うことになる。執行役は，取締役会において選任され，また解任される。任期は1年である。

④代表執行役

　委員会設置会社においては，執行役の中から会社を代表する権限を有する代表執行役（その者のなした行為の効果が会社に帰属するという権限）を選定しなければならない。

　代表執行役は会社を代表する機関である。しかしながら，取締役会は取締役会の決議によって，代表執行役をいつでも解職することができる。

3. 国際比較と会社改造

3-1 「株式会社」のアメリカ型とドイツ型

　欧米には，会社経営の執行機関と監督機関について大別すると，2つのタイプの法的枠組みがある。1つはアメリカやイギリスの株式会社で採用されている一元的システムで，それは取締役会だけで，執行と監督の両機能を担うシステムである。これがアメリカ型である。他の1つは，取締役会が業務執行を担当し，監査役会がそれを監督する二元的システムである。これがドイツ型である。全く同じとはいえないが，日本の会社法では両方の型を選択することができるようになっている。

3-2 アメリカの株式会社制度

　アメリカの会社法制は，連邦法ではなく各州ごとに固有の会社法があり，それらが規定する範囲や内容は多様なものとなっている。いずれの州でも，株主

図表1-4　2つのタイプの会社機関

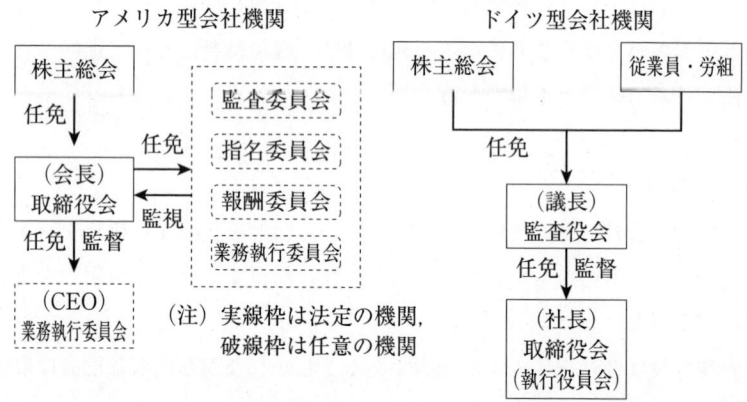

出所）寺本・坂井編著（2002）『日本企業のコーポレートガバナンス』生産性出版，33頁，63頁。

総会と取締役会を株式会社の機関として法定している8)。

① **株主総会**（general meeting of stockholders）
　最高機関として，取締役の任免，定款の変更など経営上の基本事項にかかわる権限を有している。

② **取締役会**（board of directors）
　株主総会で選任された取締役の合議体として，業務の執行と監督を一元的に担当する。しかしアメリカの大企業では，広範な経営業務を取締役会だけで執行することは困難であるため，取締役会は代表執行役員（chief executive officer, CEO—日本では最高経営責任者と訳されているが，杉本泰治は直訳した「主席執行役員」の方が妥当という）を頂点とする執行役員（officer）に業務執行を委ねている。

③ **取締役会の内部委員会**（board committees）
　大会社の取締役会は，その監視・監督機能を効率的に遂行するために，社外取締役を中心に編成される下部組織として内部委員会を設置するのが通例である。
　内部委員会の数や種類に制約はないが，常設委員会として広く採用されているのは，つぎの委員会である。
（1）監査委員会（audit committee）—ニューヨーク証券取引所およびナスダック市場（NASDAQ）の上場規則は，独立した社外取締役だけで構成される監査委員会の設置を義務づけている。監査委員会は外部会計監査人（監査法人）を選任し，外部会計監査人と内部監査担当者の監査手続と結果について審査する。
（2）指名委員会（nominating committee）—取締役会に対して，取締役，会長，CEOの候補者を推薦する。
（3）報酬委員会（compensation committee）—取締役，CEO，上級執行役員の報酬（水準，算定根拠，基本給・賞与・諸手当・ストックオプションなどの明細）の妥当性について審査し，その結果を取締役に勧告する。

(4) 業務執行委員会（executive committee：経営委員会ともいう）─業務執行役員（officer）を兼任する社内取締役（inside director）が大半を占める委員会で，取締役会の開催されていない間に取締役会に代って経営決議を行う委員会である。

④ 社外取締役（outside director）

アメリカの会社の取締役会は，構成員の数が比較的少なく，しかも社外取締役の割合が大きい。なぜならば社外取締役の独立性（経営陣や当該企業との雇用・事業・金銭などの利害関係を有さないこと）は，コーポレート・ガバナンスの有効性に決定的な影響力を及ぼすと考えられたからである。そこで，わが国でも委員会設置会社の導入とともに，社外取締役を置くことが義務づけられている。

3-3　日・米比較と日本株式会社の改造
① 会社制度の日・米比較

会社制度の日・米比較をするのに，わかりやすい参考となる本がある。それは，杉本泰治（1997）『法律の翻訳』勁草書房と高木哲也（1999）『日本とアメリカのビジネスはどこが違うか』草思社である。これを参考にして，日・米比較から，日本の株式会社の改造を検討してみよう。

日本では，本章1.「日本の株式会社制度」でみたように，新会社法において，アメリカの制度にならった委員会設置会社が認められている。したがって，会社機関の設計とその運営がアメリカ方式に接近している部分は大きい。しかし，伝統的な会社制度は存続しており，その底流には，いわゆる日本的（型）経営体質が温存されている。日・米比較から改造課題を十分に抽出することができると考える。

② 取締役と役員の関係

日本では，会社の役員といえば一般的に取締役と監査役のことをいう（会社

法では，役員は取締役，会計参与および監査役で，これに執行役（委員会設置会社）・会計監査人を加えて役員等を指す。役員等は株式会社と委任契約を結び，利益をあげるために会社の管理・運営を行う）。

　日本では，会社の役員といえば取締役と監査役を一般的に意味する（会社法では役員等とは，取締役，会計参与，監査役，執行役，会計監査人をいい，これら役員等は会社と委任契約関係にある）。ところが，アメリカでは役員（officer）と取締役（director）とは別ものである。

　日本で役員の中で一番エライ人はと問えば，誰しも社長と答えるだろう。アメリカでは，社長（President）と取締役は別ものであり，社長をはじめ役員は，会社と雇用関係にある従業員（employee）である。

　アメリカの政界では「プレジデント」は大統領を，「バイス・プレジデント」といえば副大統領を意味する。しかし肩書志向の強いアメリカの実業の世界では「ひとつの企業に多数のバイス・プレジデント」が置かれており，「石を投げればバイス・プレジデントに当たる」と揶揄されるほどで，日本の副社長とはまた違う。もちろん副社長は従業員である。

　日本の会社法でも，社長や副社長という役職は存在しない。会社を代表するのは代表取締役である。一般的に日本の会社では社長が代表取締役となる。したがって，日本では社長はエライのである。

　日本の場合，アメリカの役員（officer）に当たるのは，委員会設置会社で置かれる執行役と主として大会社で任意に置かれる執行役員とがある。執行役は取締役会で選任される会社の役員であり，法律上規定されている。それに対し，執行役員は取締役会で選任される会社の業務執行の責任者であるが，法律上何らの規定がないため単なる従業員にすぎない。執行役（執行役員）制度を導入したのは，取締役に業務の意思決定と業務執行の監督機能を残し，業務執行の権限を執行役（執行役員）に集中させるためのものである。したがって会社法では，取締役会の構成員である取締役は，その地位に基づいて業務執行を行うことはできないと規定されているが，取締役は執行役を兼ねることができると規定されている。

いずれにしても，日本の委員会設置会社に置かれる執行役とその他の会社で任意に置くことのできる執行役員との間に混乱が起きやすい。早急に法的統一が望まれる。

③ 取締役と執行役員（執行役）の関係改造

　この問題に関して，先に紹介した高木は「取締役に選任される前は闊達(かったつ)にものを言う元気者が，就任すると歯切れの悪い臆病者になる。なぜか，それは，一人ひとりの取締役に，取締役会のメンバーとしての自覚・責任と，組織職制上の業務執行にかかわる役割機能と，勲章つきの待遇とをいっしょくたにしてあたえているからである」と問題点を指摘している9)。

　同じく先に紹介した杉本は，この問題に関して，「日本の取締役には，二つの立場がある。一方は，取締役会の構成員としての立場であり，他方は，業務執行者としての立場である。アメリカの取締役は取締役会の構成員としての立場のみである。……業務執行は，業務について専門的能力のある人々と，その人々を動かす組織とを必要とする。その組織は，業務を執行するという作業の性格と効率の要請から，軍隊における指揮官から兵卒に至る階層組織と同じような，社長を頂点とし末端の事務員に至る階層構造になる。

　日本では，取締役が業務執行の階層組織に組み込まれている。それに対して，アメリカでは，取締役は，業務執行の埒外(らちがい)にある。業務執行の階層組織はすべて従業員からなっていて，そのうち社長はじめ上位の一部を役員という。……こうしてみると，アメリカの取締役は，取締役会という平等組織の構成員であるにとどまり，日本の取締役は，平等組織の構成員としての地位と，上下関係の階層組織の構成員としての地位とを兼ねる。平等組織と，上下関係の階層組織とでは，もともと組織原理が異なるから，日本の取締役はそれを調整するという難しい立場に置かれる。結果として，階層組織における強い上下関係が，平等であるはずの取締役会を形骸化(けいがいか)させている。……アメリカにおける理念は，日本における取締役と役員の一体化の理念と異なり，取締役会と役員の分離である。業務を決定し監査する者と，執行する者とを分離している」と，日本の

取締役会の機能不全の原因を指摘している10)。

　上記のような事情を，奥村宏は「日本のコーポレート・ガバナンス」で，つぎのようにより端的に分析する11)。

　「株主総会が取締役や監査役を選挙し，取締役が代表取締役，社長を選ぶというシステムが十分に機能しない理由のひとつは，日本における会社のヒエラルキー・システム，そしてそれに基づいた身分観念にある。

　日本の会社では社長，あるいは会長をトップにして会社内の人事が階層的になっており，それぞれのポストが身分となっている。そして取締役という身分はサラリーマンにとって出世の目標となっているが，その取締役が自分たちより上の身分である代表取締役をチェックできないのは当然である。」

　この機能不全の取締役会を改革する道筋を，高木はつぎのように提示している。

　「第1に，取締役とオフィサーズ（執行役員）とを区分分けすること。すなわち，商法（会社法）にもとづく『本来の役割に徹する取締役』と，『通常業務の執行にあたる執行役員』とを区分し，それぞれの責任権限を明確にすることである。……そして，取締役と執行役員との区分けを軌道に乗せるには，サラリーマンのいわゆる出世の目標を『執行役員』におくことを社会通念化させること。第2に，少数化した取締役は，それが当面社内取締役であるという前提でも，原則として執行役員や部長職の兼務から離れ，取締役個々に全社的な横断的問題を担当する責務を負うことが望ましい。」

　この提案の中で極めて大切なことは，サラリーマンの出世の目標を「執行役員」におくことを社会通念化させること，という点である。筆者はこの点に関して補足提案をしておきたい。

　取締役（代表取締役を含む）と監査役を経営者とする。経営者は株主総会で選任される。執行役員（執行役を含む）は取締役会で選任する。取締役（経営者）は会社と委任契約を結ぶ役員である。執行役員は会社と雇用契約すなわち労働契約を結ぶ従業員である。委任契約を結ぶ取締役は任期が過ぎて再任されなければ，その時点で会社と無縁の者となる。日本の多くの会社では，使用人

兼務の取締役が多い。使用人兼務の取締役は法律的には委任契約と雇用契約を二重に結ぶわけで，取締役の任期が過ぎても，従業員として定年退職まで会社勤務が可能である。現在の日本の会社法では，執行役員は役員ではなく従業員であるが，執行役は役員である。

　そこで筆者の提案は，執行役と執行役員をまず同格の者，すなわち従業員の立場とし，従業員としては昇進最上位の役職位とする。具体的には事業部長や職能部門長に相当する職位である。本来・取締役（監査役を含む）は，専門経営者としての職人であり，職人の世界の人とサラリーマンの世界の人とは一線を画す必要がある。したがって取締役は市場で経営能力を売ることのできる経営者でなければならないのであり，市場で売買される職人となる。今後日本では，委員会設置会社が導入されたので，社外取締役が増えるだろう。それにともなって，監査役会設置の従来の会社制度においても，社外取締役が増えると思われる。このような背景から，社内取締役昇進の門は極めて狭くなるのであり，執行役員（管理職，部長相当）を従業員の昇進目標の最高位段階としたのである。

　このシステムを社会通念化するためには，アメリカのMBAに該当する日本の経営関係専門職大学院および旧来の大学院修士課程の修了者を執行役員候補者として採用するという会社の採用の道を作らなければならない。執行役員候補は大企業の課長クラスに相当するものとする。アメリカの取締役，執行役員の任期は余りにも短い。また，ドイツの取締役の任期は5年である。日本では，2～3年で更新する程度の任期が妥当と考えている。

　従業員の世界では，バブル崩壊後の長い平成不況の間に年功昇進制度は崩れたが，常務会には今なお「会長，社長，副社長，専務，常務」という年功位階が残存している。これを破壊しなければならない。恐らく，近く襲い来るに違いないサブプライム・ローン問題に端を発する「アメリカ発の世界的金融危機と不況」の中で崩れていくことであろう。ここでいう常務会というのは，大規模な会社で取締役会のメンバーが増えると，取締役会の会議を開催することも，議題を審議することも困難になる。そのため特定の取締役会メンバーのみで構

成する常務会（経営委員会，経営最高会議などともいう）を設置して，そこで取締役会で決定すべき重要事項を審議し，実際には事実上決定している。それが実質的な最高意思決定機関となっているが，これは法律上の会社の機関ではない。

　以上のように，取締役会の改革について取締役と執行役員の分離がすすめられている。しかし，極めて重要な問題が残る。それは，取締役会が担当する「戦略的横断的経営政策策定」と執行役員が行う「戦術的個別業務執行」を結合させることは経営上極めて大切なことである。そのためには，両方の仕事を身をもって担当する人物（取締役と執行役員の兼任）の存在が必要なのである。そのためか，アメリカでは取締役会長兼CEOが権力をふるうことになった。ところが，取締役会長を兼務するCEOが，暴走するというエンロン，ワールドコム事件が起き，その結果，取締役会長とCEOの分離を要求する声が大きくなり，取締役会の代表と執行役会の代表が同一人物であることを禁じる動きが出てきた。

　しかしながら，現実の会社経営においては，経営中枢機能を十分に果たす（筆者はこれを経営中枢機能の順回転と呼ぶ）ことが不可欠であり，そのためには，どうしても前述したように取締役と執行役員の兼任者の存在が必要なのである。

　そこで，過度の権力集中が発生せずに兼任者を存在させるには，代表ではない取締役会の実力者と執行役会の代表を兼ねさせることが，現実的な選択肢と考えられる。

④ 社外取締役の検討

　監査役会を置かない委員会設置会社では，アメリカ型の社外取締役の設置が目玉となる。このアメリカ型社外取締役制度というのは，たとえば，文民統制（政治家による軍人の統制）や陪審制度（素人による裁判）のように，アングロアメリカ特有の制度で，会社外部の経営者でない者による会社経営の監視システムである。わが国でも，このような社外取締役制度が導入され，公正な経

営の成果が期待された。

ところが，2001年アメリカで発覚したエンロン事件は，社外取締役制度が機能していないことを明らかにした。エンロンの17人の取締役のうち15人は社外取締役であり，その社外取締役には，監査委員会の委員長を務めた，会計学の権威で元スタンフォード大学ビジネススクールの学長シエイディック，元連邦商品先物取引委員会委員長のグラム，元イギリス・エネルギー大臣のウェイカム，モトローラの取締役であったチャンなど，錚々(そうそう)たる人々が並んでいた。しかし，これら社外取締役の報酬は年間5万ドルで，レイ会長の報酬800万ドルの130分の1にすぎず，また取締役会は1年間の定例が5回，臨時が4回と合計で9回しかなかった。この影響のせいか，実際には委員会設置会社の普及は余りすすんでいないようである。

本来アメリカでは，社外取締役制度において独立した社外取締役のもつ「外部知」によってガバナンス効果が発揮されると期待されていた。その反面，つぎのような問題が危惧されている。

(1) 内部事情にうとい社外取締役の割合が高くなると，かえって知の透明性の低下と知の戦略性の欠如をもたらす。
(2) 他社の CEO を兼ねている場合，他社の経営について発言を控える「サイレント・パートナー」化が進行する。
(3) 社外取締役が経営陣を監視する「番犬（watchdog）」ではなく，経営陣の「飼い犬（lapdog）」になりかねない。

3-4 ドイツの株式会社制度

① ドイツ株式会社制度の特質

(1) ドイツの株式会社は，すでにみてきたような取締役会だけで執行と監督の両機能を一元的に担うアメリカ型システムと異なって，会社経営の執行機関と監督機関を分離する二元的システムを採用している。執行機関は取締役会（執行役会）であり，監督機関は監査役会である。
(2) 共同決定法による労資の共同決定制度があるので，株主総会は監査役の全

員を選任するのではなく，半数を選任する。残りの半数は従業員，労働組合から選出される。取締役の任免は株主総会ではなく，監査役会が行う。日本の監査役設置会社にも，監査役会が置かれているが，その役割・機能はドイツと大きく異なっている。

(3) ドイツでは，大銀行ユニバーサル・バンクによる企業支配が多い。(支配でなく統治という用語を使用する人もあるが，筆者は支配を選ぶ) ユニバーサル・バンクとは銀行業務と証券業務の両方を扱う銀行であるから，債権者として，また株主として企業支配に参画しやすいのである。

② ドイツ株式会社の会社機関
(1) 株主総会
　株主総会は監査役(半数)と会計人の選出，定款の変更，会社の合併，解散などの承認，新株の発行に関する事項を決定する。
(2) 監査役会
　監査役会は取締役の選任・解任の権限をもち，取締役の経営執行に対する監

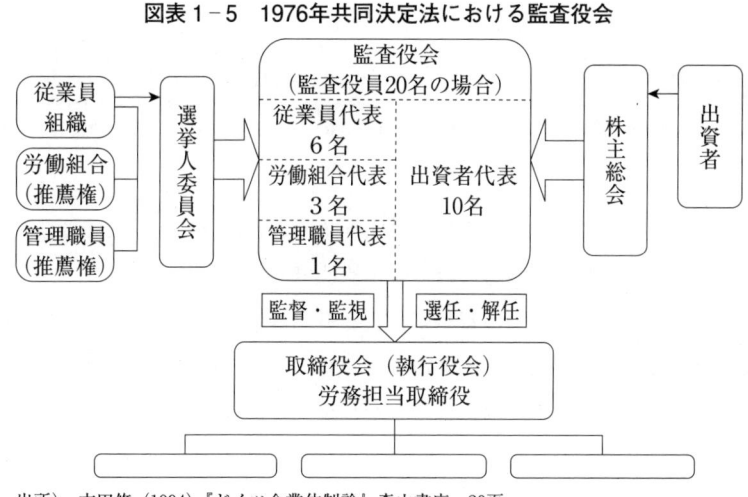

図表1-5　1976年共同決定法における監査役会

出所）吉田修（1994）『ドイツ企業体制論』森山書店, 20頁。

図表1-6　企業レベルでの共同決定の特徴

	共同決定法 1976年	モンタン共同決定法 1951年	経営組織法 1952年，1972年（補充法）
適用分野	モンタンを除く産業分野	石炭，鉱山を対象その製造加工を除く	モンタンを除く産業分野
法形態	固有の法人格資本会社特に株式会社，有限会社	固有の法人格資本会社特に株式会社，有限会社	固有の法人格資本会社特に株式会社，有限会社
就業者数	2,000人以上	1,000人以上	一般に500人以上
株主総会（監査役の選任）	純然たる株主による機関	純然たる株主による機関	純然たる株主による機関
監査役会（取締役の任免留保権 取締役会の監査 期末決算の承認）	12名……20名 議長：2票目の権利保有 一般に資本側から選出 6名資本側 2名ブルー・カラー 1名ホワイト・カラー 1名中間管理者 2名労組決定	11名，15名，21名 21名の場合：10名資本側 中立1名 労使対等 労働側6名 当該企業の就業者から4名労組決定	3名……21名 2／3……資本側 1／3……労働側
取締役会（業務管理）		1名労務担当（労働側）	共同決定なし

出所）　高橋俊夫（2005）『金融ネットワークとコーポレート・ガバナンス』税務経理協会，211頁。

督機関である。監査役会が業務執行に関与することはないが，取締役会（執行役会）の上部に位置する強力な経営監視機関である。

　監査役会の構成メンバーは資本家代表と労働者代表から構成され，その数は同数となっている。資本家代表は株主総会によって任命され，労働者代表は企業内労働者，職員代表，労働組合などから選出される。監査役会の人数，構成の仕方は共同決定法によって定められている（図表1-6「企業レベルの共同決定の特徴」を参照）。また監査役は執行役員（取締役）を兼任することはできな

い。監査役の任期は5年以内，再任は可（株式法＝会社法）。
(3) 執行役会（取締役会）

　執行役（取締役）は監査役会により任命され，また解任される。任期は5年以内で，会社によって職位によって4年あるいは2年の場合もある。再任は可（株式法＝会社法）。したがって，全員交替制ではなく入れ替わり交替制である。この執行役会の構成をダイムラー・クライスラー社（現在では，クライスラー部門を売却し，ダイムラー社である）でみてみると（2002），5つの事業部門（メルセデス自動車グループ，クライスラー・グループ，商用車部門，サービス部門，関連会社部門）と7つの職能部門（財務，購買，人事など）の責任者に配せられた取締役12名と議長である社長1名が加わった13名でできている12)。これをみるとドイツの取締役は業務執行責任者で，執行役の業務担当を禁じられているアメリカの取締役とは性格を異にする。

(4) 共同決定法

　取締役会の上位機関に監査役会があり，その監査役会は資本家代表と労働者代表とによって構成されており，日本の監査役会を設置する会社制度とも違っており，アメリカ型とはまるで異なる。ドイツ独特の機関設計であるが，それは共同決定法によって規定されている。

　この共同決定法は第2次大戦後，反独占と労働者の福祉・経営参加をねらいとして，1951年石炭業と鉱山業を対象に制定されたモンタン共同決定法にはじまる。その後も拡大・適用されている（図表1-6を参照されたい）。

③ 株式会社の変質

　株式会社は変質してきている。高橋俊夫はつぎのように言う。「大株主といっても，すでに動く資本の全体の中でその多くが10分の1にも満たない比率しか占めていない中で，株式会社は株主のもの，と主張する論拠がいったい何処にあるのか，と問いたい。……本来はきわめて私的な性格を強く帯びた現代企業＝株式会社もその企業形態のもつ特徴，全く見ず知らずの者からもその資金の提供を受ける道が広く受け入れられて，その結果，今日みるようなビッグ・

ビジネスが形成された。その及んだ高次の段階は株式が徹底的に分散し，結びついていた所有意識も遠ざかり，結局は会社そのもの（会社それ自体）の存続の中に，会社の機関，組織をつくりあげて，それが経営活動の主体になったとみる」13)。

　この企業観で株式会社をみれば，株主主権の会社機関を設計する必要はない。会社それ自体に適合する会社機関を設定する必要がある。

　そのとき，経営業務執行者としての取締役を統括する監査役会に資本家代表と同数の労働者代表が参加しているという労資共同決定方式によるドイツのトップ・マネジメント機構の存在は，日本株式会社改造の指針となる。

　ところで株式会社の変質に関しては，日本の会社は株主本位の会社ではなく，従業員本位の会社であるという説がある。伊丹敬三「従業員主権説」は有名である。これに対して高橋は，「その場合の従業員はおそらくトップ・マネジメントのレベルから新規学卒で入社した者までを含んでの半ば終身雇用制が徹底している一群を中心にみての会社そのもの説ではないか」と疑問を投げかけている14)。

　この点，もっと明白に日本の会社は従業員本位の会社ではないと断言するのは奥村である。「もし従業員が企業の主人公であるならば，従業員は経営者に対して自由に批判することができるはずだが，日本の会社ではそうはいかない。会社のやり方を批判すれば，従業員は会社にいることはできない。日本の会社は従業員本位ではなく，会社本位なのである。したがって会社を代表して，会社のために行動している経営者を批判することはできないのである。

　従業員の会社に対するチェックを行うためには，従業員が経営参加するというのがひとつの方法であることは言うまでもない」として，「ドイツの共同決定法」による従業員の経営参加方式を提示している15)。

　労働者の経営参加の功罪に関して，ドイツの経済・経営事情に詳しい高橋はつぎのように述べている。

　「ドイツの監査役会への労働側の参加が，ディスクロージャーの一端に寄与してきたことは紛れもない事実といってよい。だが，彼らが経営戦略の策定に

どれほど寄与したかと問うならば，やはり"素人"であったことは否定できない」と16)。

　注目すべき問題点である。党委員会が経営関与するユニークなガバナンス方式をもつ中国の株式会社においても，これと類似の問題が潜んでいる（4節「中国の株式会社制度」を参照）。

4. 中国の株式会社制度

4-1 中国株式会社制度の特質

　中国の株式会社のほとんどは国有企業から株式会社に改組したものである。その株式の所有構成をみると，国家（国有資産管理監督委員会が管理），国家法人，機関投資家，私有法人，個人投資家である。国家株と国有法人株とで60%を超えており，上場企業でも，この国家株と国有法人株は非流通株である。流通株はA，B，Hの3種あって40%に満たない17）。

　A株，B株は，中国本土企業（ホンコン，マカオ，タイワンを含まず）が本土市場で上場した株式。A株は国内向けで人民元で取引。B株は外資で売買する海外投資家向けだったが，2001年国内投資家に解放。H株は中国企業が香港市場に上場した株式。

　したがって，ここで扱う中国の株式会社は，上場企業で国有企業から株式会社に改組した大会社を対象とした。図表1-7に用いた株式会社も同様である。

　中国株式会社の中枢的三機関の大枠の設計は日本の伝統的な機関設計とほぼ同じである。すなわち，股東大会＝株主総会，董事会＝取締役会，監事会＝監査役会というかたちである。ただし，董事会機能をみると，業務策定と業務執行を分離して，業務執行を総経理以下高級管理人員に任せる執行役会を設置している。これは，アメリカの委員会設置会社にみられる，CEOを代表執行役とするchief officer 制度をみならったものと思われる。この点に関しては現在の日本では，アメリカ方式の委員会設置会社の設置が認められているから執行役を置くことができるし，委員会設置会社でなくても執行役員を置くことができるようになっている。さらに，中国の株式会社では，アメリカ型をみならって，董事会の中に委員会を設置し，独立董事を導入している。

　監事会に関しては，従業員代表を監事のメンバーに加えるということはドイツの共同決定制度をみならったものと思われる。

　後述する旧三会のひとつである党委員会が，依然としてコーポレートガバナ

ンスに強力な影響力を保持していることは，中国における株式会社制度の最大の特徴点である。

4-2 中国株式会社の機関

　中国の会社法における会社の機関には①股東大会（株主総会），②董事会（取締役会），③監事会（監査役会）がある。股東大会は会社の意思決定機関であり，董事会は経営戦略決定機関であり，監事会は社内業務の監視機関である。この企業経営上の中枢的3機関は「新三会」と呼ばれる。過去の中枢的3機関であって，現在でも存続している「老三会」（旧三会ともいう）がある。その3機関とは，党委員会，従業員代表大会，工会（労働組合）である。党委員会は内部統制の主体として，今日でも強い影響力をもっている。党委員会の存在こそ中国におけるコーポレート・ガバナンスの独自性を物語るものである。

① 股東大会（株主総会）

　中国の株式会社は，国営企業から国有企業に転換させた後（これを"請負経営，放権譲利などというが，国有企業を，掌握していた国家行政機関から独立させ，企業自主権を拡大させた），1992年から，国有企業の改革は所有制改革の道をとり，国有企業の株式制度転換を図った。

　股東大会（株主総会）は，会社定款の変更，増資や社債発行の承認，財務計画や利益処分案の批准，董事・監事の選任や報酬の決定などの権限をもつ。

② 董事会（取締役会）

　会社法では，董事会の構成員「董事」は5～19名と規定されている。董事会では董事長（取締役会長）1名を置き，副董事長を置くことができる。
　2005年度前までは，董事長兼総経理（アメリカのCEO，日本の社長）がほとんどであったが，2005年度以降，権力極大化問題の解消のため，上場会社において大幅な定款改訂が行われ，董事長と総経理の分離が進められ，一般董事

図表1-7　中国の株式会社制度

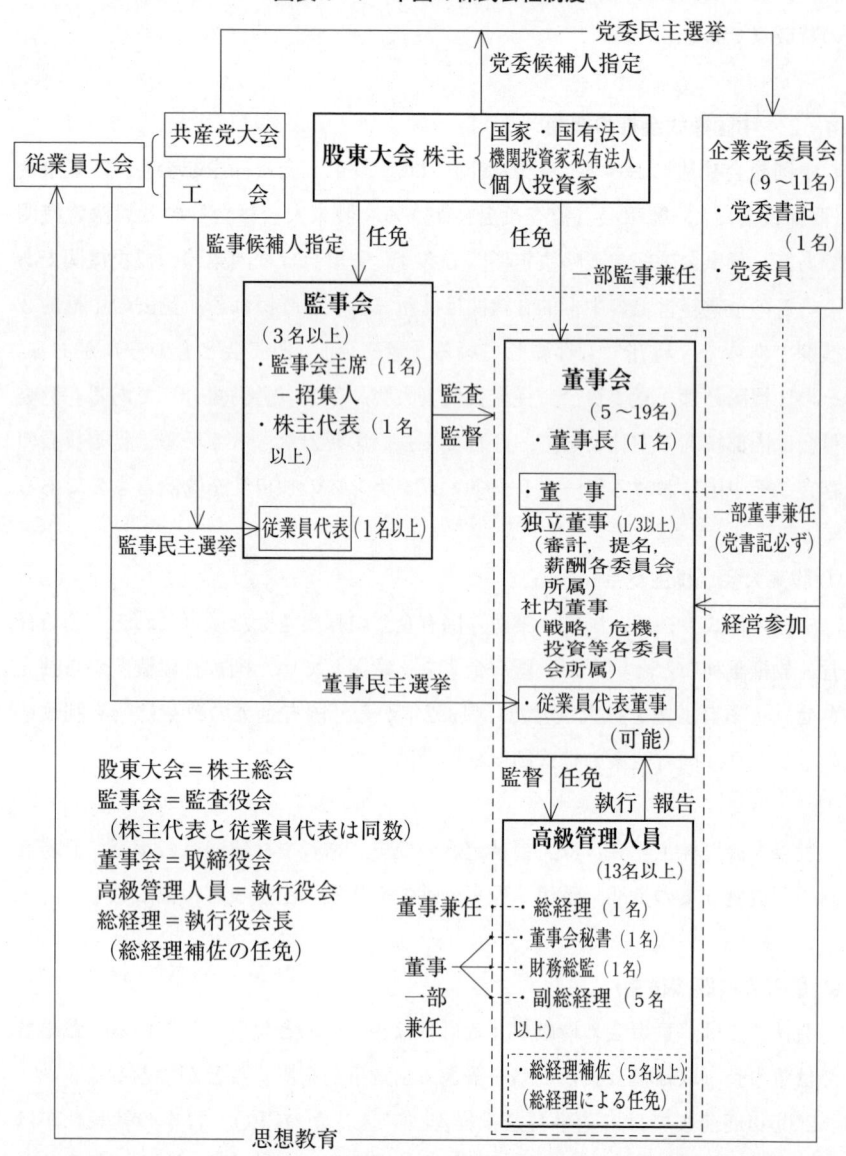

- 党委民主選挙
- 党委候補人指定

股東大会 株主
- 国家・国有法人
- 機関投資家私有法人
- 個人投資家

共産党大会 ─ 工会

従業員大会

企業党委員会（9～11名）
・党委書記（1名）
・党委員

監事候補人指定　任免　任免

一部監事兼任

監事会（3名以上）
・監事会主席（1名）－招集人
・株主代表（1名以上）
　監査
　監督

従業員代表（1名以上）

監事民主選挙

董事会（5～19名）
・董事長（1名）
・董　事
　独立董事（1/3以上）
　（審計，提名，薪酬各委員会所属）
　社内董事
　（戦略，危機，投資等各委員会所属）
・従業員代表董事（可能）

一部董事兼任（党書記必ず）

経営参加

董事民主選挙

監督　任免　報告
　　　執行

高級管理人員（13名以上）
- 董事兼任 ─ 総経理（1名）
- 董事会秘書（1名）
- 財務総監（1名）
- 董事一部兼任 ─ 副総経理（5名以上）
- 総経理補佐（5名以上）（総経理による任免）

股東大会＝株主総会
監事会＝監査役会
（株主代表と従業員代表は同数）
董事会＝取締役会
高級管理人員＝執行役会
総経理＝執行役会長
（総経理補佐の任免）

思想教育

出所）藤芳明人作（王　東明（2002）「中国の株式会社の基本構造」図を参考。宣　京哲の指導による）

が兼任することとなった。さらに，董事の多くが，高級管理職を兼任することから，董事会の独立性が喪失し，形骸化しているという状況に対応して，2006年から「経理や他の高級管理職を兼任する董事，および従業員代表董事は，合計して董事総数の2分の1を超えてはならない」と定められた。

(1) 独立董事

経営の健全化および中小株主の保護を図るため「独立董事」（独立取締役）の導入が試みられた。中国証券監督管理委員会（CSRC）が，2003年までに董事会の中で少なくとも3分の1が独立董事であることと規定し，独立董事の資格要件をつぎのように指定した。「独立董事は，上場会社運営の基本的な知識を有し，関連する法律・行政法・規定および規則を熟知し，5年以上の法律・経済または他の独立董事の職責履行に必要とされる仕事の経験をもたなければならない」

(2) 董事会内の専門委員会

董事会の内部に，株主総会の決議にもとづいて各種委員会を設置できるが，強制ではない。しかも，委員会は一定の事項について検討・提案する権限が認められるだけで，審議・決定権は董事会にある。審計（監査），提名（指名），薪酬（報酬）の委員会は独立董事が担当し，戦略，危機，投資などの委員会は社内董事が担当するケースが多い。

③ 監事会（監査役会）

監事会は，株主代表と従業員代表が半々，それに監事会主席（招集人）1人と合わせて奇数（最低3人）の構成となっている。つまり，株主代表監事1人と従業員代表1人，それに監事会主席1人と合わせて3人になる場合，または2＋2＋1＝5人の場合，または，3＋3＋1＝7人の場合などである。招集人というのは，監事を招集する権利をもっている監事会主席1人である。この監事会主席は監事の民主選挙により決めるが，一般的に株主代表のほうが多い。

会社法では，監事は董事，経理および財務責任者を兼任してはならない。また，監事は董事会に出席しなければならないと規定されている。

監事会の権限としては，業務監督権，財務検査権，株主総会の招集請求権および取締役等の違法行為についての是正権などが定められていたが，新会社法では，さらにつぎのような権限が追加された。
(1) 董事・経理に対する解任提案権　(2) 株主総会への議案提起権
(3) 董事・経理に対して訴訟を提起する権限

④ 高級管理人員（執行役会）＝経理陣

董事会の下部機関として執行役会が設置される。

董事会は業務執行の意思決定機関であって，日常的業務執行は董事会が任命した「総経理とそのほかの高級管理人員」（執行役会）が担当する。この機関は経理陣（経営陣）とも呼ばれる。総経理は法律上定められた執行役会のトップである。すでに指摘したように，権力の極大化を解消するため，董事長と総経理の分離が進められたが，総経理が一般董事と兼任するかたちを残したことは，董事会の戦略的意思決定とその業務執行を身をもって結合しうる人物の存在を必要とすることを物語るものである。今日，中国における総経理は董事兼総経理である。

高級管理人員の中で，董事会秘書は原則として，董事会の指名の上，董事会により任命される。財務総監と副総経理は原則として，総経理の指名の上，董事会により任命される。総経理補佐は総経理によって任命される。

4-3　中国独自のガバナンス―党委員会の役割
① 党委員会

共産党員に関する法的規定「中国共産党規則（2007年）」において，「第1に，企業，農村，学校，人民解放軍……において，正式党員が3人いれば，党の基層組織（党委員会）を組む必要がある。第2に，国有企業や非公有制企業において，党委員会は政治的核心作用を果たし，企業が重大な問題の策略を決定することに参与することとなる」と定められている。会社法より強制力のある「中国共産党規則」に，党委員会が企業の経営に参与できることが規定されて

いる。
　共産党の活動に関する規定「新会社法第19条（2005年）」において，「中国共産党規則に基づき，会社内に中国共産党の組織を設立し，党の活動を行うものとする。会社は党組織の活動のために必要条件を提供しなければならない」と定められている。
　それでは，たくさんの共産党員が所属する会社で党委員はどのようにして選出されるか，そして党委員会の業務（職責と権限）は何であるかを調べてみよう。

② 党委員の選出の仕方
　規則上，党委員は，その会社に所属する共産党員全員により構成される共産党員大会，または党員代表大会（党員が500人以上の場合）において，民主的選挙により選任される。党委員の任期は3年とされ，延期が可能とされる。

③ 党委員会の職責と権限
　会社ごとに企業内党委員会業務条例が定められており，その内容も，若干変わってくるが，おおむね，以下のとおりである。
(1) 共産党の改革路線や方針，政策を企業へ浸透させると同時に，それを保証する。
(2) 企業における重大な 策略決定 と 人事管理 に参加し，株主総会と董事会，監事会と総経理の法令遵守を支持し指導を行う。
(3) 共産党の思想を強化させ，会社の精神思想や精神文明の創造を指導する。
(4) 労働組合（工会）と共青団（共産党員の「子」），従業員大会を支持・指導し，道徳・文化・紀律のある組織に発展させる。
(5) 党管幹部原則を守る。
(6) 党委員は，董事会と監事会，そして執行役会に入ることができ，兼任も認められる。必要であれば，党委書記と董事長を兼任することも可能であるが，分離する必要がある場合，党委書記は副董事長と兼任しながら，

会社の策略決定に参加し，それを監督することが可能である（今日，党委書記と副董事長との兼任が，一般的である）。

(7) 企業内における党委員会活動上の費用は，全部企業が負担することとなる。

上記の (2) における重大な 策略決定 とは，会社の今後の改革方針や生産運営，発展計画や年度事業のまとめ，および財務決算などを研究し，意見や要求を提案する権利をもつことである（最終意思決定は，董事会が行う）。

そして，同じく (2) における 人事管理 とは，企業経営機構造の調整や設置を研究し，高級管理人員（取締役，監査役，執行役）の選任と業務執行について意見や要求を提案する権利をもつことである（最終意思決定は，董事会が行う）。

上記 (5) の党管幹部原則というのは，党組織が，党組織の幹部を管理することをいう。すなわち，党委員会（組織）が党委書記などの幹部を管理することを意味するもので，経営幹部である董事会の董事を管理するという意味ではない。ただし董事と党委員が兼任している場合は董事も管理される範囲内に入る。

党幹部は，規則上，民主選挙により選任されるとしたが，彼らも人間である以上，暴走する可能性が十分あるため，彼らを更迭または監督する権力をもつものが必要とされる。それが，管理する主体となる党組織であって，党管幹部原則にしたがって党幹部の管理を行うというわけである。

④ 党委員会の役割変化

1978年に実施された「改革・開放政策」以前の中国企業は，国営企業が主流であって，国家が無限責任を負うような工場制企業で，中国型企業文化は「三鉄」（鉄の椅子＝幹部の地位安泰，鉄の鍋＝終身雇用，鉄の給料＝給料の保障）と呼ばれた。

この（計画経済）時代の国営工場制企業においては，党委書記と工場長が存在していたけれども，その役割は，一般的に党委員会の一元的指導のもとで，

経営幹部の任免および従業員の思想政治工作を指導し，基本的任務としての生産計画の完成を「監督・保証」することであった。

「改革・開放政策」が実施されて以降は，「党政分離」の推進によって，1982年に国有企業において「党指導下の工場長責任制」が公式に規定された。つまり，党の方針・政策と思想政治活動に関しては党委員会が指導権をもち，工場の生産・経営活動に関しては，工場長が統一指揮の責任を全面的に負うというものである。1984年には，党の指導下をはずれて，工場長単独責任制が導入された。

しかし，1989年6月「天安門事件」が発生してから，政治体制の安定が重視され，党の指導機能が再び強調されるようになって，党委書記の復権期が始まる。

党委員会指導力強化の推移と，「会社法」の施行により生まれた「新三会」に対する党委員会の対応に関して，王　東明（2002）が，適切な評価を下しながら，つぎのように述べている18)。

「これを契機に共産党中央指導部は，様々な『通知』および『決定』を発表した。これらによって，国有企業または国家が出資している企業において，党組織は『政治的核心』の役割を果たし，企業の重大問題の決定に参加し，党組織の責任者も董事会，監事会また総経理，副総経理を適宜兼任し，党の支配体制を強化するようになった。

しかし『会社法』（『中華人民共和国公司法』94年7月）の施行と『現代企業制度』（95年以降）の推進が進められている現段階において，企業内党組織（党委員会）は，株主総会，董事会および監事会といった『新三会』との関係をどのように調整していくのか。換言すれば，国有企業の『旧三会』と会社制企業（有限責任会社，株式会社）の『新三会』との関係にどのように対応するのかが問われている。特に，党委員会と董事会・経営陣との関係，つまり党委書記と董事長・総経理との関係が健全に保たれているかどうか，といったことがコーポレート・ガバナンスの問題を解く鍵になると考えられる。」

さらに続けて王は、今日の中国株式会社において、党が企業を支配している実態を確認し、党組織（党委員会）と企業経営の「摩擦」を避け、党組織が中国独自のガバナンス効果をあげるためには、党自身の改革と有能な企業党幹部の育成が必要であることを、つぎのように述べている[19]。

「中国の社会では『党員証』が一種の出世の『免許証』あるいは『資格証』となっている。社会の『出世原理』が党関係と密接に絡み合っており、企業経営においても党組織が依然として『政治的中核的』存在であること、そしてまた党幹部が、会社役員の兼任を通じて企業の意思決定に関与しているということ、ともに明白である。その意味では、企業の党支配の実態は明らかである。このように兼任人事による経営組織と党組織の『摩擦』を避け、また企業内党幹部と会社役員の相互牽制を配慮した点に、中国のコーポレート・ガバナンスの仕組みの最大の特徴があると考えられる。

現状では、経営組織の董事会と党委員会は最も頻繁に衝突している内部機関であることが上場企業の調査から示された（上海証券取引所の調査2000）。その意味で企業の意思決定上の2つの権力中枢、すなわち董事会と党委員会との関係が如何にスムーズに調整されるかがコーポレート・ガバナンスの核心的な問題になると考えられる。

さらに党の組織部門は、『事実上』企業トップの人事権を握っており、また様々な形の兼任を通じて企業の実権を掌握している。しかし、企業の腐敗現象の蔓延を見るかぎり、少なくとも現行制度では監視機能が不完全であることを示している。党組織は企業に対して、あまり『監督・保証』という機能を十分に発揮していないのではないかと考えられる。今後は、有効なチェック体制の確立が不可欠であり、また党組織と企業経営の『摩擦』を如何に避けるか、党の『正しい方針』を如何に制度的に確保するか等、党自身の改革とともに優秀かつ有能な企業党幹部の育成が不可欠になるであろう。」

このようにみてくると、中国の株式会社制度の最大の特徴は、党委員会（共産党組織）が深く関与している点である。事実、中国政府は、党委員会が企業経営に参加することは、党と企業との間の「6共同目標」を実現させるための

手段であるとみている。それは，共同理想を堅持し，共同利益を整合し，共同目標を導き，共同統治を組み，共同創造を動員し，共同発展を実現させることであるというのである。

　筆者は，中国が共産党一党専制国家と社会主義的市場経済国家の形成を標榜する以上，企業統治の手法として，党委員会の存在，ならびにその活用は極めて有効であり，他国にはみられない中国独自の制度として評価さるべきものと思う。

　すでに指摘しておいたように，統治とは，支配する者がいれば支配されるものがいるという相対的なものではなく，皆の者等しく従うべき絶対的なものであるはずである。この統治の役割を企業の党委員会が果たすには，中国の共産党そのものが，従業員や労働者のための党ではなく，全人民（国民）のための党でなければならず，企業の党委員は，自己の出身が何であるかを問わず，企業の党委員という地位を占める以上，「公正な企業経営活動」とは何であるかについての識見をもつ者でなければならない。

5. B・M・G企業の構想と会社機関設計

5-1 B・M・G三面体企業―理想の企業像

これまでの企業概念では,企業の根幹をなすものは「事業（business）」と「経営（management）」であるとされてきた。

そして,「ビジネス・システム（事業体系）」はビジネス・コンテンツ（business contents）」（事業の内容）と「ビジネス・モデル（business model）」（業態）とから成り立っている。事業を起こし,事業を変革する権能（authority and ability）の持主が事業家である。

「マネジメント・システム（経営体系）」は経営と執行とから成り立っている。これは経営を担当するものが経営者となり執行を担当するものが管理者となる。組織力を使って経営の効果をあげる権能の持主が経営者である。

企業が不祥事で倒産劇を起こすようなことがおきた。企業の社会的責任が問われ,企業倫理を守るための「コーポレート・ガバナンス（企業統治）」が必要になった。企業規律と企業倫理を守って企業の信頼を築く権能の持主が統治者である。

企業は「事業（business）」と「経営（management）」と「統治（governance）」

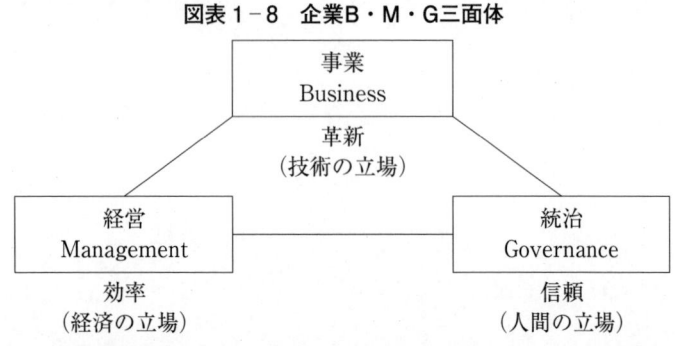

図表1-8　企業B・M・G三面体

```
              事業
           Business
            革新
          (技術の立場)
    経営                  統治
  Management           Governance
    効率                  信頼
  (経済の立場)           (人間の立場)
```

出所）　藤芳誠一（2004）「B・M・G三面体統合の経営学」高崎経済大学論集第46巻第4号

の三面体で形成されるもので，事業家（business operator）と経営者（manager）と統治者（governor）で構成される最高経営層（Top Management Team）で運営される。

　21世紀の企業はB・M・G（Business・Management・Governance）〔事業・経営・統治〕三面体統合の企業体制を構築することが望まれる。

　このB・M・G三面体の企業構想は，藤芳誠一が『ビジョナリー経営学』の第1章「21世紀の企業像」（藤芳研究室編，学文社，2003年）と『高崎経済大学論集第46巻』所載の「B・M・G三面体統合の経営学」（2004）とにおいて発表したものである。

　この構想を解説し，続いてこの構想にもとづいた株式会社の機関を設計してみることにする。

　その前に藤芳誠一が使用している「企業家」と「権能」の用語の意味を説明しておく。

・理想の企業家

　シュンペーター（Schumpeter, J. A.）は，創業的破壊の精神に富む起業家をアントレプレナー（entrepreneur）＝企業家と呼んだ。ここでいう企業家はそれとは異なる。企業は，事業・経営・統治の三面体形成の概念でとらえられる。理想の企業家とは，事業活動遂行の権能，経営活動遂行の権能，統治活動遂行の権能すべてを有しており，3つの活動を一手に行う者である。

　本来，事業・経営・統治すべてを一手に行えるなら，各々の活動を関連づけながら整合性のとれた活動を行うことができ，まさに理想の企業家といえる。しかし，事業・経営・統治，3つの活動すべての権能を保有していることは事実上不可能である。したがって，現実には，事業家，経営者，統治者に分かれ，チームを組んで企業家の役割を果たしている。また，事業家・経営者・統治者も，ひとつの活動であってもすべてを処理することは困難であり，そこでもチームを組み，実施機関が作られる。

・権能

　会社の組織が個人に与えた職務権限とその職務権限を行使して職務を遂行し

図表1-9　企業三面体形成の概念

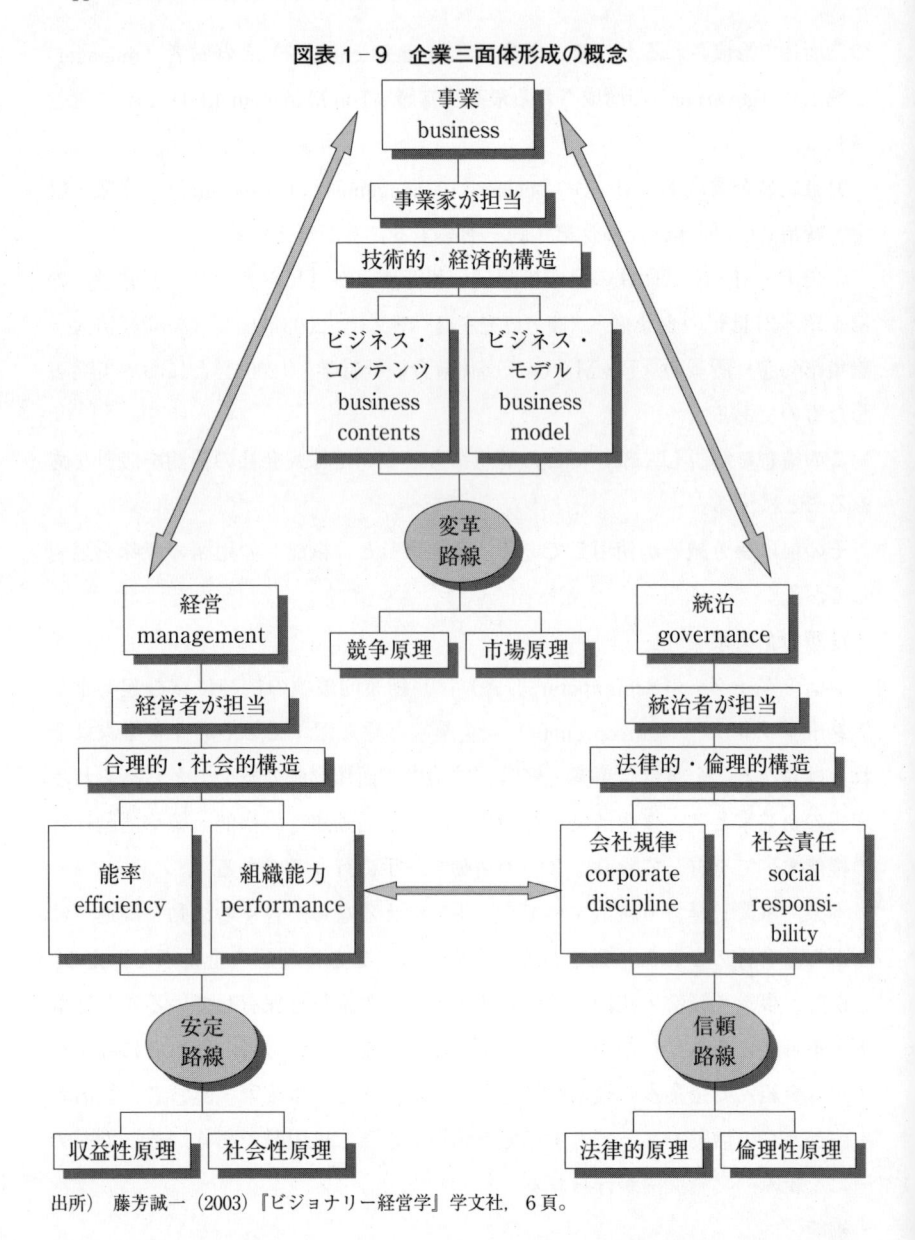

```
                           事業
                         business
                            │
                      事業家が担当
                            │
                      技術的・経済的構造
                       ┌────┴────┐
                  ビジネス・    ビジネス・
                  コンテンツ     モデル
                  business     business
                  contents      model
                       └────┬────┘
                          変革
                          路線
                       ┌────┴────┐
                     競争原理    市場原理

    経営                                    統治
  management                             governance
      │                                      │
  経営者が担当                            統治者が担当
      │                                      │
 合理的・社会的構造                       法律的・倫理的構造
   ┌───┴───┐                            ┌───┴───┐
  能率    組織能力                       会社規律   社会責任
efficiency performance                  corporate   social
                                       discipline responsi-
                                                   bility
   └───┬───┘                            └───┬───┘
      安定                                   信頼
      路線                                   路線
   ┌───┴───┐                            ┌───┴───┐
 収益性原理 社会性原理                    法律的原理 倫理性原理
```

出所）藤芳誠一（2003）『ビジョナリー経営学』学文社，6頁。

うる個人がもっている能力とを合成した意味で使われている。一般的には，権利の個々の機能（使用・処分の権能）とか，権利能力に用いられる。

① 事業（ビジネス）の変革と事業家

　企業を成立させるには，まず事業を起こすことからはじまる。その事業を存続させるためには，経営を行うことが必要である。ところが，つぶれる事業を経営する企業は，企業そのものがつぶれる。企業が生きる（ゴーイング・コンサーン）ためには，斜陽化した古い事業を捨て，新しい事業に変えなければならない。

　事業（ビジネス）は，「ビジネス・コンテンツ」（製品・サービスなど事業のなかみ）と「ビジネス・モデル」（事業の仕組み）とでできているから，そのいずれかを変革しなければならない（この点に関しては第2章「イノベーションと企業経営」を参照）。

　従って，事業家は起業家だけにとどまらず，事業の変革者でなければならない。

　「事業の変革（business metamorphosis）」を実行するのは「事業家（business operator）」である。この事業家の権能（権限と能力）の中の能力とは，どんな能力が求められているのだろうか。

(1) 事業は製品（サービス）だけで成立しない，製品と市場の結合で成り立っているという認識が必要。

(2) 従って，事業ドメインを製品自体の限定領域とみるのではなく，製品機能の拡大領域としてみることができること。

(3) 事業構想力

(a) 経営者，事業家，統治者，三者の能力を合せ持つ企業家であるならば，自分一人で企業を運営できるであろう。もし一人でできない場合は，不足する能力の

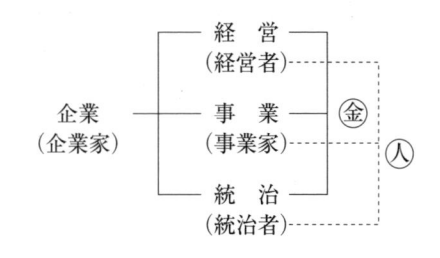

持主を探し，仲間（共同事業者）とする必要がある。
(b) それぞれの分野で資金が，どの位必要かを概算する。
(c) (a) (b) の前提となる取り扱い製品と取り扱う仕組みの設計
(d) 製品と市場を結ぶアイデア

② マネジメントの安定と経営者

　どんなに成長性のある良い事業を起こしても経営に失敗すれば，企業は存続しない。企業が存続するためには経営が必要である。規模の大きい企業になると，経営を営むには組織を必要とする。

　企業は「資本の結合体」であり，同時に「人間の結合体」であるから，そこでつくられるマネジメント・システムは，企業価値創造のシステムであり，そして組織能力増強のシステムであろう。

　企業価値創造のシステムは，(1) 企業の価値創造性を高めること (2) 利害関係集団への価値配分のバランスをとること (3) 企業自体の成長のための価値留保を行うということ。以上3つの枠組みで構成されている。

　経営者は常時収益性を高める努力をしなければならない。それには，売上高を上げること，コスト・ダウンをはかること，生産性をあげること，という平常的管理業務に取り組むことが必要である。

　組織能力の増強システムには，組織を構成する個人個人の能力を引き上げることも重要だが，組織の構成員は絶えず入れ替わるのであるから，経営成果に影響力を与える組織特性「組織IQ」を向上させることが求められる。したがって，このような組織能力増強のシステムをつくりだすことが経営者の平常的な職務となるであろう。

　この組織能力に着目して研究されている平野雅章（早稲田大学教授）の論説が日本経済新聞（2008）に紹介されていた。それによると，組織の能力は構成員の能力とは別物で，組織能力が低いと，人的投資がムダになる。組織IQ（組織の知能指数）を向上させることによって組織能力を高めることができる。具体的には，(1) 外部情報感度をよくすること (2) 内部情報流通がスムース

であること(3)効果的意思決定機構をつくること(4)組織フォーカス(決定方針に組織全体が経営資源と努力を集中するレベル)をするどくすること(5)継続的革新に取り組むこと——の5つの指数を高めることである。

この組織 IQ の高い優れた組織,すなわち組織メンバーがその資質を活かせるような優れた組織(仕組みとルール)の構築こそが企業経営者の専管事項である[20]。

筆者の描く理想の企業像では事業の変革を行う事業家(business operator)が存在するので,経営者(business manager)は,企業価値の創造と組織能力の高度化によって経営の安定を実現することで,経営者の役割を果しているといえるであろう。事業家が存在しなければ,経営者が両方の職務を担当しなければならない。事業家的性格の強い経営者は一般的には企業家型経営者と呼び,もう一方の経営者を管理者型経営者と呼んだほうがわかりやすいかもしれない。

吉森賢(1989)は「ペンローズは経営者を企業家(Entrepreneur)と管理者(Manager)に二分し,前者は新しい市場機会の発見とその企業化を本質とし,後者の役割は企業家の考えと計画の実行と日常的経営管理であるとして,企業家的経営者と管理者的経営者の役割比較を図表1-10のように示している」[21]。

③ 企業規律と統治者(governor)

株主の利益を守る「株主の代理人」である取締役=経営者は,ストックオプション(株価上昇を役員や従業員の利益と結びつける報酬制度)の誘惑にかられ,「高株価=高額報酬」を追求するようになる。この事情を背景にエンロン,ワールドコムという大企業の粉飾決算事件が発生した。

わが国でも,ほぼ時期を同じくして,粉飾決算・不正会計による企業不祥事が起きている。

この事態を反省してわが国では,「株価時価総額極大化」をねらう経営路線から,「利害関係者共生」の経営路線に軌道修正すべきだという声が大きい。水尾順一と田中宏司(2004)は,この修正論を巧みにつぎのように解説している。

図表1-10　企業家的経営者と管理者的経営者の比較

（企業家と管理者の役割）

	企業家	管理者
適応対象	環境への適応	組織への適応
適応方式	先行的適応	事後的適応
環境変化	非連続的	連続的
役割	戦略	管理
決定対象	目的	手段
成果尺度	有効性	効率性
目標の重点	成長，革新	安定性，収益性
決定領域	新規事業への参入，既存事業からの撤退，大規模な技術革新，設備投資	生産性向上，生産技術改善，原価低減
危険負担	個人的	組織的
必要分野	成長産業，衰退産業	成熟産業，安定産業
業界環境	不安定	安定

（企業家的経営者）　　　　　　　（管理者的経営者）

吉森の企業家の定義

吉森の企業家の定義	従来の企業家の定義
既存企業の経営者	創業者
大企業	中小企業
専門的経営者	所有経営者

出所）吉森賢（1989）『企業家精神衰退の研究』東洋経済新報社，18頁。

「コーポレート・ガバナンス論においては，『会社は誰れのために運営されるべきか』との命題でなければならないのに，『会社は誰れのものか』という間違った会社所有論で議論されるのは残念である。……世界的な化学品メーカーのジョンソン・エンド・ジョンソンの経営理念『我が信条』には，4つのステークホルダーに対する責任を明記し，その順位は，第1位に消費者，第2位に全社員，第3位に地域社会，そして第4位に位置付けたのが株主であることが興味深い」[22]。

このような企業観・経営姿勢に立てば，企業は社会の公器であり，経営には

社会的責任をともなうということになる。企業の社会的責任（Corporate Social Responsibility：CSR）には4つの範疇があって，キャロル（Carroll, A. B.）は（1）経済的責任（2）法的責任（3）倫理的責任（4）裁量的責任とし，森本三男は（1）法的責任（2）経済的責任（3）制度的責任（4）社会貢献としている23)。

ところで，「社会の公器としての企業」の「社会的経営責任」を果すためには，事業家と経営者だけでは満足する企業運営はできない。そこで統治者（governor）を必要とする。

統治者は支配者ではない。しかし統治という機能は経営という機能より上位に位置する。そして，この企業統治は「法令遵守」と「企業規律」を基盤にして成立する。法令遵守は主として他律的規律で，企業規律は主として自律的規律である。この自律的規律である企業規律には，法的規律より倫理的規律が多くを占める（コンプライアンス経営は第5章「企業不祥事とコンプライアンス経営」を参照)。

5-2　B・M・G三面体構想と会社機関設計
① 監査役選出母体と監査役会

株式会社は変質してきている。株式分散の結果，大株主といえども持株比率は決して大きくない。しかも出資と経営は分離している。出資に関係なく専門経営者が経営を担当できる。「会社は誰れのものか」という企業観よりも，「会社は誰れのために運営されるべきか」という企業観に変化してもよいのではないだろうか。

変化した企業観に立てば，所有という立場からだけではなく，企業に深くコミットしているいろいろな立場のステークホルダー（stakeholder：利害関係者）から選出して，株主総会に代わる最高意思決定機関を設計してもよいのではないだろうか。

水尾・田中はステークホルダーを「"消費者，従業員，株主・投資家，供給企業，競争企業，政府関係，NPO（Non Profit Organization：非営利組織)，

図表 1-11　B・M・G会社機関の設計

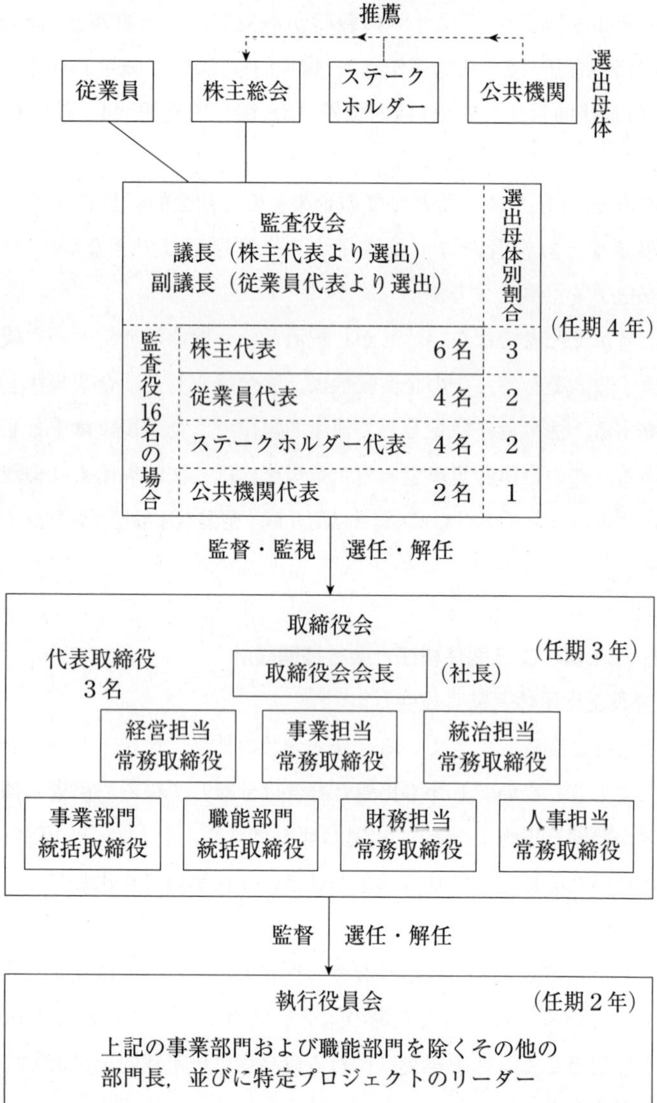

選出母体：従業員、株主総会、ステークホルダー、公共機関
（株主総会へ推薦）

監査役会
議長（株主代表より選出）
副議長（従業員代表より選出）
（任期4年）

監査役16名の場合：

		選出母体別割合
株主代表	6名	3
従業員代表	4名	2
ステークホルダー代表	4名	2
公共機関代表	2名	1

監督・監視　選任・解任

取締役会　（任期3年）

代表取締役3名

取締役会会長（社長）

- 経営担当常務取締役
- 事業担当常務取締役
- 統治担当常務取締役
- 事業部門統括取締役
- 職能部門統括取締役
- 財務担当常務取締役
- 人事担当常務取締役

監督　選任・解任

執行役員会　（任期2年）

上記の事業部門および職能部門を除くその他の部門長，並びに特定プロジェクトのリーダー

出所）藤芳明人作

地域社会，地球環境など，企業を取り巻く内外の利害関係者"」と定義している24)。

　筆者は，上記のステークホルダーすべてを選出し，最高意思決定機関の母体にすることは考えていない。会社会社によって，コミットするステークホルダーの種類は異なるだろうし，またステークホルダー間のコミット濃密度も異なるだろう。

　図表1-11「B・M・G会社機関の設計」に例示したのは，株主〈3〉　従業員〈2〉　公共機関〈1〉を指定しているが，ステークホルダー〈2〉は会社によって異なるので指定していない。選出母体別割合の下に並んでいる数字は選出できる監査役の選出割合を示すものである。従って図表での例示ではステークホルダーは選出割合〈2〉で4名となっている。4種類のステークホルダーから1名ずつ選出できることになる。監査役の任期は4年とする。

　この監査役会は日本の監査役会とは性格が違う。すなわち，日本の監査役会は取締役会と並列関係で監査権はあるが，取締役の任免権はない。ドイツの監査役会は取締役会の上位機関で取締役の任免権をもっている。監査役会は取締役会の業務執行を監視し，取締役を監督する。したがって，筆者の設計した監査役会は，ドイツ型と構成の仕方が異なるが，担当職務は同じである。監査役会の主たる職務は統治業務である。

② 取締役会

　筆者が設計した取締役会は経営戦略を策定し，その業務を執行する業務執行取締役によって構成されている取締役会をいう。日本でいう取締役会の中に任意機関として設置されている常務会にあたるもので，ドイツでは取締役は業務執行者であるから，取締役会は執行役会とも呼ばれており，それに類似している（Vorstandの訳は「取締役会」とも「執行役会」とも訳されている）。両方の訳が使われるということはドイツの取締役はすべて業務執行取締役だからである。

　この取締役会は日本の常務会にあたると言ったが，常務会は社長，副社長，

専務，常務，平取などと階層があり，それが身分差ともなっている。ここでは社長1人を除いてすべての取締役が横並びの平等の立場に立つ業務執行取締役である。

戦略経営を担当するには監査役会の監査役や社外取締役では無理がある。社内業務執行取締役が適任である。

しかし，アメリカの委員会設置会社のように一部の特定の取締役（たとえば会長）がCEOを兼任する場合，強大な権力者となり暴走の危険がある。法定上代表取締役を選定する必要がある場合には社長のほか2名を図表に示してある7名の常務取締役（業務執行取締役）からの互選とする。

取締役会の職務は「経営戦略の策定」と「戦略を現場業務に展開するまでの橋渡し業務」を執行すること，および現場業務の展開を，経営効率路線と事業革新路線と企業統治路線の軌道に乗せることにある。現場業務の展開は執行役員会に委任する。

取締役の任期は3年とする。アメリカの1年は短かすぎて短期志向の経営になる。ドイツの5年は長すぎて流動性がなくなる。業務の継承性を考えて半数交替になるような任命方式を採用する。

また，社外取締役制度が広く採用されているが，筆者はここでは採用しなかった。

外部知識と広い視野で公正な判断を下せる社外取締役はガバナンスに有効であると思われていたが，エンロン事件はそれを裏切った。外部知を必要とする場合には，テーマに応じて有識者をアドバイザリー・ボードのようなものに招いて，助言を仰げばよいと思う。

③ 執行役員会

事業部門，職能部門，プロジェクト・チームなど現場業務の執行に関する企画・計画から業務執行の管理を，取締役会は執行役員会に一任する。執行役員は取締役会において選任され解任される。任期は2年とする。執行役員会は事業部門や職能部門の部門長および大きなプロジェクト・チームのリーダーで構

成される。

　ここでいう執行役員は委員会設置会社の執行役とは違う。執行役は会社法によって資格は取締役と同じとされている。ここでの執行役員はあくまでも従業員で，部門長が就任する執行役員は従業員の最高の地位である。そして，年功昇進の段階はここまでである。

　日本の会社の取締役はコア従業員の最高の昇進段階として位置づけられているため，従業員として会社と雇用契約を結んだまま，取締役として会社と委任契約を結ぶケースが多い。この日本的雇用慣行である内部昇格制度は廃止すべきである。法律的にいえば，委任契約と雇用契約を同時に結ぶ使用人兼取締役を認めるべきではない。

〈注〉
1) 奥村宏（1997）58頁。
2) 神田秀樹（2006）3-8頁。
3) 同上書，51頁。
　 岸田雅雄（2006）52頁。
4) 神田（2006）前掲書，54-55頁。
5) 岸田（2006）前掲書，231頁。
6) 同上書，261頁。
7) 同上書，262頁。
8) 寺本義也他（2002）33-36頁。
9) 高木哲也（1999）147頁。
10) 杉本秦治（1997）125-127頁。
11) 奥村宏（2002）20-22頁。
12) 高橋俊夫（2005）「ドイツにおけるコーポレートガバナンス」丑山優他編『金融ネットワークとコーポレートガバナンス』191-219頁。
13) 高橋俊夫（2008）「現代企業論～株式会社論～」『経営論集』第55巻第1号，明治大学経営学研究所，46頁。
14) 同上論文，42頁。
15) 寺本義也（2002）
16) 高橋（2005）前掲論文，215-216頁。
17) 金山　権（2007）172-173頁。
18) 王　東明（2002）108頁。

19) 同上論文，112-113頁。
20) 平野雅章「経済教室」『日本経済新聞』2008年6月19日朝刊
21) 吉森賢（1989）16-18頁。
22) 水尾順一・田中宏司（2004）118-119頁。
23) 森本三男（2003）『経営学検定試験』406頁。
24) 水尾・田中（2004）前掲書，6頁。

〈参考文献〉

王　東明（2002）「中国の株式所有構造とコーポレート・ガバナンス」井村進哉他『コーポレート・ガバナンスの社会的視座』日本経済評論社
奥村宏（1997）『21世紀の企業像』岩波書店
奥村宏（2002）「日本のコーポレート・ガバナンス」『コーポレート・ガバナンスの社会的視座』日本経済新聞社
鍵山整充・太田滋（2004）『企業および企業人六訂版』白桃書房
勝部伸夫（2004）『コーポレート・ガバナンス論序説』文眞堂
金山　権（2007）「中国のコーポレート・ガバナンス」佐久間信夫編著『コーポレート・ガバナンスの国際比較』税務経理協会
神田秀樹（2006）『会社法入門』岩波新書
岸田雅雄（2006）『ゼミナール会社法入門』日本経済新聞社
小松　章（2007）『企業形態論』サイエンス社
佐久間信夫（2003）『企業支配と企業統治』白桃書房
杉本泰治（1997）『法律の翻訳』勁草書房
宣　京哲（2008）「中国企業におけるコーポレート・ガバナンス原則と有効な企業独自原則の本質と課題」日本経営教育学会編『経営教育研究』Vol. 11 No.1，学文社
高木哲也（1999）『日本とアメリカのビジネスはどこが違うか』草志社
高橋俊夫（2006）『株式会社とは何か』中央経済社
高橋俊夫（2007）『企業論の史的展開』中央経済社
寺本義也他（2002）『日本企業のコーポレートガバナンス』生産性出版
吉森賢（1989）『企業家精神衰退の研究』東洋経済新報社
水尾順一・田中宏司（2004）『CSRマネジメント』生産性出版

第2章　イノベーションと企業経営

1. イノベーションの概念

　イノベーション（innovation）は，日本では1956年度の『経済白書』で技術革新という訳語が用いられたが，今日では生産技術の革新に限定せず，経営技術の革新を含んでいる。生産技術の革新を技術革新というのであれば，経営技術の革新を経営革新といってよいであろう。今日の企業が生存するには，技術革新も経営革新も必要である。

　ちなみに，広辞苑（第六版）をみると，イノベーションとは「刷新，革新，新機軸の意」としてある。そのうえで，「生産技術の革新・新機軸だけでなく，新商品の導入，新市場・新資源の開拓，新しい経営組織の形成などを含む概念」1)と説明している。

　この新機軸，刷新，革新とはどんなことを意味するのであろうか。それは，新しい技術を開発し，その技術によって新しい製品を開発したとしても，それだけではイノベーションとはいえないのである。その製品が消費者に生活改善の新しい価値を提供し，企業にとっては新しい顧客を創造するというように，新しい価値や富を生み出す社会的変化を起すことを意味している。

　そこでまとめてみると，イノベーションとは，科学的な技術や知識で，新しいもの，新しい方法・仕組みを作り出し，われわれの社会や日常生活をより社会的価値や経済的価値あるものに変換するプロセスである。そして，その変換の担い手は多くの場合，企業（企業家）である。

　これからの企業をめぐる時代特質をみると，つぎのようである。

　(1) 技術立国日本の復活時代［MOT（Management of Technology：技術

経営）再考時代］
(2) 商品短命化時代
(3) 資源獲得競争時代（代替資源開発時代）
(4) M&Aグローバル競争時代
(5) 環境対応経営時代（環境ビジネス時代）
(6) 社会的責任自覚経営時代（コンプライアンス経営時代）

このような時代を生きる企業にとって，イノベーションは企業生命の根源となるものである。

1-1　経済学的観点

イノベーションの概念を最初に理論化したのは，オーストリアの経済学者だったシュンペーター（Schmpeter, J. A.）であり，経済学的な観点からイノベーションを論じた。

アダム・スミス（Smith, A.）にはじまり，マーシャル（Marshall, A.）に至るまで，従来の経済学者は，資本と労働（有限の資源）の投入による経済成長を重視していた。これに対し，シュンペーターは，資本と労働の投入以外にイノベーションの遂行も経済成長に寄与するものと認識した2)。

また，経済不況に関する考え方も異なっていた。ケインズが提唱した近代経済学では，経済不況は有効需要の不足ゆえに生じると考えられていた。それに対して，シュンペーターの考え方では，経済不況はイノベーションによって創造された新しい変化に対して適応するための正常な状況である3)。すなわち，シュンペーターによれば，経済不況とは，イノベーションのような既成概念を破壊する行為に適応するために，当然経過しなければならないプロセスなのである。

このようにシュンペーターは，新たな概念であるイノベーションを用いることによって近代経済学が論じる景気循環の説明に一石を投じた。

それではシュンペーターは，イノベーションの概念をどのようにとらえていたのであろうか。シュンペーター（1926）は，生産物や生産方法や生産手段な

どの生産諸要素の新結合（new combination）によって，「新しい財貨の生産，新しい生産方法（新しい商品販売方法を含む），新しい販路の開拓，新しい産業組織の形成」を創造することがイノベーションである4）と定義した。

そして，この新結合を遂行してイノベーションを事業化する経済主体が企業家（シュンペーターの訳書では企業者という用語が使用されているが，本書では企業家という用語を使用する）であり，銀行家が投資資金を提供することによってこれを支援し，企業レベルのイノベーションから経済レベルのイノベーションに膨張拡大するのである。その際起る古い経済体制の抵抗障壁を打ち破るのは，企業家が企業家の力量と同時にあわせもつべきリーダーシップ（指導者精神）の発揮によって，実現できるというのである。これが創造的破壊（creative destruction）という変革である。

ここで，シュンペーターのイノベーションの概念を，事例をあげてもっとわかり易く，解説してみよう。これは今井賢一（2007）の日本経済新聞に連載された『シュンペーター「経済発展の理論」の解説』からの引用である5）。

シュンペーターが，創造的破壊の典型として想定したのは，イギリスの産業革命期における「鉄道」を機軸とする革新であるが，彼はそれを「馬車を何台つないでも汽車にはならない」という比喩で表現した。

つまり，多数の貨車・客車を連結し，イノベーションといえるほどのものにするには，馬力を機関車のエンジンに代える「新結合」が必要だということであり，事実，ロバート・スチブンソンによってはじめて遂行されたその「新結合」こそが，当時の産業革命の中軸だったのである（鉄道は長距離輸送を短時間で正確に行うことによる新市場の創出というイノベーションとの合成）。

同様に，現在のIT革命についても「コンピュータを何台つなげてみてもイノベーションにはならない」。それがイノベーションといえるほどのものになるのには，画期的な検索エンジンとの新結合が不可欠である。そして現在，グーグル「Google」を率いる2人が，その新結合を強力に推進し，21世紀型の創造的破壊の嵐を起しているのである。

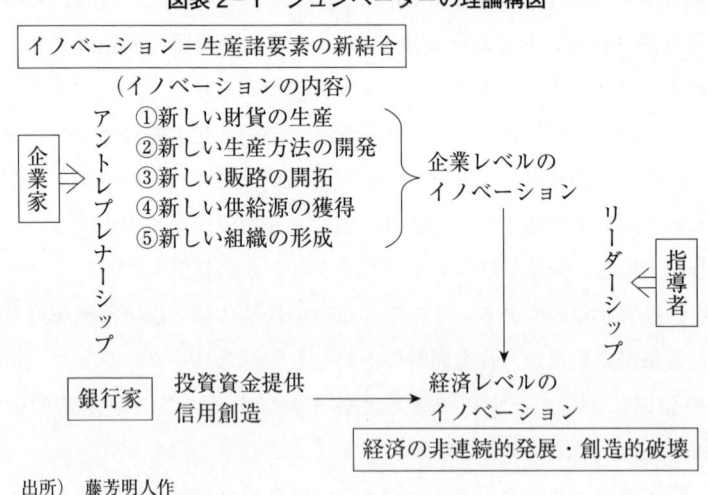

図表2-1　シュンペーターの理論構図

```
イノベーション＝生産諸要素の新結合
      （イノベーションの内容）
        ①新しい財貨の生産
企業家  ②新しい生産方法の開発  }企業レベルの
        ③新しい販路の開拓        イノベーション      指導者
        ④新しい供給源の獲得                   ←リーダーシップ
        ⑤新しい組織の形成
アントレプレナーシップ
                                    ↓
銀行家  投資資金提供→  経済レベルの
        信用創造         イノベーション
                     経済の非連続的発展・創造的破壊
```

出所）藤芳明人作

1-2　経営学的観点

　シュンペーターの提唱したイノベーション理論は，経営学の分野でも積極的に研究されはじめた。第二次世界大戦の終結を期に，企業の主役が国営企業から民間企業に代わると，経営学研究において，イノベーションを「経済成長」の源泉としてではなく，「企業成長」の源泉としてとらえようとした。マクロ的視点ではなく，ミクロ的視点からイノベーションの解明を試みようとしたといえる。

　経営学研究の中で，イノベーションに注目した代表的研究者はドラッカー（Drucker, P. F.）である。ドラッカーは，企業成長の源泉として，企業家の機能に着目した。ドラッカーは，事業の目的は企業の中に求めるのではなく，社会の中（企業の外）に求めるべきであるとした。したがって，最大利潤の追求に代わって，顧客の創造こそが事業の目的になる。それが他ならぬ企業の目的である6）と指摘した。顧客が製品やサービスの対価として代金を支払わなければ，製品・サービスは存在しない。購入するか，購入しないかを選択するのは顧客なのである。だから，企業は顧客をつくり出していくことによって，は

じめて生きていくことができるのである。

　ドラッカーによれば，顧客を創造するために実施する基本的活動，それこそが企業家の機能なのであるが，それにはつぎの2つがある[7]）。

(1) イノベーション：イノベーションとは，生産物（製品）・サービスの革新，製品の販売・サービスの提供に必要な技能や活動の熟練・革新であり，これは企業のあらゆる経営活動にかかわりをもつ。

(2) マーケティング：マーケティングとは，企業にとって独特な機能であり，販売活動に限定されることなく，市場の求める製品・サービスをつくるという事業全体に及ぶ重要な活動である。

　要するに，企業家の機能であるイノベーションとマーケティングを実施することによって，はじめて「顧客の創造」という企業活動本来の目的を達成できるというのがドラッカーの主張である。したがって，イノベーションこそ企業にとっての永遠の命題である「企業存続の命綱」であり，「企業成長の源泉」であるといえる。

1-3　イノベーションの定義

　ここまで考察してきたように，イノベーションの定義については，シュンペーターやドラッカーの定義が一般的に認知されているが，本書では企業レベルでのイノベーションに焦点を合わせて，イノベーションをつぎのように定義したい。

　企業が，これまでと異なる新しい製品やサービスを開発し，それを事業化することによって新しい顧客を創造するとき，それを製品系イノベーション（contents innovation）と呼んでおく。極めて簡単にいえば「内容・なかみの取り替え」である。

　企業が，これまでと同じ製品やサービスであっても，それを生産したり販売したりするその方法や仕組みを，これまでのものとまったく変わったものを考え出し作り出すことによって，極めて高能率の生産体制や販売体制を産み出し企業価値を高めるとき，それを方法系イノベーション（method innovation）と

呼んでおく。極めて簡単にいえば「方法・仕組みの切り替え」である。

　企業が行うイノベーションには，上記の2種類のものがあるが，製品系イノベーションはプロダクト・イノベーション（product innovation）といわれるものに，方法系イノベーションはプロセス・イノベーション（process innovation)8）といわれるものに該当すると思ってよい。

　ところで，これらのイノベーションを達成した企業は，企業間競争で必ずや優位に立つ。競争相手だった企業は市場から追い出されることになる。そのような状況に陥らないために，企業は生き残りをかけて，イノベーションを模倣する。これは，「創出イノベーション」の真似をした「模倣イノベーション」である。しかし，模倣した企業にとってみれば，それもイノベーションに他ならず，社会的にみてもそのイノベーションは社会に広く普及することになる。今日では国境も越える。したがって，創出イノベーションはもちろん，模倣イノベーションも企業イノベーションとして取扱うことにする。

　これらのイノベーションは古いものを壊し，追い出し，新しいものを作り出すという，いわゆる創造的破壊の作用をもっており，また連続的に現れるものではなく，断続的なものであるといわれている。したがって，基本的にはカイゼン（改善）は，イノベーションとは違うと考えられている。

　確かに，シュンペーターが説くイノベーションは偶然的に断続的にしか起らないであろう。しかし，企業成長の起爆剤としたい企業レベルのイノベーションにおいては，企業努力によって計画的に，連続性をもって産み出せるようにしたいという願望がある。

　トヨタのカイゼンの積み重ねがフォード生産方式に対抗するトヨタ生産方式として，イノベーションに結実したことを思えば，空しい願望ではないと思われる。連続的であるか非連続的であるかは，ともかくとして，個々の企業にとって，少なくとも計画的にイノベーションを産み出すためには，改善を蓄積するように，イノベーションの源泉となる知識を生み出すことが必要である。それには野中郁次郎のいう暗黙知を形式知化する組織的「知識創造」（野中・紺野は「ナレッジ・マネジメント」を提唱している）の方策を活用することも有

効であろう。

　なお，本書で使用している企業の自己変革という用語は変化させて改革する，あるいは変化したものに改革することであるから，ほぼイノベーションと同じと考えてよい。ただし，単なる改革とは異なる。また，すでに指摘しておいたように，イノベーションは当初，技術革新と訳されていたが，現在では技術に限定しない。したがって，訳語をつけるならば革新という。

2. 企業経営におけるイノベーションの種類と事例

2-1 イノベーションの種類

「イノベーションの定義」の項で，製品系イノベーション（contents innovation）＝プロダクト・イノベーション（product innovation）と方法系イノベーション（method innovation）＝プロセス・イノベーション（process innovation）とに分類しておいた。

製品系イノベーションとは，新製品を開発し，それを事業化するイノベーションのことであって，製造業における新素材の開発や新技術の開発による新製品開発イノベーションが，その大半を占めている。しかし，製造業だけではなく，流通業においては新しいサービスの開発，金融業においては新しい金融商品の開発というように，他の業種においても進められている。

方法系イノベーションとは，同じ製品であっても，その生産の仕方や仕組みを変えることによって，新たな価値を生み出し経営を大きく変革することである。新たな価値とは製品の品質が向上したり，製品の安全性が高められたり，生産能率があがったり，作業員の仕事への生きがいがよみがえったりすることなどをいう。

この方法系イノベーションは生産工程に限定されたものではない。販売工程においても販売・サービス提供の方法や仕組みを変えることによって経営を大きく変革する。

2-2 製造業におけるイノベーションの事例
① 新素材開発イノベーション

東レ（当時東洋レーヨン）はナイロンの独自の開発とその事業化にあと一歩であった。しかしデュポンとの開きは大きかった。当時，国際市場の動向はレーヨンの時代が過ぎ，ナイロン時代の到来を告げていた。このとき（昭和26年：1951年）田代会長は，自社の資本金を3億円も上回る10億円の特許料を支

払って技術を導入した。今日,東レが繊維業会の第一人者たる基礎を築いたのは,まさにこの決断があったからである。これは新素材開発型模倣イノベーションの見本である。事実,猫も杓子もナイロンという時代がやってきた。

最近,バイオマス（生物資源）燃料の開発が進められている。バイオ燃料はサトウキビやヤシなどの植物から作る燃料である。軽油を代替するバイオディーゼル燃料や,ガソリンの代替となるバイオエタノールなどがある。これは温暖化ガス削減に極めて有効な燃料である。

トヨタ,ホンダなど自動車メーカーはエタノールを燃料とする車の開発を急いでいる。帝人は欧州でバイオディーゼル燃料の生産会社を現地企業と共同で設立した。三井物産,丸紅,伊藤忠商事などの商社もバイオ燃料に取り組んでいる。

② 新技術開発イノベーション
(1) 太陽電池事業

第一次オイルショックによる深刻なエネルギー危機の後,1975年,京セラは太陽電池事業に参入した。現名誉会長稲盛和夫は,無尽蔵に降り注ぐ太陽光エネルギーを電気エネルギーに変換する太陽電池を量産すればエネルギー供給の面でも社会に貢献できると考えて,事業化し,そして赤字を続けながらもこの事業から撤退しなかったと,その胸のうちを語っておられる。今日では,太陽光エネルギーの利用が進んでいる以外にも,風力,地熱,バイオマス（シリコン半導体などに光が当たると電気が発生する現象を利用し,太陽の光エネルギーを直接電気に変換する発電の仕組み）など再生可能エネルギーが事業化されている。これは,資源の枯渇対策だけでなく,地球温暖化対策としても注目を集めている。

(2) 携帯電話

電話のパーソナル化を実現した携帯電話は年齢・性別・職業などにかかわらず,すでに多くの人に愛用されている。従来,電話といえば,電話線を通じて

建物と建物を結ぶものであった。急用の場合でも電話のある建物にいなければ利用できない，また相手が不在であれば会話することができないという不便さがあった。そのような状況下，NTTは，1968年にポケット・ベル（以下，ポケベル）を発売した。ポケベルの出現により，相手がどこにいても，会話したいという意思表示を行えるようになった。

当時のポケベルは営業マンの連絡用ツールとして用いられていた。ところが，1989年に数字表示式ポケベルを発売すると状況が一変した。営業マンの連絡用ツールとして用いられていたポケベルが，若年層を中心にコミュニケーション・ツールとして利用されはじめた。

ポケベルの出現は相手の居場所にかかわらず，直接また速やかに会話がしたいという，より高次な欲求を生み出した。その欲求を充たすべく開発されたのが，PHS（Personal Handy Phone）と携帯電話であり，NTTは，移動通信機を専門に取り扱うNTTドコモを設立した。NTTドコモは，ポケベルから携帯電話にコミュニケーション・ツールが移行するとｉモードなどの技術開発を行い，電話に情報交換・情報収集の機能を加えていった。結果的に，携帯電話は社会生活における必需品となり，すでに台数において固定電話を逆転し，NTTグループの利益の中核をなしている。

携帯電話の躍進は，消費者ニーズに合わせ，新技術開発イノベーションを間断なく実施し，電話機能，インターネット機能，メール機能，カメラ機能などを新結合することにより，従来の電話概念の創造的破壊を実現したことで大成功を収めた典型的な事例である。

2-3 流通業におけるイノベーションの事例
① 宅配サービス

郵便，電報，新聞はもともと宅配であったが，そのほかの荷物の運送配達は，昔はほとんどが鉄道便で，それは最寄り駅まで送り主が届け，最寄り駅まで受取人が取りに行くというシステムであった。この運送配達方法を破ったのが，クロネコヤマトの宅急便で，その名をとどろかせたヤマト運輸である。ドアか

らドアまで（door to door）宅配という新サービスを開発したわけで，車と車の運転手で配送される新しい宅配システムである。これは流通業における製品系イノベーション（サービス・イノベーション）であると同時に方法系イノベーションでもある。ヤマト運輸は続いてゴルフ宅急便やクール宅急便を開発している。

② 仮想商店街事業

　仮想商店街は，ネット上に出店した企業が商品を販売する。運営会社は場所を貸し出すだけで，自らが商品を仕入れる必要はない。運営会社は出店企業から店舗開設費用や販売手数料などを受け取る仕組みになっている。ネット経由のショッピングは利用者側には時間の制約がなく，出店企業側には店舗保有の必要がなく，空間の制約がない。このネット・ショッピングの市場（仮想商店街事業）は拡大しており，楽天，ヤフーが先行しているが，ネット書籍販売大手のアマゾンジャパンも新規参入している。仮想商店街事業は流通業における新製品系（新サービス）・方法系イノベーションである。

　このネット・ショッピングの販売方法を真似て，スーパーがネット・スーパーを開店しはじめた。これは，業績不振のスーパーのコンビニ対抗策としての業態革新である。

　このほか，業態革新の事例としてアウトレットストア（outlet store）やフランチャイズチェーン（franchise chain：FC）をあげることができる。

　アウトレットストアとは，メーカーや専門店が自社の売れ残り品や規格外品を格安で販売する店である。1980年代後半の不況時にアメリカで普及し，日本では1993年「アウトレットモーリズム」を皮切りに各地でモールの開設が相次いでいる。

　フランチャイズチェーンとは，チェーン主宰会社（本部＝フランチャイザー）が，独立店舗を加盟店（フランチャイジー）にした小売の形態である。本部は，加盟店に統一の商号や商標を使用させ，経営を指導する。加盟店はロイヤリティーを払う。コンビニエンスストアは，この地域密着型FC（フランチ

ャイズチェーン）の業態で成長を遂げた。しかし，このコンビニ経営にも陰りがみられる。そのような状況の中，ローソンは新しい業態開発を加速して新たな収益源を模索している。それは，自然素材の食品を重点的にそろえる「ナチュラルローソン」や100円生鮮コンビニの「ローソンストア100」の展開である。

2-4　金融事業におけるイノベーションの事例

① J-REIT（日本版不動産投資信託：real estate investment trust）

　J-REITとは，投資証券を発行し，投資家から資金を集め，不動産を購入して運用を行い，その結果得られた利益を投資家に分配する仕組みの金融商品である。不動産投資法人は，運用業務を外部の投資信託会社などに委託することが義務づけられている。このJ-REITは，証券化技術を利用した不動産投資ビジネスの開発であり，アメリカ生まれで日本では2003年からはじめられ，現在

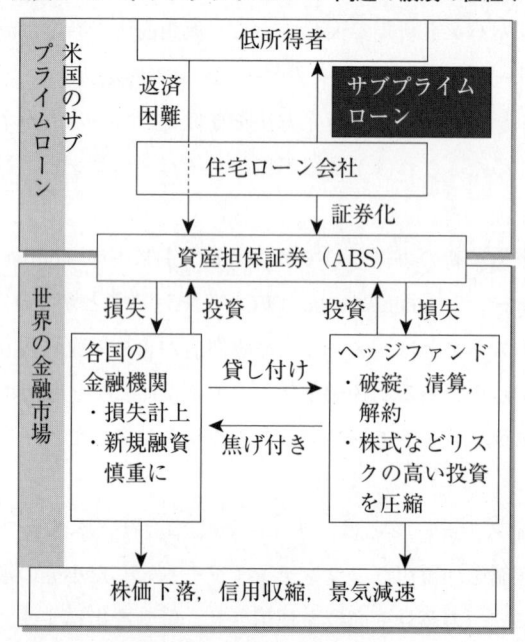

図表2-2　米サブプライムローン問題の波及の仕組み

出所）『日本経済新聞』2007年12月31日朝刊。

では人気ある金融商品となっている。

ところが，アメリカで2006年から住宅価格の下落がはじまると，2007年突如としてサブプライムローン（信用力の低い，低所得者向け住宅融資）の債務不履行リスクが顕在化し，世界中に金融不安を招き景気に冷や水を浴びせた（図表2-2「米サブプライムローン問題の波及の仕組み」参照）。

② 騙しと悪知恵の金融商品

昔は，金融商品の種類は極めて少なく，貯蓄，保険，投資の境界もはっきりしていた。現在は，その境界もなくなり，商品の種類も極めて多くなった。金融商品は，証券と説明書だけで現物をみるものではない。

金融工学（financial engineering）9）のような新しい技術を使って信頼性の高い金融商品を開発している向きもあるが，悪知恵で投資家を騙す金融商品を作りだす悪徳業者がいる。

たとえば，IP通信事業を展開すると自称する「近未来通信」は，IP電話の中継局の設置費用などを負担し，オーナーになれば通話料に応じて配当するとうたった「中継局オーナー制度」を「ビジネスモデルの中枢」と位置づけ，投資家を募集した。しかし，中継局は実在せず，通話料からの配当説明は虚偽であり，投資家から集めた資金を別の投資家に回す自転車操業の商法だった。

健康食品販売会社「リッチランド」は，虚偽の投資話で巨額の詐欺事件を起した。それは，沈没船から財宝を引き揚げる事業，東欧で不動産投資をする事業という実体のない事業への投資会員を募集していた。会員募集の方法は，マルチ商法のシステムを採用していた。

2008年には，不動産担保証券の時価評価損累積によって米大手証券会社が破綻し，莫大な不良債権を抱えるに追い込まれた米大手銀行も破綻した。今や世界は金融恐慌の到来をおびえている。

2-5　自動車産業におけるイノベーションの脈絡

① フォードとGM

　1903年，ヘンリー・フォード（Ford, H.）は，フォード自動車会社を設立し，金持ちの独占物であった自動車を低価格で大衆に提供するとして，1908年にT型フォードの製造を開始した。

　このT型車の生産方式は，生産活動の上流プロセスにあたる部品生産の量産方式（部品の互換性・規格化）と生産活動の下流プロセスにあたる組立生産の量産方式（コンベアによる移動組立）を結合した一車種大量生産方式で，フォード生産方式と呼ばれるものである。そして，1923年にはT型フォードの生産はアメリカのシェアの57％を占有し，世界に君臨した。

　しかし，顧客のニーズは，経済車からスタイルを選ぶ高級車に変わってきた。フォードは，1927年にはT型車の生産を停止し，新しいエンジン開発などのイノベーションを使ってT型に代わってA型車，続いてB型車を開発し一時的には業績の回復がみられたが，所詮ゼネラル・モーターズ（GM）の車を計画的に陳腐化（ここでは数年単位で新モデルを売出し，以前に購入した車を旧モデル化させることを意味する）させるモデルチェンジ戦略の前に敗れることとなった。したがって低価格大量生産というフォード生産方式パラダイム（自動車生産を構想するときの思考枠）は揺らぎはじめた。

　GMは，それから長年にわたって世界の自動車産業の頂点に位置し，自動車再編が活発だった2000年頃には，M&A戦略で自動車メーカーを引き寄せ，一大連邦を築いた。そのGMが，2005年，実に1兆2千5百億円の赤字を出した。それが，まさにトヨタ自動車の黒字額と同等であった。

　GMがこのように沈滞したのは，放漫経営のせいでもあるが，原油高でドル箱だった大型車の売れ行きが悪くなったことによる。そのことは，同時に燃費の悪い車も売れなくなったということになる。

② トヨタ自動車

　狭い道路と高額な石油の中で生まれてきた日本の自動車は「小型車で低燃

費」を前提に作られてきたといってよい。いろいろなイノベーションを取り込んで，小型車で，低価格で，優秀な車を作るならば，日本の自動車が世界に躍り出る好機は十分にある。

トヨタ自動車は世界生産台数において，2007年，2008年前半では年間生産高1,000万台を目標に，世界最強のゼネラル・モーターズと首位を争っていた。しかし，2008年後半からサブプライム・ローン問題による景気減速，ガソリン高による需要減退，自動車主力素材の高騰が世界における自動車販売に大きな影を落とし，その結果一転して減産体制に入っている。

小型車・低燃費車を軸にして世界に躍進してきたトヨタは，高級ブランド車としてのレクサスや，時代の要請に適合するハイブリッド車（モーターとエンジンの組合せ），ディーゼルエンジン車，エタノール車，燃料電池車，衝突回避安全車を開発し，販売拡大を目指している。これらの車は，自動車の環境規制が厳しくなる時代に適合する環境対応車でもある。

そして，今日ではフォード生産方式に代わるトヨタ生産方式パラダイムを広めている。その生産方式のイノベーションは，大量生産方式と多品種生産を巧みに結びつけるトヨタが開発したかんばん方式（"KANBAN" Technology）である。

このかんばん方式というのは，ジャスト・イン・タイム（JIT）を実現する技法であるが，この「かんばん」は生産ラインの諸工程間の作業量を調整する作業進行票と必要なだけの部品を調達する部品発注票からできている。

すなわち，このかんばん方式は，後工程引取りを原則（「後工程が前工程に必要なものを必要なときに必要なだけ取りに行く」とともに，「前工程は引き取られる分だけつくれば良い」とする生産方式）として「かんばん」を移動させることによって，生産工程の間の中間在庫をゼロにし，部品の生産と組立を同期化させる生産システムである。そこには下請け部品工場も組み込まれている。

したがって，かんばん方式は市場で売れる分に応じて生産工程を起動させるもので，市場密着型生産方式を実現したものである。

ところで，この市場密着型生産方式が効果を発揮するためには，ひとつの同じ生産ラインで1車種だけを生産するのではなく，複数の車をひとつの同じ生産ラインで車ごとに生産量を異にする変量生産を可能にする生産システムを開発する必要がある。ここでは，多品種変量生産システム（これは小品種大量生産システムでもなく，その反対の多品種少量生産システムでもない）と呼んでおこう。

　事実，トヨタは最大8車種を同時に生産する多品種混流型ラインを2007年から国内外の工場に順次導入すると伝えられている（『日経新聞』2007年3月5日（月）朝刊では多品種混流生産という用語が使われている）。

　トヨタのイノベーションは，かんばん方式という新しい管理技術の開発を契機に多品種変量生産システムを開発することによって，フォード生産方式と異なる新しいパラダイムを自動車業界に生み出した。そして，今日，それを世界の舞台にまで普及させている。それには，次のような活動で援助されていることも見逃してはならない。

(1) 絶えざる「カイゼン」（daily continual improvement）の積み重ねがある。それらのカイゼンが，複合効果をあげている。かんばん方式はもちろんのこと，自動生産工程を止める「あんどん」部品をつまみあげるオートマ機「カメレオン」などの改善，提案がある。このほか最近では，「人とロボットの共存工場」（高岡工場でのフロントガラス組み付け作業）で高効率生産の実現をねらったり，車体の軽量化による低燃費の環境適応車の開発に挑戦している。

(2) 系列部品メーカーもディーラーも，親会社と下請会社という上下関係としてではなく，利害共同体としての協力会社として協力関係の間柄として結ばれる。

(3) 海外の会社・工場では現地に根ざした経営をする。たとえば，地元で有力な知名人を社長に据える。現地外国人にもトヨタの技能を伝承させる。そのために，日本人が直接指導するのではなく，外国人の指導者を育てて，その指導者に指導させる。

3. イノベーターとベンチャー・ビジネス

3-1 イノベーター

ここまでイノベーションの概念について述べてきたが，それでは実際にイノベーションを実施するのは誰であろうか。一般に，経営者は，イノベーションにとって大きな影響力を有するといわれている。つまり，どのようなイノベーションを行うかは経営者の思考，価値観，規範などによる判断に依存する。

しかし，通常の経営者ではイノベーションを発生させることは困難である。単なる経営者ではなく，イノベーションを積極的に行うイノベーター（innovator）でなければならない。それでは，イノベーターとはどのような存在であろうか。イノベーターはイノベーションを生起させる存在であるのだから，企業内外の環境変化を敏感に察し，考え方，価値観，行動様式などを変化させることのできる能力が必要であり，既存の価値観を打破する存在でなければならない。

また，既存のものを変革することだけがイノベーションではない。まったく新しい価値を創出することもイノベーションである。セイ（Say, J. B.）をはじめ，アントレプレナー（起業家）研究の先駆者が起業家の定義として主張していたのは，まさにこの価値創出による経済的側面の向上である。すなわち，起業家はイノベーターであると同時に，新たな価値を創出する能力を持ち合わせなければならない。

米倉誠一郎（2003）も，イノベーターを「企業家」と表現した上で，企業家を新たな事業を興す起業家としての能力と創造的破壊による変革の遂行者としての能力の双方の能力が必要であると指摘した。米倉は，「企業家」とは，新たな事業を起す「起業家」だけを意味するのではなく，現状を創造的に破壊し，新たな展望を見出すイノベーションの遂行者を指している。この「企業家」像はシュンペーターのいうリーダーシップを発揮する「企業家」像と類似している。そして，米倉は，企業家になれるのはけっして選ばれた人だけではなく，

4つの条件をクリアすれば，誰もが必ず企業家，すなわちイノベーターになれると説いた。その4つの条件とは，以下の通りである。
- ・時代の流れを正確に見抜くこと
- ・イノベーションの本質を理解すること
- ・経営学の基礎を身につけること
- ・失敗を恐れずにチャレンジすること10)

このようにイノベーションは，イノベーターの存在なくして発生させるのは難しい。優秀な経営者や有名な大企業の経営者が必ずしも有能なイノベーターであるとは限らない。大胆に実行できる行動力を持ち合わせた人物がイノベーターであるといえる。

3-2　ベンチャー・ビジネス

イノベーションに新たな価値を創出するという側面がある以上，イノベーションとベンチャー・ビジネスは切り離せない関係にある。ここで，イノベーションとベンチャー・ビジネスとの関連性について考えてみよう。

清成忠男・中村秀一郎・平尾光司（1971）では，ベンチャー企業を「研究開発集約的，またはデザイン開発集約的な能力発揮型の創造的新規開業企業」11)であるとして，創造性あふれるビジネスをベンチャー・ビジネスととらえている。

その他，多くの定義において，ベンチャー・ビジネス活動の基盤に，イノベーション，もしくは冒険心をおいている。八杉哲（2004）は先行研究におけるベンチャー・ビジネスの定義の共通項をもとに，ベンチャー・ビジネスを組織体としては，「起業家精神にもとづき，起業家の活動によりおこされた事業もしくは事業体」と規定し，また活動面では，「イノベーションなどの創造性，もしくは冒険心旺盛な精神力をもとに，事業活動を行う」12)と定義している。

八杉の定義にたてば，起業家の活動は挑戦する志，起業への意欲，創造性などの性格をもち，結果として新規性，独立性，社会性などの特性を製品およびサービスに付与すると考えられる。また，ベンチャー・ビジネスには，結果的

に起業が成功し，大企業に成長する企業もあれば，志半ばで撤退を余儀なくされる企業もあることを承知しておかなければならない。

このベンチャー企業は，現在の社会において様々な役割を果たしている。その役割は，社会全体のイノベーションへとつながるものであり，多くの意義がある存在として認識されている。すなわち，イノベーションを実施することによってベンチャー・ビジネスが展開され，ベンチャー・ビジネスの活動によって社会全体のイノベーションが引き起されるのであり，イノベーションとベンチャー・ビジネスとは相関関係にあるといえる。

ベンチャー企業が果たしている代表的な社会的役割として以下のことをあげることができる。

(1) 経済発展の推進力

IT産業に代表されるように，ベンチャー企業によって創造性あふれるビジネスが展開されれば，当該産業分野は高い成長性を実現できる。停滞した経済を活性化させる推進力としてベンチャー企業の活動は鍵を握る。

(2) 雇用機会の創出

経済停滞による業績不振は，リストラ，新規採用の手控えなど雇用調整を助長する。新規開業するベンチャー企業は，多くの雇用を生み出す。ベンチャー企業の成長にともない雇用機会の提供に著しい貢献をする。

(3) 地域活性化

京都（ベンチャー企業で成功を収めた企業，任天堂—創業1889年，オムロン—創業1933年，ワコールホールディングス—創業1946年，京セラ—創業1959年），浜松（ベンチャー企業で成功を収めた企業，ヤマハ—創業1887年，河合楽器製作所—創業1927年，本田技研工業—1948年，ヤマハ発動機—創業1955年）に代表されるように，ある地域でベンチャー企業が集積すれば，地域内での雇用促進，税収増加が実現され，地域経済の活性化につながる。

4. 蛻変の経営（企業の自己変革）

4-1 蝉が脱皮するように企業の蛻変

　第二次世界大戦の後，統制経済が解除され，配給制度であった繊維製品が自由に市場で販売されるようになった。それこそ庶民は，とびついて買った。繊維業界で大手の帝人（当時帝国人絹）という会社は戦前と同じ人絹を作っていたが，とぶように売れた。大量生産の道を驀進した。

　帝人のあとを追いかけていた東レ（当時東洋レーヨン）は，アメリカのデュポンから，ナイロンの技術を買って，1953（昭和28）年に生産を開始した。

　少々高くても品質のよい商品を選ぶという消費者ニーズの変化とあいまって，昭和30年代，ナイロン時代が出現した。

　東レはトップ企業に躍りで，帝人は倒産寸前に追い込まれた。元社長大屋晋三はイギリスのICIからテトロンの技術を買って，倒産を防いだ。これは，新素材による技術革新であり，そして「模倣イノベーション」である。

　帝人は復活した。社内に安堵感がみなぎった。そのとき，大屋晋三は全社員につぎのような訓示をして喝を入れた。「再びテトロンにあぐらをかくと，テトロンで死んでしまう。蝉は幼虫から成虫になるとき脱皮する。これを蛻変（ぜいへん）というが，企業も同じだ。変化する世の中，蛻変をして生きていけ。」

　藤芳誠一は，大屋晋三の了解を得て，この蛻変という言葉を使って，企業生存の鉄則—蛻変の経営を考えた。そして阿部實（帝人元副社長）との共同研究によって「蛻変の経営哲学」を展開したのである13)。

　蛻変は，もともと中国語でトゥイベンといい，アメリカではmetamorphosisという。企業は，蛻変の繰り返しによって生きながらえる。

　この「蛻変の経営」の経営方策を展開した会社として，古くは宇部興産をあげることができる。

　宇部興産は石炭事業を主力事業として，1942年に発足した企業であるが，そ

の初代社長渡辺祐策が，経営方針の中に，蛻変の経営哲学をみごとに映し出している。

「石炭は掘ったらなくなる。有限の鉱業から無限の工業に伸びて行け」というのである。宇部興産は，事業の多角化をはかっていくが，石油と対決したとき石炭事業を撤収して，石油精製業に乗り換え，石油化学事業を展開していくことになった。事業転換は，1958年3代目社長によって断行された。

キヤノンをみてみよう。第二次世界大戦後，「右手にカメラ，左手に事務機」をスローガンに事業の多角化をはじめていたが，1987年の創業50周年には「右手にハード，左手にソフト」という経営ビジョンを策定している。事実，キヤノンの事業は現在，情報・通信の新しいソフトの分野へ展開されてきている。

4-2　企業構成員の変革行動

(1) トップ・マネジメントのリーダーシップ

「先ず隗より始めよ」(燕の昭王に対する郭隗の進言)という故事があるが，企業の自己変革には企業の最高経営責任者であるトップ・マネジメントの自己変革が必要である。第1章の「B・M・G企業論と株式会社」で指摘してあるように，これまでの日本のトップ・マネジメント(代表取締役・社長)は株式会社という会社を経営者本位の会社と思い込んでおり，監視機能を負う「社外取締役」や「監査役」ともなれあいになり，年功的自己保存体制を作り出している。

新会社法のもと会社機関を整備して，自己の姿勢を正し，変化に挑戦し，企業変革のリーダーシップを発揮できるようにつとめるべきである。

(2) ビジネスマンの自己変革

今日は企業変革の時代である。企業の変革には，イノベーションへの挑戦と人員整理というリストラ(リストラクチャリング＝restructuringとは事業の再構築を意味する言葉であるが，最近のわが国では人員整理と同義語として使われている)の克服という問題がつきものである。

ビジネスマンは，昔経験した石炭産業における労使紛争の悲劇を2度と繰り返してはならない。それには，あの悲劇の原因を納得しておかなければならない。

- 労働側は，石炭は石油に負けることがわかっているのに，国の宝だとごねまわるようなことはすべきではない。
- 経営側は，イノベーションの必要性とその利益の供与について明確な計画を提示すべきである。

そのうえで，配置転換や職業転換に伴う必要な「時間と教育」を労使双方で用意しなければならない。

そして，今日の時代特質を反映する人材としての資質が要求される。それには，「先を見て行動枠組みを作る」構想能力を必要とするが，しかし一度作られた構想にこだわり続けてはいけないので，構想の転換（paradigm shift）ができなければならない。そして，国際基準（global standard）に適合して行動することが苦にならないこと，および，大競争（mega competition）時代であることを恐れないことである。

4-3 啐啄同時の風土

蛻変を実現し，事業を変革するためには，蛻変の推進機関（business innovation system）が設置されるのが一般的である。会社によっていろいろな機関の名称があるが，帝人がゼネラル・スタッフ機関「企画室」を解体して「未来事業部門」を設置したのが，日本では最初であろう。最近は中小企業においても，企画・事業開発室のような名称を使うところが多い。ところで，この機関は，蛻変を実現するのに必要な戦略情報の収集・分析，それと並行する蛻変の具体的構想，そして蛻変の戦略策定を行う機関なのである。

しかし，この蛻変推進機関だけが独走することは実りが少ない。そこで企業の蛻変（事業の変革，イノベーション）の必要性を認知する経営風土を作ることである。それには「啐啄同時」という"悟りの行"を組織行動に導入することである。それができればまさに最善の策である。

この啐啄あるいは啐啄同時という言葉は，禅宗に出てくる言葉であり，碧厳録七則および十六則にあり，「啐は雛が卵の殻をつつく音，それに応じて母鶏が外から殻をつきやぶるのが啄，転じて禅宗において，師家と修行者の呼吸が合うことの意味である。すなわち，修行者が悟りを開く機が熟したのをみて，師家が動機を与える」14)ことを意味している。

このような啐啄同時の風土を作っていくためには，蛻変推進機関が《啄》の役割を果たす母鶏になるということが先決であり，それに追随したり，抵抗したりするグループに，経営教育を通じて《啐》にあたる雛の動機を盛り上げることが必要である。

そして，この啐啄同時の経営風土，すなわち経営文化（組織文化）を日本型経営文化として育成するだけではなく，それこそ，国境を越え，民族を超えて21世紀のグローバル・スタンダードな経営文化として仕立てていきたいものである。

4-4　パラダイムの変換とドメインの再定義

蛻変を行うためには，パラダイムを変換し，ドメインの再定義（これに関しては第3章「経営戦略論の展開」を参照）を行うことが肝要である。パラダイムを変換し，ドメインの再定義を行うことによって，見事に蛻変に成功した企業としてアメリカのフォード自動車会社をあげることができる。

フォード（Ford, H.）は，「金持ちの独占物を庶民の手に」を合言葉に大量生産方式（製品の標準化とコンベア・システムの採用）で，コストダウンをはかり，黒色のT型フォードを廉価で市場に提供し，T型フォードは市場において圧倒的な地位を獲得していった。まさに，蛻変に成功したのである。

しかし，そのようなフォードでも，消費者のニーズが「とにかく車を手に入れたい」から「人と違う車に乗りたい」へと変化したことに気づかなかった。フォード社のライバルであるGM社はシボレーを頻繁にモデル・チェンジすることで対抗し，T型フォードは市場での地位を失っていった。

「金持ちの独占物を庶民の手に」，「少品種大量生産」（規格品生産）という

フォードが自ら築いた経営パラダイムが，フォードさえも「消費者ニーズの変化」という経営パラダイムに気づくことを遅らせてしまったのである。

「少品種大量生産」のパラダイムは「多品種少量生産」のパラダイムに変換するのである。そして，それに見合う生産方式を生み出したのが，トヨタかんばん方式であり，ジャスト・イン・タイム（Just In Time）という巧妙な下請管理方式である。それが「多品種変量生産」方式なのである。

流通の分野においても，同様の事例は存在する。わが国で流通革命の先覚者であったダイエーの総帥・中内功が，ダイエーの凋落をなげいてつぎのように語っている。

「小売業とは，『安く』，『大量に』，『アメリカ式スーパー』で売ることが，勝者の道だと信じていたが，この小売業のパラダイムはまったく通用しなくなった。これからの小売業は，それぞれの地域の『顧客のニーズ』を見つめる商売でなければならない。したがって，現場から離れた統括部門で，頭のよい社員が考える販売方式はもう役に立たない。現場に密着した販売方式を発見しなければならない。」

小売業の流通革命として一世を風靡したアメリカ式スーパーも，より地域に，より生活に密着したコンビニエンス・ストアに経営パラダイムは変化した。そのパラダイムに適応し，ドメインの再定義が行えなければ凋落も自明の理である。すなわち，蛻変とは一度だけではなく，繰り返し行うことによってこそ，その効果が期待できるのである。

〈注〉
1）新村出編（2008）『広辞苑　第六版』岩波書店，193頁。
2）Schumpeter, J. A. 訳書（1977）182-183頁。
3）同上訳書，114頁。
4）同上訳書，182-183頁。
5）『日本経済新聞』2007年1月4日朝刊。
6）Drucker, P. F. 訳書（1996）48-49頁。
7）同上訳書，49-55頁。
8）プロセス・イノベーションとは，ダベンポート（Davenport, T. H.）（1993）に

よれば，「ビジネスを構造化する方法と改善の方法が含まれた革命的アプローチであり，ビジネスを部門，事業部あるいは製品の観点からみるのではなく，キー・プロセスの観点からみる，すなわちビジネスに対してプロセス的な見方をすることによって，キー・プロセスに対するイノベーションを実現するもの」である〔Davenport, T. H. (1993) *Process Innovation,* Ernst & Young. (卜部正夫他訳 (1994)『プロセス・イノベーション』日経BP出版センター，9頁)〕。

9) 金融工学とは，統計数理などの複雑な数式を駆使して，金融商品の市場価格や企業の信用力の変動などに伴う金融取引のリスクを減らし，効率的に少しでも大きな利益を上げる方法を追求する学問を指す (日本経済新聞社編 (2007)『経済新語辞典』134頁)。
10) 米倉誠一郎 (2003)『企業家の条件』ダイヤモンド社，裏表紙。
11) 清成忠男他 (1971) 9-11頁。
12) 八杉哲 (2004) (岸川善光編 (2004)『イノベーション要論』同文舘，184頁)。
13) 藤芳誠一 (1975) (1978) 参照。
14) 藤芳誠一監修 (2000) 19頁。

〈参考文献〉

Drucker, P .F. (1954) *The Practice of Management,* Harper & Low. (上田惇生訳 (1996)『[新訳] 現代の経営 (上・下)』ダイヤモンド社)

Schumpeter, J. A. (1926) *THEORIE DER WIRTSCHAFTLICHEN ENTWICKLUNG, 2,* Virtue of the authorization of Elizabeth Schumpeter. (塩野谷祐一他訳 (1977)『経済発展の理論 (上・下)』岩波書店)

清成忠男他 (1971)『ベンチャー・ビジネス―頭脳を売る小さな大企業―』日本経済新聞社

松田修一 (1998)『ベンチャー企業』日本経済新聞社

野中郁次郎・紺野登 (1999)『知識経営のすすめ』筑摩書房

藤芳誠一 (1975)『蛻変の経営』泉文堂

藤芳誠一 (1978)『蛻変の経営 改訂増補版』

藤芳誠一監修 (2000)『新経営基本管理』泉文堂

第3章 経営戦略論の展開

1. 経営戦略の概念

1-1 経営戦略の定義

　経営戦略論とは，経営戦略を研究対象とする学問領域であるが，戦略とはもともと軍事用語であった。それを，企業間競争の中で競争に勝つための指針を策定することを「経営戦略」(business strategy) ととらえ，概念化したものである。

　事実，利潤を追求し，ゴーイング・コンサーン（継続事業体）であることを望む企業は，激しい企業間競争の中で競争優位 (competitive advantage) を構築しなければならないのである。

　そこで，この経営戦略はつぎのようなかたちで展開されている。

(1) 量産・低コストで競争力を強化する「効率戦略」
(2) 経営資源の効率的配分と蓄積をはかる「資源戦略」
(3) 事業の多角化や事業の転換をはかる「組織戦略」
(4) 新製品の開発・新規事業の開拓をはかる「イノベーション戦略」
(5) 社会的貢献事業にアクセスする「環境戦略」
(6) 知識創造・知識変換をはかる「知識戦略」

　このように企業の経営戦略展開の足跡をたどると，競争優位の源泉を求めて展開してきたことがわかる。その源泉とは，経営効率，経営資源，経営組織，イノベーション，企業環境，組織知識などである。

　企業の経営戦略を，伊丹敬之 (2003) は5つのキーワードを提示して，定義づけている[1]。

(1) 経営戦略は，市場の中での企業の行動や意思決定の基本指針になるべきもの。
(2) 戦略は，組織という人間集団を率いるための構想あるいは基本指針。
(3) 戦略は，市場の中での現実の指針となるべきもの。
(4) 戦略は，長期的な展望を与えようとするもの。
(5) 戦略は，企業の具体的活動を作り上げていくための基本的設計図。

伊丹は，これらのキーワードを要約して，企業の経営戦略を「市場の中の組織としての活動の長期的な基本設計図」であると定義している。

1-2　経営戦略の位置づけ

「適正利潤」を追求するのが企業である。そして企業は「ゴーイング・コンサーン」（継続事業体）であることを目指すべきである。企業の経営目的として「適正利潤」と「継続事業体」を否定する人はいない。

ところが，最近の企業不祥事の中で，うなぎの産地を偽装して暴利をむさぼる企業があらわれたり，有名老舗でありながら顧客の食べ残しの「使い回し」や賞味期限の改ざんなどの"もったいない経営"をした事実を隠しに隠して，「店の存続」をはかろうとしたことが明るみにされた。これは，まさに「品性」も「モラル」もなき「利潤追求と組織存続」の醜態を露呈したものである。

企業の経営戦略が，上記のような醜態を招く経営行動の指針となっていたとすれば大変なことである。企業が企業の正道を歩むことができるように経営戦略を規制する経営理念を経営戦略の上位概念として設定する必要がある。

伊丹敬之＝加護野忠男（2003）は，松下幸之助（松下電器創業者）の言葉「事業経営においては，……一番根本になるのは正しい経営理念である。それが根底にあってこそ，人も技術も資金もはじめて真に生かされてくる」を引用して，経営理念は2つの部分から構成されているという[2]。

第1は，組織目的についての理念であり，松下電器（2008年，松下の名前は会社名から消え，パナソニックに社名変更された）の例では「産業報国の精神」である。これはミッション（mission）＝使命を意味するといってよい。

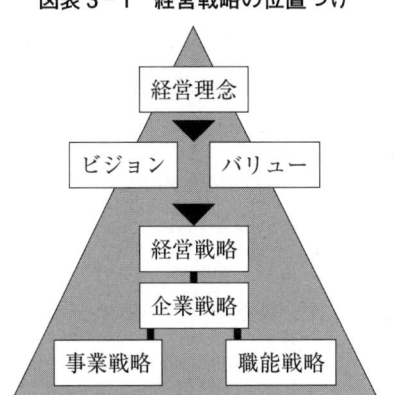

図表3-1 経営戦略の位置づけ

```
            経営理念
               ▼
        ビジョン  バリュー
               ▼
            経営戦略
            企業戦略
        事業戦略  職能戦略
```

出所）藤芳明人作（図表「経営戦略の前提となる概念」吉村孝司編著（2006）17頁，図表「経営理念，ビジョン，経営戦略の関係」経営学検定試験協議会監修（2003）133頁を参考）

　第2は，経営行動の規範についての理念であり，その例として「人間尊重の経営」「顧客とともに生きる」「浮利を追わず」などである。これはバリュー（value）＝活動原則となる価値観を意味するといってよい。

　歌代豊（2006）は，経営理念としてミッションとバリューをとりあげている3)。それによると，企業のミッションは「その企業が社会の中で果たすべき役割」として定義される。それは企業の最も上位の目的を示しており，その企業が何のために存在しているのかという問いに対する答えでもある。

　バリューとは，経営活動における原理，原則であり，組織で浸透した信念や価値観である。たとえば，「常に顧客を第一に考え，行動する」「革新と創造を重要視する」といったものである。

　そして，良いミッションの条件としてニーブン（Niven, P. R.）の見解を引用して，つぎの3つをあげている。

(1) 戦略や計画は環境変化に伴い変わるが，ミッションは長期間にわたり意思決定の拠り所となる。

(2) 組織に変革を促し，組織を前進させる。
(3) 人びとを動機づけ，組織全体を同じ目的に向かわせる。

経営戦略の位置づけは図表3-1に示してある通りであるが，企業の経営組織には「組織のレベル」によるつぎの3つの分類がある。

(1) 全社レベルの企業戦略（corporate strategy）―複数の事業の間の資源配分や，事業領域の決定，事業の多角化，撤退に関する戦略などが相当する。
(2) 各事業レベルの事業戦略（business strategy）―同様の事業を行う競争相手に対して競争優位性を確立する競争戦略が相当する。
(3) 各職能レベルの職能戦略（functional strategy）―各職能単位の戦略で，研究開発，生産，マーケティングなど職能別に作られる戦略である。

1-3 戦略論の展望

元来，軍事分野において用いられていた戦略の概念を企業経営の分野に応用し，経営戦略の用語を用い始めたのはゲーム理論の創始者であるノイマン（von Neumann, J.）＝モルゲンシュテルン（Morgenstern, O.）であるといわれている。それ以降，ドラッカー，チャンドラー（Chandler, A. D. Jr.）などが経営学において用い始め，経営戦略論の研究が展開されていく。

ドラッカー，チャンドラーらによる研究以降，経営戦略論研究は時代とともにその研究領域が変化してきた。ここでは，経営戦略論研究の変遷を時代背景とともに考察してみよう。

① 企業誕生の時代（1950～1960年代）

第二次世界大戦が終了し，世界経済の復興とともに多くの企業が誕生した時代である。それまでの国営企業（公企業）中心の産業から民間企業（私企業）中心の産業へ主役が移行する時期でもある。

この時代には，軍事関連で用いられていた戦略概念の企業経営への転用が始められ，いかに自社の経営基盤を安定させ，企業活力を備えさせるかという点に主眼が置かれていた。すなわち，自社のドメイン（事業領域）を明確化させ，

生存領域と成長の方向性を明示させるものこそが経営戦略であると考えていた。したがって，この時代の経営戦略はドメイン戦略が中心であり，企業基盤を確立させるための道具として位置づけられていたといえよう。

② 企業成長の時代（1970年代）

1960年代に自社の事業領域を明確化させた企業は，つぎに経営のリスクをいかに低減させるかということに対して経営上の関心を移行させていった。そのような状況下で，当時の企業が好んで選択した方法が事業の多角化である。

事業の多角化に代表される1970年代は，いわば企業成長の時代であったといえる。単一事業から多角化をはかることによって経営リスクを分散化させるとともに，各事業の将来性とライフサイクルとが錯綜する中において既存の優良事業からの資金を今後の有望事業に対して循環的に投資することによって，事業の淘汰を繰り返しながら企業の成長を戦略的に模索し始めた時代であった。すなわち，自社のもてる経営資源をいかに効率的に配分するかに関心が集められていたのである。したがって，この時代の経営戦略は資源展開戦略が中心であり，経営リスク低減化・分散化のための道具として位置づけられていたといえよう。

③ 企業競争の時代（1980年代）

1980年代に入ると，企業も新たな展開を迎えるようになった。企業間における熾烈な競争の時代の幕開けである。企業にとっての「競争」が意味するものは，通常，われわれが理解する以上のものであり，いわば「生き残り」にほかならない。競争における負けは，企業の死を意味する。しかし，当時の企業は直面する競争に対して，何も具体的な方策を講ずることができない状況にあった。これらの企業にとっての特効薬としての戦略を提示したのがポーターである。すなわち，多くの企業が誕生し，飽和状態になった市場の中で，企業が生き残りをかけてライバル企業に競争で勝ち，最大の利益を獲得することに関心が寄せられたのである。したがって，この時代の経営戦略は競争戦略が中心

であり，企業間競争のための道具として位置づけられていたといえよう。

④ ポスト競争戦略の時代（1990年代）

　1980年代に頂点に達した競争戦略論は，企業間競争における利潤偏重の戦略であったといえる。すなわち，企業がいかに最大の利益を確保するかということが論点とされてきたのである。

　しかし，利潤とはあくまでも一定の成果を意味するものであり，重要なことは，どれだけの利潤が確保されたかということではなく，ある程度の利潤を常に確保し続けることのできる仕組み，すなわちビジネス・システムを構築することにある。「成果重視の経営戦略」から「成果を生み続けることのできるシステム，すなわちプロセスを重視する経営戦略」へと大きく変化した。したがって，この時代の経営戦略はビジネス・システム戦略が中心であり，持続的に利潤を獲得するためのシステムづくりの道具として位置づけられていたといえよう。

⑤ 革新と共生の時代（2000年代〜）

　2000年代に入り，経済，社会，政治，技術など企業を取り巻く経営環境が激変している。当然，企業経営も従来のようなスタイルでは行き詰まりをみせており，新たな経営スタイルが求められている。すなわち，現代は革新の時代であるといえよう。

　また，従来の企業間の関係も大きく変貌しつつある。同業他社との熾烈な競争から，必要に応じた協力関係や提携関係といった今までにはみられなかった現象が生じてきている。これは，各企業が保有する強みと弱みを相互補完しようという動きであり，競争の時代を超えて共生の時代が到来したといえるであろう。

　これらの革新と共生というキーワードから導かれる経営戦略は，イノベーション戦略と組織間関係戦略である。革新と共生の時代において企業が存続・発展していくために，経営戦略はイノベーション戦略と組織間関係戦略を中心に，

改革とネットワークづくりの道具として位置づけられていくことであろう。

1-4 戦略と組織

　戦略と組織の間には、非常に深いかかわりがある。戦略と組織との関連性に関する代表的研究者としてチャンドラーとアンゾフ（Ansoff, H. I.）をあげることができる。

　チャンドラーは、GM社、デュポン社など当時のアメリカの代表的企業の事例研究を行い、企業における「組織形態」や「組織構造」は、その組織が採用する「戦略」によって規定されることを見出した。当時の大企業のコンセプトは多角化にあり、その多角化という戦略を実現するために事業部制組織が考案されていた。すなわち、多角化戦略に従い、職能制組織に代わる事業部制組織という組織形態が開発された時代なのである。チャンドラーは、この事実をもとに"組織は戦略に従う（structures follow strategy）"という有名な命題を提示したのである。

　1970年代に入ると、経営戦略論にも新しい流れが登場した。チャンドラーの経営戦略論は、多角化にそのコンセプトが置かれていた。しかし、1970年代になると経営環境が激変し、事業経営も不確実性の時代へと突入した。多角化によって複数の事業を抱えるようになった企業にとって、それぞれの事業において激変する経営環境に対応しなければならなくなった。ところが、実際には多角化した各事業体が個別に利益追求をしても、必ずしも企業体全体の利益にはつながらないという現象が起こるようになった。そこで、ドラッカーやチャンドラーのように多角化そのものに主眼を置く経営戦略論ではなく、全社的な観点から多角化した各事業体にいかに効果的な資源配分を行うかに力点を置く経営戦略論が台頭することになった。

　この代表的研究者は、アンゾフである。アンゾフは、企業がどのような製品を開発すべきか、どのような市場に提供すべきかを決定する手法として「製品・市場ミックス」を提唱している（詳細は第3節）。これは、経営戦略の代表的手法であるといえる。激変する経営環境の中で、その変化に対応して事業を

成功に導いていくためには，市場の選択と製品の開発が不可欠であると考えたのである。

また，アンゾフは，チャンドラーが提唱した"組織は戦略に従う(structures follow strategy)"という命題に対するアンチテーゼを提唱している。戦略を実際に実施するのは組織である。戦略の手法を用い，いかに効果的な戦略を策定したとしても，戦略を遂行できるだけの組織としての実行力がなければ戦略を成功させることは困難であることを導き出し，"戦略は組織に従う(strategy follow structures)"という命題を示した。新しい戦略が策定されたとしても，その戦略が組織のもつ風土，文化，信念などに反するものであれば，組織内の変革に対する抵抗によって，戦略の成果は得られないケースが多い。アンゾフは，このような組織内の抵抗を考え，戦略を実行し成果を得るためには，組織文化や組織能力および絶え間ない組織学習とが戦略の成否を規定すると説いたのである。すなわち，組織文化や組織能力，組織学習力などによってその組織の実力が決まり，その組織の実力によって実現可能な戦略の幅も決まるという考え方である。

チャンドラーとアンゾフの命題は，どちらが正しいというものではない。置かれた状況によってどちらの命題も妥当性があるものであり，重要なのは戦略と組織が相互に連携しているということであろう。

1-5 戦略と戦術

企業経営において，戦略の重要性はいうまでもない。しかし，戦略には同様の意味を指す戦術という用語も存在する。それでは，戦略と戦術とはどのような相違があるのであろうか。戦略と戦術は，英語では strategy と tactics といわれるように，両者には本来，明確な差異が存在する。

戦略も戦術もどちらも目的を達成するための施策であるという点は同様である。しかし，戦略と戦術には一般的に以下のような相違点が存在するといわれる。

(1) 長期的か，短期的か

(2) 大局的か，局地的か

すなわち，戦略が長期的視野から大局的な見地で目的を達成させる施策であるのに対して，戦術は短期的視野で局地的な見地で目的を達成させる施策であると考えることができよう。

たとえば，戦争で考えるならば，戦術がまさに目の前で起きている局地的な戦闘状態に勝利するための施策であるならば，戦略は戦争によって自らを有利にするために，どこと同盟を締結し，いつ・どこと戦争を開始するのかといった大局的な勝利のための施策であるといえる。

企業経営においては，この戦略と戦術の双方が必要となる。関根雅則（2003）によれば，全社あるいは各部門のトップによって大局的な観点から策定され，従業員の意思決定および行動を大枠として方向づけるのが戦略であり，戦略の執行段階における従業員の臨機応変な意思決定ならびに行動を戦術という[4]。すなわち，企業において長期的かつ大局的見地から考える全社的施策は戦略として，現場で直接実行される行動は戦術として考えられ，この両者の成功が必要となる。

しかし，経営戦術論ではなく，経営戦略論と表現されることからもわかるように，企業経営においては目先の局地的なことばかりにとらわれずに，長期的展望に立って大局的な見地から考える経営戦略がより重要になると考えねばならないであろう。

2. ポジショニング戦略（企業地位獲得戦略）

　経営戦略の策定において，外部環境要因と内部環境要因を考慮に入れるのは当然のことである。外部環境要因とは，企業活動に影響を与える企業外部の環境のことであり，企業自身ではコントロールできないものである。企業自身でコントロールできない以上，企業は外部環境要因に適合しなければばらない。PEST分析5）などの手法を用いて常に変化する外部環境要因を分析し，外部環境要因に適合できるポジションに自社を置かなければならず，これらの戦略を一般にポジショニング戦略と総称する。

2-1　ドメイン

　企業が戦略を策定する際に，最も根幹となるものは，自社の事業は何であるべきかを決定することである。すなわち，一連の事業の流れの中でどの段階を自社の活動分野とし，どのような製品・サービスを誰に対して売るのかを決定することである。一般的に，これらの決定はドメイン（domain）の決定と呼ばれ，経営戦略の中核をなす概念である。

　ドメインとは，本来，領土，範囲，領域などの意味を指すものであり，経営戦略の分野では，様々な経営環境と接する中で事業体が活動する領域と定義される。換言すれば，事業体が生存し，活動していく領域のことであり，事業体のポジションといえよう。

　ドメインの決定には，ドメインをどのようにとらえるかが重要であり，ドメインのとらえ方には物理的定義と機能的定義とがある。物理的定義とは，既存製品や技術といった物理的側面に限定して決定された現時点における活動領域のことである。一方，機能的定義とは，製品や技術がもつ機能を顧客志向で考えた時に，将来発展することが可能な活動領域のことである。レビット（Levitt, T.）によれば，ドメインを物理的定義でとらえるか，機能的定義でとらえるかによって企業の成長は大きく左右されるという。レビット（1962）は，

ドメインの定義に関する数多くの事例を紹介しているが，栄華を誇ったアメリカの鉄道会社が斜陽化した事例は的を射ている。アメリカの鉄道会社は自らの事業を鉄道事業であると物理的定義でとらえていたために，その後の輸送需要の増大に対応できず，航空機，船舶，トラック，乗用車などの各輸送事業に顧客を奪われ衰退していった。もし，鉄道会社が，営む鉄道事業を輸送は鉄道であると固定化して（物理的に）考えるのではなく，鉄道は輸送の一形態であると流動化して（機能的に）考えることができていたならば，鉄道事業で終わることなく，次世代の輸送事業に転身することができたであろう。レビットは，このように現状の物理的実体にばかり目を奪われ，物理的定義でしかドメインをとらえられない現象を"マーケティング近視眼"（marketing myopia）と呼び，注意を促している6)。すなわち，企業が成長するためには，物理的定義よりも機能的定義で自らの事業をとらえるとともに，製品という物理的実体よりも顧客が欲しがっている機能をどのように製品化するかということを優先して考えるべきであろう。

2-2 競争優位の戦略

ポジショニングベース戦略の中心は，競争戦略論である。競争戦略とは，競合企業に対して，持続可能な競争優位を獲得する戦略である。ポーター（Porter, M. E.）は，業界の競争環境を決定する要因として，(1) 新規参入の脅威，(2) 既存の競争業者間の敵対関係の強さ，(3) 代替製品からの圧力，(4) 買い手の交渉力，(5) 売り手の交渉力の5要因を提示した上で，競争優位を獲得するためにはⓐコスト・リーダーシップ，ⓑ差別化，ⓒ集中のいずれかを採用することが重要である7)と指摘している。

コスト・リーダーシップ戦略（cost leadership strategy）とは，競争相手となる他社よりも低いコストで生産し，業界内におけるコスト・リーダーになることによって製品を低価格で販売することを実現し，高い収益性を達成する戦略のことである。低価格での製品供給が実現できれば，市場シェアの拡大にも好影響をもたらす。換言すれば，低価格によって大量生産・大量販売が可能にな

図表3-2 ポーターの競争戦略（3つの基本戦略）

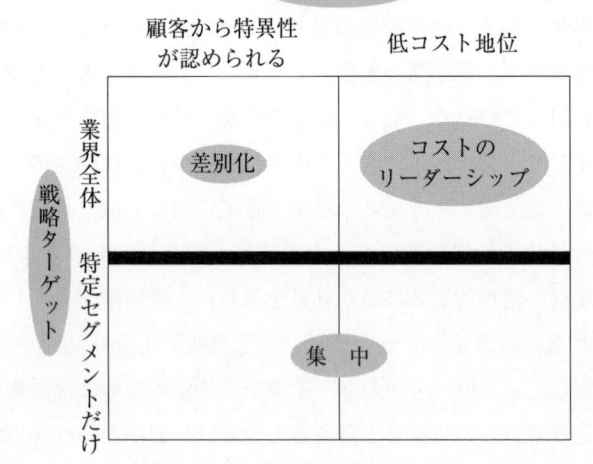

	顧客から特異性が認められる	低コスト地位
業界全体	差別化	コストのリーダーシップ
特定セグメントだけ	集中	

競争の優位性／戦略ターゲット

出所）ポーター訳書（1995）『新訂　競争の戦略』ダイヤモンド社，61頁。

るのである。

　差別化戦略（differentiation strategy）とは，競争相手には存在しない特異性を確立し，その特異性を武器にすることによって競争優位を実現しようとするものである。すなわち，買い手の利益になる特異性を選出し，そのニーズを満たすことによって，買い手（顧客）に唯一無二の存在として認識させ，高い収益性へとつなげる戦略のことである。

　一般的に買い手の利益につながる特異性としては，マーケティングで4Pといわれている。

(1) 製品（Product：機能や付加価値の特異性）
(2) 価格（Price：最も基本的かつ効果的な特異性）
(3) 流通経路（Place：出店立地や流通チャネル，原材料確保方法の特異性）
(4) 販売促進romotion：広告宣伝や販売インセンティブの特異性）

　集中戦略（concentration strategy）とは，コスト・リーダーシップか差別化のいずれかを対象とした上で，さらに焦点を絞り込み，他社の排除を狙う戦略で

ある。すなわち，顧客として考えるターゲットを狭めた上で，その顧客に対しコスト・リーダーシップ，差別化のどちらか一方の戦略，あるいはその双方の同時実現を図ろうとするものである。集中戦略は，コスト・リーダーシップ戦略や差別化戦略に比べて，対象が狭い分，成功した際の利益幅は小さいが，それだけ顧客ターゲットに密着した戦略をたてることが可能であるといえよう。

2-3 競争回避の戦略

　競争戦略の中には，これまで述べてきた「競争に勝つ」という競争優位の戦略に対して，「競争をしない」という競争回避の戦略もある。競争回避は，価格競争によって利潤を失いすぎ，経営を圧迫することを避けるためにとる競争行動の1つである。

　競争を回避する最も簡単な方法は，独占状態を築くことである。しかし，資本主義社会においては自由競争が基本原則であり，独占状態は許されない。公正で自由な競争を制限する行為は独占禁止法によって禁止されている。

　したがって，独占状態を構築することによる競争回避は実質的に不可能であり，一般的に障壁を築くことによって競争を回避する。障壁とは，新規参入者や競争企業が自社の活動するドメイン内に参入することを困難にする障害を意味しており，参入の障害となるものを参入障壁（barriers to entry）と呼ぶ。

　ベンチャー企業や独創的な中小企業が創造した市場に参入障壁がなければ，大企業が圧倒的な経営資源を利用して参入し，市場は大企業に席巻される。参入障壁は，規模の小さい企業にとって生存の必要条件であり，代表的な参入障壁としては，(1) 経験曲線（experience curve：製品の単位コストは累積生産量が多いほど減少するため，先行企業の方が単位コストにおいて有利性が働く。なお詳しくは3-4の①「PPMの前提」を参照。），(2) 初期投資の負担，(3) 流通経路の難しさ，(4) 特許，(5) 法規制などをあげることができる。参入障壁が新規参入者のドメイン参入の障害であるのに対して，既存の同業者が業界から撤退する際の障害を退出障壁（barriers to exit）という。退出障壁には，設備が他の事業活動に転用できるかどうか，撤退するためのコスト，他の事業

活動との関係（シナジー効果）などがある。退出障壁が強い業界であれば，新規参入者も簡単に参入したり退出したりができなくなるので，新規参入者に対する参入障壁としての役目にもなることを注意すべきであろう。

3. 資源ベース戦略

　外部環境要因の変化に応じて，その変化に適応するためのポジショニングを重視するポジショニング戦略に対して，内部環境要因を重視して戦略を考えるのが資源ベース戦略（resource based view）である。内部環境要因とは，自社独自の資源や能力，ノウハウなど，いわゆる経営資源のことであり，企業自身でコントロールすることが可能なものである。同一のポジションにある企業の成否が分かれるのは，企業の経営資源の優劣に起因するという考えに基づいた戦略であり，経営資源の効果的な蓄積と配分がその根源的戦略となる。

3-1　コア・コンピタンス戦略

　1980年代の後半に登場し，経営戦略の世界を席巻し，ポジショニング戦略の代表的存在となったポーターの競争戦略論に続き，1994年に一冊の本が刊行され話題をさらった。それが，ハメル＝プラハラード（Hamel, G.＝Prahalad, C. K.）の『コア・コンピタンス経営』である。

　ハメル＝プラハラードによれば，コア・コンピタンス（core competence）とは，「顧客に対して，他社にはまねのできない自社ならではの価値を提供する企業の中核的な力」8）を意味している。

　ハメル＝プラハラードがその重要性を示唆するコア・コンピタンスとは，企業活動において蓄積され形成された優秀な経営資源のことであり，競争優位の源泉として戦略の中心に置かれるものであるが，実際には企業が他社と比べて比較優位性をもつ独自の経営資源をもっていることは少ない。しかし，自社のもつ経営資源の組合せしだいでは，他社にまねのできない競争優位を得ることができる。このように経営資源の新たな組合せにより独自の中核能力を獲得し，それを競争優位として活用することをコア・コンピタンス経営という。

　プラハラード＝ハメルは『ダイヤモンド・ハーバード・ビジネス・レビュー』の論文「コア・コンピタンス経営」の中で，多角化企業を大樹に例えて，

コア・コンピタンスを説明している9)。

　最終製品……葉や花，果実

　事業単位……小枝

　コア製品……幹と大きな枝（最終製品の競争優位を左右するもので，コア・コンピタンスが実体化したもの）

　コア・コンピタンス……根（成長や生命活動に必要な養分を補給し，安定をもたらすもの）

続いて，コア・コンピタンスを特定するためには，つぎの3つの条件が必要であるという。

(1) 広範かつ多様な市場へ参入する可能性をもたらすものでなければならない。

(2) 最終製品が顧客にもたらす価値に貢献するものでなければならない。

(3) ライバルには模倣するのが難しいものでなければならない。

企業は，このコア・コンピタンスによって競合企業に対して競争優位を確立し，コア・コンピタンスを生かした事業展開を行うことが必要になってくるのである。

3-2　選択と集中戦略

企業は経営資源を蓄積するだけでは活動できない。蓄積した経営資源を配分する必要がある。しかし，経営資源は蓄積できるといっても，無尽蔵に存在するわけではない。したがって，企業の重要課題は，限りある経営資源をいかに効果的に配分するかにある。その課題を解決するためには，"選択"と"集中"が鍵を握る。

選択とは，将来の製品やサービス，あるいは事業の方向性を見定め，重点的に成長させたい製品やサービス，事業を選出することである。

集中とは，選択した製品やサービス，事業に自社のもつ経営資源を集中的に投入することである。

すなわち，選択と集中戦略とは，自社にとって将来有望な製品やサービス，

事業を選び出し,自社のもつ経営資源を集中的に投入することによって,経営資源の効果的な配分を実現しようとする戦略である。したがって,重点的に成長させたい製品やサービス,事業に選択されず,経営資源を集中的に投入できない製品やサービス,事業は縮小や撤退,あるいは売却する可能性も存在し,そこで得られた余剰金はさらに選択された製品やサービス,事業に集中投資される。また,選択された製品やサービス,事業は,従来の主力事業と異なる場合,主力事業を転換させる事業転換戦略が採用されることになる。

3-3 多角化戦略

　事業というものは,繁栄していても必ず衰退するときが来る。栄枯盛衰,事業においてもこれは自明の理である。企業がゴーイング・コンサーンとして存続し続けるためには,主力事業が衰退する前に新たな事業を立ち上げるか,他の事業に鞍替えすることが必要である。すなわち,多角化戦略と事業転換戦略が企業存続の鍵となるのである。

　経営戦略と経営資源は深くかかわっている。経営戦略を実行しようとすると,経営資源が必要である。複数の製品,複数の事業分野で活動を行っている企業では,経営資源をいかに蓄積し,配分するかについての構想が必要となってくる。

　企業の内部には,その日常的な経営活動を通じて未利用の経営資源が蓄積される。このような未利用資源が,企業が既存製品市場で拡大するための源泉となり,それを越えた余剰部分は新規事業進出のための源泉となる。すなわち,未利用資源を成長の可能性がある分野への進出に転用し,新規事業を開発することで企業の存続・発展を求めるのが多角化戦略である。

　経営資源の利用の仕方を考えるにあたって,製品と市場という2つの指標を用いたものを成長ベクトルという。すなわち,企業が提供する製品とターゲットにしている市場という2つの指標を用いた経営戦略であり,アンゾフによって提唱された。アンゾフは,企業が成長を目指すときに採用する戦略は,つぎの4つのタイプに分類されると考えた[10]。

図表3-3 アンゾフの多角化戦略

製　　品

		既存	新規
市場	既存	市場浸透戦略 (既存市場＋既存製品)	製品開発戦略 (既存市場＋新規製品)
市場	新規	市場開拓戦略 (新規市場＋既存製品)	多角化戦略 (新規市場＋新規製品)

出所）アンゾフ訳書（1969）137頁に加筆。

(1) 市場浸透戦略

　広告や宣伝などの販売促進活動を行うことによって既存の顧客に対して既存製品の認知度向上を実現し，より多く販売することを目的とする戦略である。

(2) 市場開拓戦略

　新規市場，すなわち地域，性別，年齢層，所得階層などにおける新たな顧客に対して，既存の製品をより多く販売することによって売上げ拡大を図る戦略である。

(3) 製品開発戦略

　既存の顧客に対して，新製品を投入することによって売上げ拡大を実現する戦略である。

(4) 多角化戦略

　新しい顧客に対して，新製品を販売して企業成長を図ることを目的とする戦略である。

　アンゾフは，製品と市場の組合せにおいて，上記のように4つの戦略に分類した。アンゾフによれば，多角化戦略は，今まで顧客としてターゲットにしてこなかった消費者に対し，取扱ったことのない新製品や新サービスを提供することで成長を図る戦略に限定されている。しかし，製品開発戦略や市場開拓戦略の場合においても事業の多角化を実現する場合もありうる。

　一般的に多角化戦略は，通常，新規事業などのリスクの高い戦略であるといえるが，成功した場合，複数の事業により経営の安定化を図ることのできる戦

略である。

　この多角化を分類すると以下の3つに大別される。
(1) 関連型多角化
　関連型多角化とは，既存事業と関連性の高い分野に多角化することである。シナジー効果が生まれやすく，新規事業のリスクは低いが，業績悪化の連動性もあるため，企業全体としてのリスクは高まるものと考えられる。
(2) 非関連型多角化
　非関連型多角化とは，既存事業と関連性がない，もしくは関連性の低い分野に多角化することである。シナジー効果が生まれにくく，新規事業のリスクは高いが，主力事業にもなりえるため，企業全体のリスクは低くなるものと考えられる。
(3) コングロマリット型多角化
　コングロマリット型多角化とは，合併や買収（M&A）によって多角化することである。既存事業との関連性についてはあまり考慮しない。このような多角化によって成長した大企業をコングロマリットと呼ぶ。

　また，新規に進出する事業の方向性という視点から分類すると，水平的多角化と垂直的多角化に分けることができる。
(1) 水平的多角化
　水平的多角化とは，事業の流れの中で，既存の事業と同じ段階の事業（同業態）に多角化することをいう。
(2) 垂直的多角化
　垂直的多角化とは，事業の流れの中で，生産者サイドの川上や消費者サイドの川下に向かって多角化することをいう。

　多角化は本来，シナジー効果の獲得を目的として行われる。シナジー（synergy）とは，2つ以上の要素を結合した場合に，各要素のもつ力の総和以上の力が発生する相乗効果のことをいう。このシナジー効果は，企業が多角化を図った場合に，新規事業や新製品が既存の製品や事業と関連性が高ければ高いほど，大きく生じる。

3-4 事業転換戦略

　多角化戦略は，主力事業以外に他の事業を展開する戦略である。それは主力事業が順調に展開されている時にこそ可能な戦略である。しかし，主力事業が回復できないほどの業績不振に陥っている場合には，その主力事業を撤収し，新しい主力事業をつくるという「事業転換」をしなければならない場合がある。そのような場合に用いられるのが，事業転換戦略である。

　事業転換戦略の指標として有名なのが，ボストン・コンサルティング・グループ（BCG）により開発されたPPMである。PPMとは，プロダクト・ポートフォリオ・マネジメント（Product Portfolio Management）の略である。1960年代末に，アメリカのボストン・コンサルティング・グループが開発した経営戦略策定の手法のことである。その内容は，多角化して複数の事業や製品をもつ企業が，各事業や製品に対して経営資源（特に資金）を効率的に配分するにはどのようにしたらよいか，自社の事業や製品グループの組合せを長期的視点から最適なものにするにはどうすべきかを決定するための戦略である。通常，PPMは製品に限定したポートフォリオ・マネジメントであり，事業に関しては事業ポートフォリオ・マネジメントと呼ばれるが，その手法自体は同様であるため，本書では事業も含めてPPMと表現する。

① PPMの前提

　PPMを把握するための前提として，経験曲線と製品ライフサイクルを理解する必要がある。経験曲線とは，生産量が増加して経営経験が蓄積されるにつれて単位当たりの総コストが低減するという習熟効果のことである。一方，製品ライフサイクルとは，誕生から消滅するまでを製品の一生と考え，その間の需要の推移を測定したものである。そして，一般的には，その製品の一生を導入期，成長期，成熟期，および衰退期というように4つの期間に分けたうえで，各期ごとに戦略を変化させる方法がとられる。

　PPMの戦略手法は，この経験曲線と製品ライフサイクルがベースとなっている。

図表3-4 PPM戦略

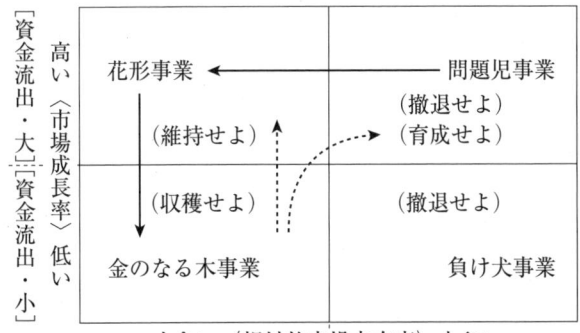

⟶ 望ましい事業の転換
┄┄▶ 望ましい資金の移動

	大きい〈相対的市場占有率〉小さい	
高い〈市場成長率〉低い	花形事業 ◀──── （維持せよ）↑ （収穫せよ）↓ 金のなる木事業	問題児事業 （撤退せよ） （育成せよ） （撤退せよ） 負け犬事業

［資金流出・大＝資金流出・小］（縦軸）
［資金流入・大］　　　［資金流入・小］

出所）ヘンダーソン訳書（1981）236頁，図表「ポートフォリオ・マトリックスの例」高村寿一（2007）『ベーシック経営入門　第3版』57頁を参考に加筆。

② PPM に基づく戦略

　経験曲線，製品ライフサイクルという2つの前提に基づいて作られた PPM は，4つに分類して分析する。その際，「事業や製品に関する資金の流入と流出は，市場成長率と市場シェア（占有率）の組合せで決まる」という考えをもとに，縦軸に市場成長率，横軸に市場シェア（占有率）をとり，4つのマトリックスをつくる。

(1) 花形 (star)

　市場成長率が高い状況にあり，成長期の状態にあると考えられる。製品の開発費など資金流出が大きい反面，市場シェアが高いので売上による資金流入も大きくなると予想される。この場合，他社と激しい競争関係にある場合が多いが，将来の「金のなる木」製品（事業）として育成していかなければならないので，投資を継続して現状保持している競争優位性を維持する必要がある。

(2) 金のなる木 (cash cow)

　市場成長率が低い状況にあり，成熟期の状態にあると考えられる。資金の流

出が少ない反面，市場シェアが高いので資金流入は多く，多大な収益が見込める。投資は現在のシェアを維持できる程度に抑制し，「花形」や可能性のある一部の「問題児」に資金を供給する戦略が考えられる。

(3) 問題児（question mark or problem children）

市場成長率が高い状況にあり，成長期の状態にあると考えられる。資金流出が大きいことに加え，市場シェアが低いので資金流入も小さいため損失を被る可能性が高い。しかし，追加的投資をすることにより「花形」製品（事業）になる可能性も存在するので，追加的投資をして「花形」製品（事業）へと育成するか，またはあきらめて投資を少なくしていくのか，いずれかの戦略が採用されることになる。

(4) 負け犬（dog）

市場成長率が低い状況にあり，また成熟期の状態にあると考えられる。市場成長率も市場シェアも低いので資金流出・流入ともに小さくなる。将来性の乏しい製品（事業）である可能性が高いので，あまり投資をせず撤退する戦略が採用される可能性が高くなる。

PPMから導かれる基本的戦略は，「金のなる木」から得られる利益を資金源とし，「花形」や有望な「問題児」に投資を集中する一方，「負け犬」や見込みのない「問題児」から撤退することである。

前述したように，PPMは製品に対する資源配分だけを意図したものではない。PPMの手法を用いて事業に対する資源配分を行うことができ，事業転換戦略のベースとなる。

4. 組織間関係戦略

　将来有望であると選択された製品やサービス，事業に対し，自社のもつ経営資源を集中投資しても満足な結果が得られないと想定される場合，他の組織との関係を構築することによって問題解決を図るケースが存在する。したがって，組織間関係戦略は資源ベース戦略の派生的戦略といえる。一般的に組織間関係戦略は，他企業との関係のみならず，企業内の他事業間での連携も視野に入れられた概念であるが，特に他企業と構築する組織間関係をアライアンス（alliance）と呼ぶ。ここではアライアンスの代表ともいえるアウトソーシングと戦略提携を取り上げるとともに，近年，重要な組織間関係として注目されているM&Aについて考察してみよう。

4-1　アウトソーシング

　将来有望であると選択された製品やサービス，事業に対し，自社のもつ経営資源を集中投資しても満足な結果が得られないと想定される場合でも，生産をアウトソーシング（outsourcing）することによって効果が得られる場合も存在する。

　加護野忠男（1999）によれば，アウトソーシングとは，企業活動にとって必要な業務（職能）の一部を外部の独立した企業に継続的に委託することであり，その効果として，(1) 外部の業者を競わせることによって競争原理を導入し，サービスの質やスピードを上げることができる，(2) 外部の業者を利用することによって，より専門的で高度なサービスを受けることができる，(3) 固定費を減らすことによって，変化に対する柔軟な対応力を高めることができる，(4) 企業の活動を少数の本質的な活動に特化させることによって，より深い独自的な能力を蓄積することができる，(5) 外部の業者を使うことによって必要な投資を削減することができる，ことなどがあげられる[11]。

4-2 戦略提携

　M&Aのように複数の組織が1つの組織として結合するのではなく，お互いに組織としては独立しながらも戦略上ゆるやかに結びついているのが提携である。事業を展開する上で，自社の経営資源が不足している場合などに，他社との相互補完を目的として提携が結ばれる。

　提携で注目すべきは，提携を結んだからといって100％協力をするというわけではない点である。戦略上必要な部分においては協力をするが，その裏では熾烈な競争をしている例もめずらしいことではない。これがM&Aとは異なる提携の特徴であり，戦略提携といわれる所以でもある。また，提携は法的規制がないために提携を結んだり，離れたりが自由に行えることも特徴である。

　戦略提携において近年注目されているのはネットワーク組織である。ネットワーク組織とは，現代のような高度な情報化社会に適した組織形態であり，企業が国籍・業種・資本関係・規模などの違いを超えて，それぞれが独立しながらも情報をベースに緩やかな網の目状に結びついたものである。ネットワーク組織への参加・退出は自由であり，自社の戦略上有利になる場合には参加し，不利になる場合は退出するなどフレキシブルな活動が可能であり戦略提携として極めて有益な形態であるといえる。企業外部からの経営資源の補完が戦略的に重要視される今日，戦略提携としてのネットワーク組織はますます発展していくことであろう。

4-3 M&A

　選択した製品やサービス，事業に対し，自社のもつ経営資源を集中投資しても満足な結果が得られないと想定される場合，M&Aによって解決を図る戦略も存在する。

　Mとは，Mergers（合併）の略であり，複数の企業が1つの法人格となることを意味する。合併には，吸収合併（規模の大きい企業が小さい企業を吸収する合併）と新設合併（複数の企業が合併し，新たな企業をつくる合併）が存在する。

一方，Aとは，Acquisitions（買収）の略であり，企業または事業部門等を買い取ることを意味する。買収には，株式買収（株式譲渡や株式交換などによる買収）と資産買収（営業譲渡や資産譲渡などによる買収）が存在し，さらに株式買収には，友好的買収（対象企業の経営陣が賛成している買収）と敵対的買収（対象企業の経営陣の反対を無視して，株式を買い集める買収）が存在する。近年，外資系ファンド企業や新興のベンチャー企業によりビジネス界を騒がせているのはすべて敵対的買収である。

このM&Aは，新しい企業をつくって一から事業を始めるよりも合併や買収を実施した方が利得が存在する場合に行われるが，具体的にはつぎのような利点が期待される。
(1) 時間を得る。
(2) 営業権や許認可などの権利を得る。
(3) 人や技術力を得る。
(4) 知的財産権を得る。
(5) 事業シナジーによる相乗効果を得る。
(6) 投資・投機の対象として利益（利ざや）を得る。

しかし，M&Aは必ず成功するというものではなく，かなりのリスクが存在する。たとえば，人的資源の獲得を目的としてM&Aを行ったのに，対象先の主要人物がM&A後，退職してしまうケースや，強烈な労使争議が起きてしまうケース，M&A後，様々な不利益な契約が発覚するケースなど，予想もしていないトラブルに見舞われることも少なくない。このような状況下では，M&Aの効果も半減するといわざるを得ないだろう。

M&A後のトラブルの可能性を低下させるためには，従来のような単なる利ざやや稼ぎの手段としてではなく，M&Aを経営戦略（事業戦略）の一貫として位置づけることが必要である。企業価値向上を第一義とし，その手法としてM&Aが事業戦略として選択されれば，M&Aにより期待する効果が明確になり，十分な調査と予測の下，期待に近い効果があげられるようになるであろう。このように経営戦略の手法として選択されたM&Aを"戦略的M&A"と呼

ぶ。

戦略的 M&A で近年，最も話題を集めているのは敵対的買収である。敵対的買収は株主や従業員に対する敵対ではなく，あくまでも経営陣に対する敵対である。しかし，経営陣に対する敵対は企業全体に対する敵対とイコールの場合が多く，企業は敵対的買収の防止策を考えることになるが，代表的な防止策として以下の方法が代表的である。

(1) 第三者割当増資

敵対的買収者による株式取得に対抗して，敵対的買収者以外の既存株主や友好的第三者に対して新株を割り当て，敵対的買収者の持株相対比率を下げる方法である。

(2) 増配による株価引き上げ

株主に対する配当を増やし，株主が取得している株式を売らないようにさせる方法である。

(3) ポイズン・ピル（Poison Pill：毒薬条項）

既存の株主に対して，事前にオプション（毒薬条項）を付与しておき，敵対的買収者による株式の買い占めが始まった際に，そのオプション（毒薬条項）を行使することによって敵対的買収者の持株相対比率を下げる方法である。オプション（毒薬条項）の代表的なものとして，新株予約権がある。新株予約権とは，権利保有者が事前決定された期間内に，事前決定した価格で一定数の新株発行を受けることが可能な権利である。

(4) ゴールデン・パラシュート（Golden Parachute：黄金の落下傘）

敵対的買収が行われた時には元経営陣は解任される場合が多いが，それを逆手に取り，経営陣に対して巨額の退職金を設定しておき，買収後の支出の多さを敵対的買収者にみせつけてあきらめさせるのがゴールデン・パラシュートである。従業員の人員整理に着目し，従業員に対し巨額の退職金を設定しておく買収防止策をティン・パラシュート（Tin Parachute：ブリキの落下傘）と呼ぶ。

(5) ホワイトナイト（White Knight）

ホワイトナイトとは，敵対的買収者から自社を守ってくれる救世主，すなわち「白馬の騎士」のことである。ホワイトナイトが敵対的買収者に講じる手法としては以下のことが考えられる。

ⓐ ホワイトナイトが第三者割当増資を引き受け，敵対的買収者の相対的持株比率を下げる。
ⓑ 敵対的買収者同様，ホワイトナイトも対象企業の株式を取得して，株価を上昇させることによって敵対的買収者にあきらめさせる。
ⓒ ホワイトナイトと企業結合を行い，敵対的買収者にあきらめさせる。

(6) パックマン・ディフェンス（Pac-Man Defense）

敵対的買収者を反対に買収してしまおうと仕掛けることにより，買収をあきらめさせる方法である。

(7) クラウン・ジュエル（Crown Jewel）

クラウン・ジュエルは，「王冠の宝石」と訳すことができる。敵対的買収を仕掛けられた企業が，自社の経営資源や保有事業，すなわちクラウン・ジュエルを他社に売却し，自社の魅力を著しく低下させてしまう方法であり，焦土作戦とも呼ばれる。

(8) スーパーマジョリティー（Super Majority）

取締役の解任決議を80～90％に上げておくなど，株主総会における決議要件を厳しく設定しておくことによって，敵対的買収者が思い通りの運営ができない状態に追い込み，買収意欲を失わせる方法である。

上記の通り，多くの買収防止策が存在する。しかし，M＆Aの手法自体にも新たな展開が出てきている。たとえば，新時代のM＆Aの手法として注目されているものに，三角合併が存在する。旧来の法律では，大企業（A社）の傘下にある企業（B社）が他社（C社）を合併する場合，合併される企業（C社）の株主は自動的に合併する企業（B社）の株主となった。しかし，新法では，合併される企業（C社）の株主に代金代わりにA社の株式を渡したり，現金で買い上げたりすることが可能になった。この方式が三角合併である。大企

業にとって有利な制度といえるが，事業再編の契機となるのではないかと注目されている。

〈注〉
1) 伊丹敬之（2003）2-4頁。
2) 伊丹敬之・加護野忠男（2003）346頁。
3) 歌代豊（2006）18-21頁（吉村孝司編（2006）所収）。
4) 関根雅則（2003）134頁（経営学検定試験協議会監修・経営能力開発センター編（2003）所収）。
5) PEST分析とは，外部環境分析の代表的手法である。外部環境の要素として，①政治的（Political）環境，②経済的（Economic）環境，③社会的（Social）環境，④技術的（Technological）環境を取り上げ，それら複合的・体系的に分析することによって，様々な事象のなかから企業に多大な影響を及ぼす可能性のある要因のみを導き出すものである。PEST分析により，将来起こりえる機会と脅威を整理することができる。
6) Levitt, T. 訳書（2006）45-47頁。
7) Porter, M. E. 訳書（1995）17-63頁。
8) Hamel, G. and C. K. Prahalad 訳書（1995）11頁。
9) プラハラード&ハメル論文訳「コア・コンピタンス経営」『ダイヤモンド・ハーバード・ビジネス・レビュー』（2007年2月号）ダイヤモンド社，136-155項。〔Prahalad C. K.の呼び方は日本経済新聞社とダイヤモンド社では異なっている。〕。
10) Ansoff, H. I. 訳書（1969）136-137頁。
11) 加護野忠男（1999）「アウトソーシング」神戸大学大学院経営学研究室編『経営学大辞典　第2版』中央経済社，6頁。

〈参考文献〉

Ansoff, H. I.（1965）*Corporate Strategy*, McGraw-Hill, Inc.（広田寿亮訳（1969）『企業戦略論』産業能率大学出版部）

Hamel, G. and Prahalad, C. K.（1994）*Competing for the Future*, Harvard Business School Press.（一條和生訳（1995）『コア・コンピタンス経営』日本経済新聞社）

Henderson, B. D.（1979）*Henderson on Corporate Strategy*, The Boston Consulting Group, Inc.（土岐坤訳（1981）『経営戦略の核心』ダイヤモンド社）

Levitt, T.（1962）*Innovation in Marketing*, McGraw-Hill Company.（土岐坤訳（2006）『新版マーケティングの革新』ダイヤモンド社）

Mintzberg, H., Ahlsrrand, B., Lampel, J. (1998) *Strategy Safari*, The Free Press. (斉藤嘉則 (1999)『戦略サファリ』東洋経済新報社)

Porter, M. E. (1980) *Competitive Strategy*, The Free Press. (土岐坤・中辻萬治・服部照夫訳 (1995)『新訂　競争の戦略』ダイヤモンド社)

伊丹敬之 (2003)『経営戦略の論理　第3版』日本経済新聞社

伊丹敬之・加護野忠男 (2003)『ゼミナール経営学入門　第3版』日本経済新聞社

経営学検定試験協議会監修・経営能力開発センター編 (2003)『経営学検定試験公式テキスト　〈1〉経営学の基本（初級・中級受験用）』中央経済社

藤芳研究室編 (2003)『ビジョナリー経営学』学文社

吉村孝司編著 (2006)『経営戦略（ストラテジー）』学文社

第4章 経営組織の編成原理と活性化

1. 組織原則と「権限分類」組織

1-1 管理過程学派の管理（組織）原則
① ファヨールがみつけた「管理」

　フランスの大きな鉱山会社の社長ファヨール（Fayol, H.）は、つぎのように考えた。どんな会社も同じようなことをしている。資本を調達し、生産設備を整え、人を雇い入れ、物を作り、販売している。それなのに、経営を成功させている会社もあれば、経営を失敗している会社もある。それは何故であるのか。

　そこで気がついたことが、企業の経営活動の中には、目にみえない「管理」という活動がかくされているということであった。この「管理」という活動に気がついて、どんな会社でも同じように営んでいる「経営活動―生産、販売、財務、保全、会計」と「管理活動―計画、組織化、命令、調整、統制」を組み合わせて、経営活動を営んでいる会社は、経営に成功を収めている会社である。

　ところが、この「管理活動―計画、組織化、命令、調整、統制」に気づいていない会社は経営に失敗しているということであった。

　そこで、ファヨールは、この管理活動を計画、組織化、命令、調整、統制という要素別＝機能別＝過程別に分解して研究し、経営経験から経営を成功に導く管理活動の展開ルール＝管理原則（組織原則）を提示することによって、マネジメント解明の経営学をつくった（第7章「代表的マネジメント（経営と経理）理論」を参照）。

　なお、ファヨールは administration という用語を使っているのであるが、現在はほとんど management という用語が使用されているので、本書でもそ

の用語を使用する。フランスで1916年に出版された著者ファヨールの *Administration industrielle et générale* は，1949年イギリスにおいてアーウィック（Urwik, L.）の序文をつけて翻訳本が出版された。その本のタイトルは *General and Industrial Management* である1)。したがってこの訳本では，管理要素＝elements of management，管理原則＝principles of management という使い方になっている。さらに，managementという用語も，経営と管理とそれを合わせた経営管理との3種類の使い方がある。それによっていわんとする意味，いわれている意味が違ってくることがある。ここでは「管理」という用語として使う。

② 管理原則（組織原則）の「灯台の役割」

マネジメントの原則＝管理原則（principles of management）とは，ファヨールが，分業，権限と責任，規律の維持，命令の一元性……と14の原則をタタキ台として提示しているが，それは経営活動の進むべき方向を教えてくれるものである。

したがって，航路を知っている人に案内の役割を果たす「灯台」(lighthouse) のようなもので，決して絶対的なものではないといっている。

それを絶対的なものであると勘違いしたのか，サイモン（Simon, H. A.）は，諺にはまるで反対のことを指す諺があるように，ひとつの管理原則の中において，また管理原則と管理原則との間で矛盾対立することが多いと批判した。

1-2 組織原則とその変容

人間が組織という場で協働して効率よく業務を遂行していけるようにするために，一定のルールが生まれる。それが管理原則であり，組織原則である。

管理原則（組織原則と呼んでもよい）は，その後の管理過程学派（management process school）の研究者ブラウン（Brown, A.），アレン（Allen, L. A.），クーンツとオドンネル（Koontz, H. and O'Donell, C.）たちによって整理され，現在でも重要であると認識されている2)。しかし，その原則はほとんど組織にかかわる

原則で，「組織原則」と呼んでもおかしくない。主要な管理原則（組織原則といってもよい）をあげてみよう。

① 主要な組織原則
(1) 権限委譲の原則（delegation of authority）
権限委譲の原則は，上位者はできるだけ権限を下位者に委譲することが望ましいという原則である。権限を委譲した上位者は重要な例外的業務に取り組むことができ，委譲された下位者はヤル気と責任感をもって仕事に挑戦するというメリットがあるといわれる。「権限と責任照応の原則」という考え方から権限を委譲した上位者には責任も解除されると思われるかもしれないが，上位者には結果に対する責任は残るという「結果責任留保の原則」があることを忘れてはならない。

(2) 命令統一の原則（unity of command）
命令一元化の原則ともいう。文字通り解釈すれば，上司は直属の部下に対してだけ命令を与え，部下はただ1人の直属の上司に対してだけ報告するという関係である。したがって，命令は階段を飛ばして出すべきではなく，また他の系列から受けるべきではないということになる。そうなると，他系列同位者の間で公式に情報交換もできないことになる。この点，命令統一の原則の存在を支持したファヨールは，便宜な措置として，同位階層で情報交換のできる「架橋＝渡り板の原則」（gang plank）を考えた。

(3) 統制範囲＝監督の幅の原則（span of control）
統制範囲の原則とは，1人の管理者や監督者の上司が，直接監督することのできる部下の数には限界があるという原則である。
この管理可能な人間の数に関しては，グレキュナス（Graicunas, V. A.）が関係数量法という計算方式を考案している。

(4) 階層性の原則（hierarchy）
階層性の原則とは，上司が監督する部下の数には限界があるため，組織は階層構造をなすという原則である。クーンツ，オドンネル，ヴァイリッヒは，企

業においては，最高経営管理者からすべての部下の職位にいたる権限の系列が明確になればなるほど，重要な意思決定や組織のコミュニケーション・システムがより効率的になるという。

この階層性の原則は統制の範囲の原則とむずかしい関係を発生させる。

(5) 専門化の原則（specialization）

専門化の原則とは，職務担当者の仕事はできる限り1つの主要な仕事に限定して担当させることにより，効率的に仕事を行うことができるという原則である。

② 組織原則の変容―パラドックスの克服

(1)「命令統一の原則」に対する「ツー・ボス・システム」

テイラーが，「万能職長」の仕事を分業化して「専門職長」を作った。そうすると，「ライン職長」に代って「ファンクショナル組織」があらわれる。そこでは，作業員は2人以上の専門職長からの命令を受け取ることになる。したがって，「命令統一の原則」はくずれる。

そこで，ライン（line）は命令系統，スタッフ（staff）は助言系統，これを組み合わせたライン・アンド・スタッフ組織を考え出して，「命令統一の原則」を守ろうとした。

ところが，近年になって事業部制組織を採用する企業が多くなり，しかも従来の職能部門別組織を併用する「マトリックス組織」があらわれるに至った。「マトリックス組織」は，事業部制組織と職能部門別組織とを格子状に組み合わせたものであるから，事業部の上司と職能部の上司からと2つの命令系統をそなえたツー・ボス・システム（two boss system）となるのである。

新入社員や経験の少ない社員に錯綜する命令を与えるような職場組織の編成は，「ツー・ボス・システム」が認知されているからといって，好ましいものではない。しかし，高級管理者クラスが錯綜する命令に困惑するのであれば，それは変化のはげしい不確実性の高い経営環境に生きるべき管理者資格を疑われるものというべきであろう。

(2) スパン・オブ・コントロールと「目標による管理」

スパン（統制の範囲）を狭くすれば，部下に対する監督は行き届いたものになるが，監督者や階層の数が増えるために，管理費の増大やコミュニケーションの障害，部下の仕事に対する創意や自主性の発揮の阻害が起こる。逆に，統制の範囲を広くすると，監督者や階層の数は減るが，部下に対する監督は行き届かなくなる。したがって，1人の上司が最も有効に監督できる適切な部下の数を決定することが重要になるが，これは上司や部下の能力や職務内容，管理方式などによって異なるから簡単には規定できない。そこで「目標による管理」（management by objectives）という個人差を重視した自主管理方式を用いることによって，監督の巾を操作することが可能である（目標管理については本書の第7章4．および第8章4．を参照のこと）。

(3) 階層性の原則とフラットな組織

階層の長いピラミッド型組織（トールな組織）になると，命令の伝達に時間がかかり，組織の意思決定が遅れる。また中間管理者の数も増え人件費がかさむことになる。

こうした障害を克服するためには，階層を短縮しなくてはならない。最近の企業組織では，管理階層の長いピラミッド型組織を管理階層の短いフラット型組織に改造する傾向が強い。そのためには，「目標による管理」方式を利用しながら，監督者が細かい点の監督をしなくてすむように，そして部下たちは自己管理ができるように指導して，統制範囲を拡大していくことが必要であると考えられる。

1つ問題が残るのは，管理の階層を短縮することは，管理者の昇進段階が少なくなるので，とりわけミドル・マネジメントクラスの昇進とモラールの関係に影を落とすことになる。

(4) 専門化の原則と職務充実化政策

専門化の原則とは熟練や専門的知識の習得を容易にし，効率を向上させるためには，様々な種類の活動に従事するのではなく，特定の限定された種類の活動に努力を集中するべきであるという原則である。

専門化の基準としては，目的別，過程別，顧客別，場所別などがあるけれども，担当業務が専門化されていると，その業務遂行に必要な専門的知識を活用することができる。また業務に対する熟練を早く身につけることができるので，仕事の質を高め，仕事の能率を向上させることができる。

しかし，専門化が過度に進められると，仕事自体が単純化し単調化して，そのことから仕事の担当者に「疎外感」を発生させ，かえって，労働意欲の減退と労働能率の低下を招く事態が起こる。

そこで今日では，脱人間疎外という人間要因回復のための「職務充実化」(job enrichment) 政策として，職務設計と管理改善の両面から考慮されている。

職務設計は，仕事要因と人間要因の2つの相互関連から作られる。

管理方策には，つぎの3つのルートがある。

・仕事集約化の方式
・管理・判断業務の注入方式
・グループ自主管理方式

1-3 職務体系と職務権限
① 職務の体系

経営組織は，人間と仕事の複合組織である。けれども，経営組織におけるフォーマルな組織形成の原理を求めれば，経営職能の体系にもとづく職務の体系の論理がその支柱となっている。職務の体系の論理に背反しては，組織を形成することができない。

ブラウン (Brown, A.) は *Organization of Industry* において，「組織は，経営をより効果的に管理するために，成員の責任事項＝職務 (responsibilities) とそれら相互の関係を規定するものである」と定義づけている。これによれば，組織は，各成員になすべき職務を定め，そして各職務間相互の関係をつくることによって，効果的に人間活動の協働化を確保するものにほかならない。

職務には一定の責任 (responsibility) と権限 (authority) が与えられるのであるから，職務の体系は，同時に，責任と権限の体系ということもできる。こ

のことから、経営組織の編成は「責任と権限の原則」(principle of responsibility and authority) に依拠するともいわれる。そして、そこでは、「権限の委譲」(delegation of authority) が問題とされ、比較的重要でない、かつ、ルーティン化 (routine) しうる業務は下位者に委譲され、経営にとって重要な例外的業務はトップに保留されることから、「例外の原則」(principle of exception) が導かれ、これも組織原則の基本的なものとされている。

また、一定の職務に、必要な権限と責任が与えられた職務上の地位を職位 (position) というが、職務の体系はこの「職位の体系」ともいわれることがある。ところで、「職務の体系」が「職位の体系」として形成されるためには、「職務権限の体系」が整備されなければならない。

② 職務権限の意味

職務権限とは、一般に「職務を公けに遂行しうる力」と規定されているが、職務を公けに遂行しうる力とは、泉田健雄 (1963) が主張しているように、意思の力であり、意思の力は意思決定の内容を実現するための保障であるということができる。したがって、権限とは「自己の決定に他の人を従わせることのできる力」であり、「他の人を従わせることを経営から公けに保障されている」ものである。

このような意味から、泉田は権限の属性として、つぎの3点を指摘している。
・それは「自由裁量」をなしうるものでなければならない。
・それは「経営的効力」を生ぜしめるものでなければならない。
・それは「責任」を伴うものでなければならない。

③ 権限の源泉

"権限はどこから発生するのだろうか"、"部下はなぜ上司の命令に服従するのであろうか" という問題である。

実はこの問題は意外に複雑である。この権限の源泉については、いくつかの考え方がある。たとえば、クーンツとオドンネルはこれを3つに分類している。

図表 4-1 権限の源泉

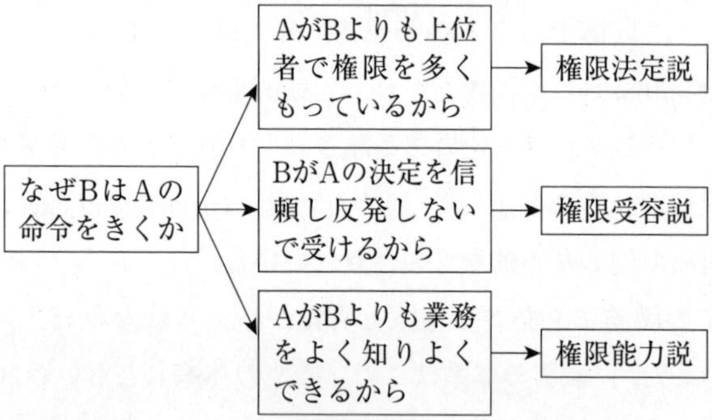

```
                    ┌─────────────────┐
                    │ AがBよりも上位   │
                ┌──→│ 者で権限を多く   │──→ 権限法定説
                │   │ もっているから   │
                │   └─────────────────┘
┌──────────┐    │   ┌─────────────────┐
│なぜBはAの│    │   │ BがAの決定を信  │
│命令をきくか│──┼──→│ 頼し反発しない  │──→ 権限受容説
└──────────┘    │   │ で受けるから    │
                │   └─────────────────┘
                │   ┌─────────────────┐
                │   │ AがBよりも業務  │
                └──→│ をよく知りよく  │──→ 権限能力説
                    │ できるから      │
                    └─────────────────┘
```

出所）藤芳誠一（1998）『経営基本管理』泉文堂，65頁。

すなわち，(1) 権限法定説，(2) 権限受容説，(3) 権限能力説である。

(1) 権限法定説

権限委譲の源はすべて上位の管理者の地位にさかのぼる。A係長は自分の権限をB課長から委譲してもらい，B課長は自分の権限をC部長から，C部長の権限は社長から，社長の権限は取締役会から，取締役会の権限は株主から，株主の権限は会社法など私有財産制度によって与えられているということで，企業における究極的な権限の根源は，原則的には私有財産制度に存在するということになる。これは権限上位説あるいは権限授与説ともいわれる。権限法定説はいわゆる権限に関する伝統的な考え方である。

(2) 権限受容説

管理者が行使する権限の真の源泉は，部下が自分に対して行使される管理者の力を容認するところにある。部下は，権限を理解したとき，権限が組織の目的と一致し，かつ，自分の利益と両立すると信じたときに上司の命令の権限を容認するという。

しかし，永続的な組織では，組織のメンバーには，上司の命令に対し，あえて反発しない無関心であるような領域が心の中に存在する。これを無関心圏（zone of indifference）とよぶ。この権限受容説はバーナード（Barnard, C. I.）の権限受容理論に始まる。

(3) 権限能力説

　権限は技術的な能力という個人的な資質によって作り出されるという考え方である。キャラクターという力によって他人を自分の部下にした個人とか，的確な回答や適切な助言を提供することによって影響を与える技術者やエコノミストといった人が，こういった能力説で考えられる人々である。こういった人々は確実に信奉され，助言を熱望されるために，この人たちの発言は命令と同じ効力をもつようになってくるという意味において，能力者に権限は帰属させるべきであるという考え方になるわけである。

(4) その他の権限説

ⓐ 権限状況説――命令の授与と受領という関係は，両者の循環行動を介して行われる統合の問題で，この統合を実現する方法を探さなければならない。フォレット（Follett, M. P.）は，命令受領者について，その人の非合理的，非論理的人間行動要因にまでたち入って「受入れ態勢」を形成させるのが命令授与の第一歩であり，さらに，命令の授与は「状況の法則」にしたがって行わなければならないという。

ⓑ 権限配分説――これを主張するのは泉田である。経営組織の構成原理を「権限の委譲構造」としてではなく，「職務の累積構造」として把握する。したがって，経営目的達成に必要な職能遂行の手段としての権限事項が，体系化された各経営職能を担当する各部門の各管理職位に配分されるべきであると考えるのである。換言すれば，職務体系として編成されている組織は，職務が組織に配分されているのであるから，その職務に権限も配分されるべきであるという意味である。

1-4　経営職能の分化

　経営組織は経営職能の分化に照応して編成されるものである。経営職能の分化の仕方には大別して水平的分化と垂直的分化の2つがある。

　この水平的分化と垂直的分化とは，別個に分化していくものではなく，同時に平行して進行し，複雑な立体構造を形成する。そこで，いかに合理的に職能

を分化し，これを統合していくかが，経営組織の中心課題となる。

① 経営職能の水平的分化
(1) 過程的分化—企業（製造企業）の経営活動は，購買，製造，販売という活動の循環的過程で行われている。経営職能の分化は，まずこれに即して行われる。購買部，製造部，販売部などがそれである。
(2) 要素的分化—企業の経営活動は，人・物・金・技術・情報という企業を構成する要素に即しても分化する。人事部，経理部，技術部などの職能部門を形成するのである。
(3) 部面的分化—過程的分化および要素的分化によって形成されている職能部門において，共通して機能している経営管理職能がある。その要素別機能（計画・組織化・統制）およびそれを補強する機能（調達・企画など）の部面から，総合的管理を補佐する。調査部（室），企画部（室）などがそれである。

図表4-2　経営職能の水平的分化

```
                    全　般　的
                    管理機能
         ┌────────────┼────────────┐
    ┌──┬──┬──┐    ┌──┬──┬──┐    ┌──┬──┬──┐
    │調│企│組│    │購│製│販│    │人│経│技│
    │査│画│織│    │買│造│売│    │事│理│術│
    └──┴──┴──┘    └──┴──┴──┘    └──┴──┴──┘
     部面的分化       過程的分化       要素的分化
    （管理スタッフ）    （ライン）     （専門スタッフ）
```

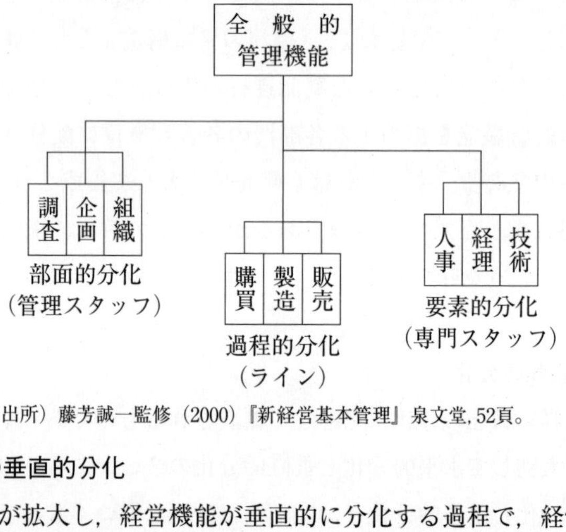

出所）藤芳誠一監修（2000）『新経営基本管理』泉文堂，52頁。

② 経営職能の垂直的分化
　企業の規模が拡大し，経営機能が垂直的に分化する過程で，経営組織は，まず企業運営のための管理組織（図表4-3では広義の管理組織をさす）と，作業

を実施するための作業組織とに分かれる。

　大規模な企業では，この広義の管理組織は，最高経営組織（トップ・マネジメントの組織）と，中間管理層（ミドル・マネジメント）と現場管理層（ロワー・マネジメント）を含む管理組織とから構成されるのが一般的である。すなわち，最高経営組織と管理組織および作業組織とによって，全体としての経営の階層組織が形成されるのである。

　トップ・マネジメント（top management）は，経営の最高の地位にあって，経営方針や経営戦略，そして総合経営企画を設定し，経営活動の総合的統括を行う階層である。社長，副社長，専務取締役，常務取締役などがこれにあたる。

　ミドル・マネジメント（middle management）は，ミドル・マネジメントの設定した経営戦略および総合経営計画にしたがって，それぞれの担当部門における具体的な業務計画の設定とそれを実行に移す指揮をとる階層である。部長，課長がこれにあたる。

　ロワー・マネジメント（lower management）は，ミドル・マネジメントの指令にしたがって，直接現場の作業の指揮，監督にあたる階層である。係長，職長（作業長）などがこれにあたる。

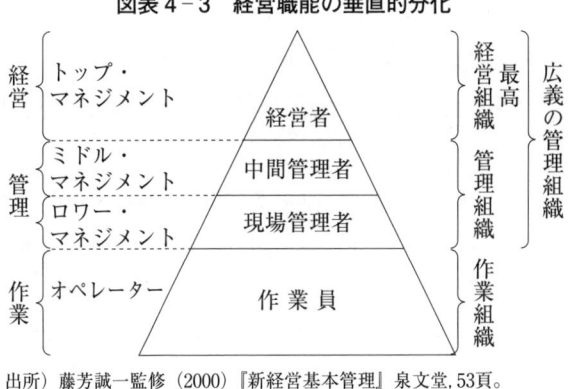

図表4-3　経営職能の垂直的分化

経営/管理/作業	階層	役職	組織区分
経営	トップ・マネジメント	経営者	最高経営組織／広義の管理組織
管理	ミドル・マネジメント	中間管理者	管理組織／広義の管理組織
管理	ロワー・マネジメント	現場管理者	管理組織／広義の管理組織
作業	オペレーター	作業員	作業組織

出所）藤芳誠一監修（2000）『新経営基本管理』泉文堂, 53頁。

1-5　権限分類による3つの基本組織

　管理原則の中の命令統一の原則（unity of command）と統制範囲の原則（span of control）は，組織の古典的二大原則といわれ，この2つの原則で組織が編成される。しかし，権限の性質が異なることによって組織の3つの基本型が生まれる。

① ライン組織（line organization）

　上位者の命令は直属の部下に対してのみ，包括的・一元的に行われる。下位者はただ1人の上司からのみ命令を受け取る。このようにしてできる組織がライン組織であるが，軍隊式（military organization）とか直系式組織と呼ばれることもある。

　ライン組織の長所は，命令系統が一貫しており，組織の規律・秩序を保ちやすい。しかし短所としては，上位者の仕事の負担が大きい。権限を委譲するとコミュニケーション経路が長くなる。

② ファンクショナル組織（functional organization）

　上位者の仕事を専門的に分割する。上位者は担当の仕事について，部下に対して，部分的・分散的に命令を与える。部下は2人以上の上司から命令を受け取るこの組織を職能組織と呼ぶことがある。この職能組織を事業部制組織と対比される職能部門別組織と混同してはいけない。

　ファンクショナル組織の長所は，上位者の仕事専門化の利益（能率と負担の軽減）を求めることができる。しかし短所としては，命令系統が混乱する。

③ ライン・アンド・スタッフ組織（line & staff organization）

　ライン組織とファンクショナル組織の両方の長所を生かし，両方の短所を排除するように，工夫された組織である。ライン（line）の命令系列とスタッフ（staff）の助言系列とを組み合わせた組織である。この組織は参謀部制直系組織と呼ばれたことがある。

第4章 経営組織の編成原理と活性化　123

図表4-4　3つの基本組織

ライン組織

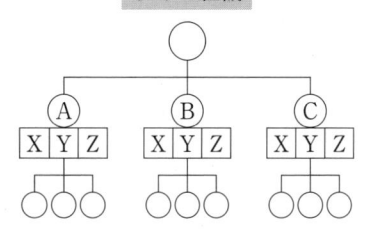

ファンクショナル組織

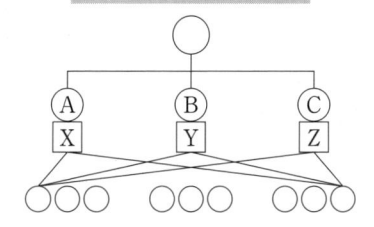

ライン・アンド・スタッフ組織

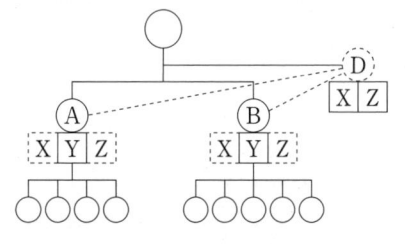

A, B, C …… ライン管理者（監督者）
　　D　　…… スタッフ
X, Y, Z …… 管理者の担当業務
　X Z 　…… スタッフの補助業務

出所）藤芳誠一監修（2000）『新経営基本管理』泉文堂, 55頁。

ライン・アンド・スタッフ組織の長所は，命令の統一性を確保し，専門家の援助を受けることができる。しかし短所としては，スタッフが重視されると，ファンクショナル組織と同じようなものになる。

スタッフをファンクショナル組織に併置すれば，ファンクショナル・アンド・スタッフ組織（functional & staff organization）となる。このケースはあまりないのでスタッフ併置はライン組織だけで図示してある。

ただし，スタッフだけでは経営組織は成立しない。

2. 分業原理と「事業分類」組織

2-1 事業組織編成原理

　企業の経営組織の分業の仕方は大きく分けて2つある。仕事単位分業と事業単位分業である。仕事を職能に置き換えれば職能単位分業と事業単位分業の2つとなる。日系ビジネス文庫の日本経済新聞社編『やさしい経営学』では，機能的分業と連邦型分業の2つとしてある。

　仕事単位分業（職能単位分業，機能的分業）の方法によって作られた組織形態を「職能部門制組織」といい，事業単位分業（連邦型分業）の方法によって作られた組織形態を「事業部制組織」という。

　ここで注意しなければならないことは，職能部門別組織の中でも，あるいは事業部制組織の中でも，権限分類によって作られる構造が組み込まれている点である。これは図表4-6「事業の型」と「権限の型」の組合せ組織に示してある。

　なおさらに，図表4-5対極「組織編成原理」に示されているマトリックス組織が生まれてくると，そこでツーボス・システムという権限交錯ルールが承認されるように変化する。

2-2 職能部門別組織

　職能部門別組織（functional division organization）は，機能部門別組織とも呼ばれ，経営活動の流れにしたがって職能ごとに部門編成を行い，専門化によって効率を追求し，組織全体で事業の完結化をはかるものであり，分業の原則あるいは職能の専門化にもとづく組織である。すなわち，各企業の事業にあわせて，資材購入部，製造部，営業部，販売部，経理部，総務部，人事部，広報部といった専門的に担当する部門を設置していくのである。

　この職能部門別組織は外部環境が安定し，単一市場で単一製品を生産・販売している企業において採用されることが多い。

図表4-5　対極「組織編成原理」

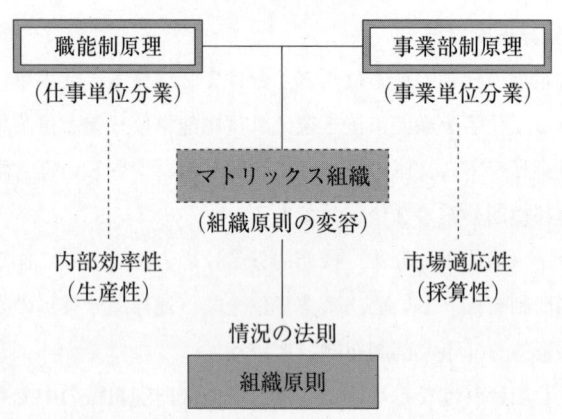

```
            デザイン原理
                │
      ┌─────────┴─────────┐
   職能制原理              事業部制原理
  （仕事単位分業）        （事業単位分業）
                │
         マトリックス組織
        （組織原則の変容）
   内部効率性              市場適応性
   （生産性）              （採算性）
                │
            情況の法則
                │
            組織原則
```

出所）藤芳研究室編（2003）『ビジョナリー経営学』学文社，59頁。

図表4-6　「事業の型」と「権限の型」の組合せ組織

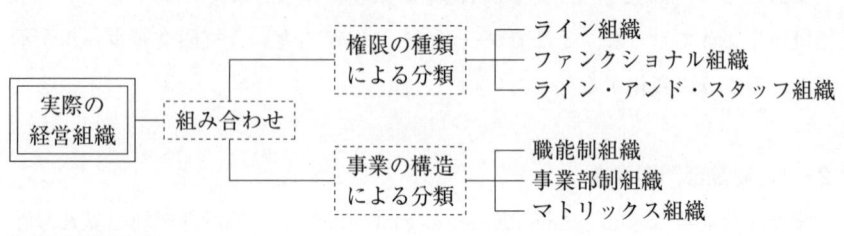

```
                        ┌ 権限の種類 ┐── ライン組織
                        │ による分類 │── ファンクショナル組織
  実際の ── 組み合わせ ──┤           └── ライン・アンド・スタッフ組織
  経営組織              │
                        │ 事業の構造 ┐── 職能制組織
                        └ による分類 │── 事業部制組織
                                     └── マトリックス組織
```

出所）藤芳明人作

職能部門別組織の長所としては,
・専門化することによって専門的な知識・技術を活用でき,また知識・経験の蓄積も容易になる,
・資源(設備,人員など)の共有化や管理費の節約により規模の経済を達成できる,
・各職能の問題は,トップが決定するため,中央集権的な管理が実行できる,
などがあげられる。
　一方,短所としては,
・各職能ごとに部門編成を行うため,セクショナリズムが生じやすい,
・権限がトップに集中するため,トップの負担が大きくなると同時に意思決定に時間がかかる,
・企業全体で事業が完結しているので,各部門ごとに業績を評価するのが困難であり,責任の所在も不明確である,
・各職能を専門化するため,専門家は育つが,全社的な視野をもち,総合的な能力を有する経営者や高級管理者の育成がむずかしい,
などがあげられる。

2-3　事業部制組織

　事業部制組織(divisionalized organization)は,本社トップ組織と製品別・地域別・顧客別などに編成された各事業部から構成される複合型組織形態である。

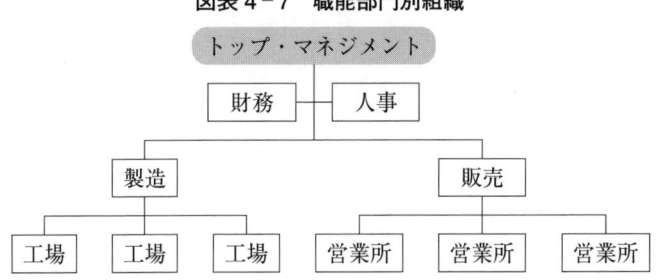

図表4-7　職能部門別組織

```
            トップ・マネジメント
                   │
          ┌────────┴────────┐
         財務              人事
          │
   ┌──────┴──────┐
  製造            販売
   │              │
┌──┼──┐      ┌──┼──┐
工場 工場 工場   営業所 営業所 営業所
```

出所)藤芳誠一編(1999)『ビジュアル基本経営学』学文社,100頁。

各事業部に対しては，大幅な分権化が行われており，社外から部品を購入する権限（忌避権限）なども与えられている。

事業部制組織は，企業が多角化戦略をとっている場合や，市場の環境変化が激しい場合などに有効な組織形態である。

・事業部制組織の各事業部は，プロフィット・センター（profit center：利益責任単位）として，単独の利益責任を負う。
・事業に必要な各職能は，事業部内に統合されているので，各事業部は自己完結性と独立性をもっている。
・本社トップ組織は，各事業部に対して専門的な助言を行うスタッフ任務に徹し，ライン・アンド・スタッフ組織を確立する。

事業部制組織の長所としては，
・意思決定の合理性が高い，
・経営の機動性が向上し，市場や環境の変化に迅速に対応しやすい，
・利益責任が明確化される，
・トップ・マネジメントが戦略的課題に専念できる，
・事業部間競争により組織が活性化される，
・事業部長として経験を積ませることで，経営者を育成できる，
などがあげられる。

図表 4-8　事業部制組織

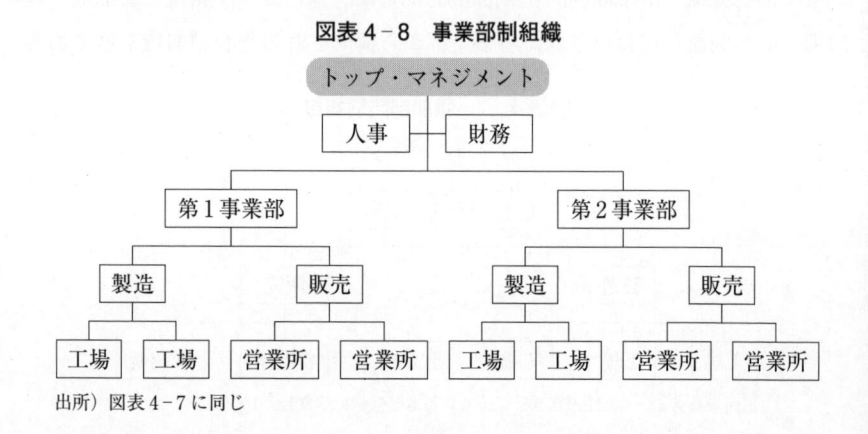

```
           トップ・マネジメント
          ┌──────┬──────┐
         人事    財務
      ┌─────┴─────┐
   第1事業部          第2事業部
   ┌──┴──┐        ┌──┴──┐
  製造   販売       製造   販売
  ┌┴┐  ┌┴┐      ┌┴┐  ┌┴┐
 工場 工場 営業所 営業所 工場 工場 営業所 営業所
```

出所）図表 4-7 に同じ

その反面，事業部制組織の短所としては，
・各事業部によるセクショナリズムが生まれ，本社の意向が無視される場合がある，
・有能な部下を手放さないなど人事の硬直化が起きやすい，
・目先の利益にとらわれやすく，長期的視野での行動がおろそかになる，
・各事業部間で製品や市場が重なり合う場合がある，
などがあげられる。

2-4 マトリックス組織

マトリックス組織とは，組織の全体的な編成原理を事業部軸一本を中心にして組み立てるのではなく，職能軸も同時にもう1つの軸として二元的な組織構造を編成するものである。すなわち，事業部制組織と職能部門別組織とを格子状（matrix）に組み合わせたものである。

図表4-9のマトリックス組織をみると，現場工場の工場長は，第1事業部に所属しているとすれば，第1事業部長の指揮下に入ると同じに職能部門に設置されている製造部の製造部長の指揮下にも入る。同じことであるが，営業所の営業所長が第2事業部に所属しているとすれば，第2事業部長の指揮下に入ると同時に職能部門に設置されている販売部の販売部長の指揮下にも入る。

このように，事業軸をヨコ，職能軸をタテに見立てると，現場の工場長や営

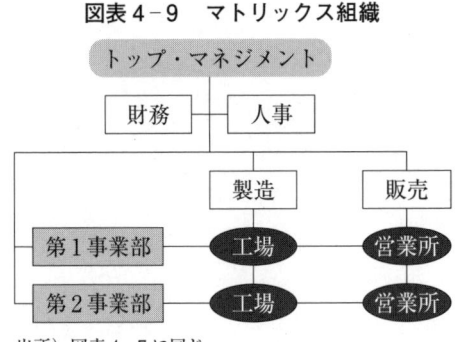

図表4-9　マトリックス組織

出所）図表4-7に同じ

業所長はヨコ,タテの両方の命令系列で指図を受けるということになる。2人以上の上司から命令を受けることを認めたシステムをツー・ボス・システムという。

多角化したグローバル企業では,職能別と製品事業別の軸のほかに,地域別の事業展開の軸を加えた,三次元マトリックス組織が組み立てられる。

マトリックス組織の長所としては,
・効率性と市場環境の変化に対する迅速かつ柔軟な対応が同時に達成できる,
・人材を幅広く流動的に活用することができる,
・専門的な知識・経験の蓄積ができ,それらの活用も容易になる,
などがあげられる。

一方,マトリックス組織の短所としては,
・責任・権限関係があいまいとなるため,命令系統間の権力争いが生じやすい,
・部門間コンフリクトや部門間調整のために意思決定に時間がかかり,タイミングを逃しやすい,
などがあげられ,マトリックス組織の特徴であるツー・ボス・システムが最大の弱点となっている。

3. 組織活性化の新潮流

3-1 事業多角化組織：持株会社経営

① 純粋持株会社の復活

　一般的に，株主は投資を目的に株式を購入し，投資対象企業の経営は経営者に任せている。「持株会社」は，そうした株式会社の実権を握るために，複数の会社の株式を保有することを目的の一つとして作られる。持株会社が自ら事業を営んでいる場合，それを「事業持株会社（operating holding company）と呼び，自ら事業活動をしない場合はそれを「純粋持株会社」（pure holding company）と呼ぶ。

　わが国においては，純粋持株会社に関して，戦前の三井，三菱，住友，安田の四大財閥の持株会社が日本帝国主義の経済的支柱であったのではという強い疑念と批判を背景に，戦後「独占禁止法」で禁止されていた。

　しかし，近年，国内の企業間だけではなく，国境を越えた企業の競争が激しくなり，持株会社の利点を生かした迅速かつ大胆な事業の再編や大型合併を求める要望が業界から高まってきたことを受け，1997年の独禁法改正によって，純粋持株会社は解禁された。また，事業持株会社は改正前から認められていた。

　一般論として，持株会社は"司令塔"としてグループ会社の経営計画を立て，全体の利益が最大になるよう各会社に経営資源を分配する。この"司令塔"の役割はいまや独占資本支配の元凶から，グローバル競争の中，会社生き残りの守護神へと大きく変貌しつつある。

② 純粋持株会社のメリット

　持株会社の下に複数の事業部門が子会社の形で存在するという組織形態は，基本的には多角化事業をマネジメントするための経営戦略として編みだされた組織形態である。その主要な効能としては，ⓐ意思決定の迅速化，ⓑ経営資源の最適配分，ⓒ事業選別の強化をあげることができる（図表4-10　持株会社

のメリットを参照）。

したがって，多角化事業のマネジメントは，いわゆるポートフォリオ・マネジメントを可能にするものである（この点については本書第3章「経営戦略論の展開」を参照のこと）。

また，この持株会社は，多国籍事業のマネジメントにおいてもその効果は大きい。すなわち，事業を国際的に展開する場合，コスト戦略面においては中央集権的に，マーケティング戦略面においては地域分権的に，それぞれのオペレーションが遂行される。

それと同時に，最近では，買収した会社を1つの子会社として持株会社で統合する買収戦略にも有効に利用されている組織形態である。

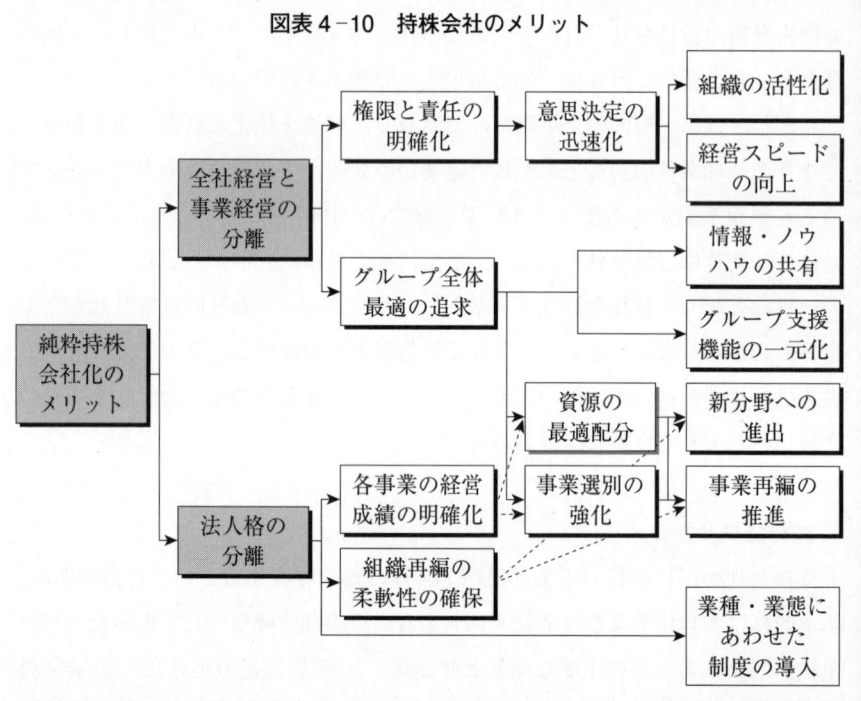

図表4-10　持株会社のメリット

```
                    ┌─ 権限と責任の ─ 意思決定の ─┬─ 組織の活性化
                    │    明確化        迅速化    │
         ┌ 全社経営と┤                            └─ 経営スピード
         │ 事業経営の│                                   の向上
         │   分離   │                            ┌─ 情報・ノウ
         │          └─ グループ全体 ──────────┤    ハウの共有
純粋持株 ┤              最適の追求              └─ グループ支援
会社化の │                                          機能の一元化
メリット │          ┌─ 資源の ──────── 新分野への
         │          │  最適配分          進出
         │ 法人格の ┤各事業の経営─ 事業選別の ─ 事業再編の
         └  分離   ─┤成績の明確化   強化         推進
                    │
                    └─ 組織再編の
                       柔軟性の確保 ─────── 業種・業態に
                                            あわせた
                                            制度の導入
```

出所）川村倫大（2006）「持株会社経営における今日的課題」税務経理協会『税経通信』3月号，9頁。

3-2 業務解体組織：アンバンドリング経営

① 企業アンバンドリング論

最近，企業を解体して生き残りをはかる企業アンバンドリング論（unbundling the corporation）が脚光を浴びている。それは，マッキンゼー社のヘーゲルとシンガー（Hagel, J. and M. Singer）が提唱する企業アンバンドリング論である。佐々木利廣（2003）は，日本企業の理想的組織を考えるとき，この企業アンバンドリング論は参考になると，マネジメント分割戦略論として高く評価している3)。

アンバンドリングという用語は，最近市民権を得た言葉で，通常バラバラにしていたものを束ねるのをバンドリング（bundling）といい，まとまっていたものをバラバラにすることをアンバンドリングという。

ヘーゲルとシンガーが提唱する企業アンバンドリング論とは企業の業務を解体することをいう。その主張することを図表化したものが，図表4-11である。

企業組織を表面ではなく根本から見直してみると，そこで行われている業務は大きく3種類に分類できる。すなわち，「カスタマー・リレーション業務」「イノベーション業務」「インフラ管理業務」の3つであるという。

② 3つのコア業務と経済原理

(1)「カスタマー・リレーション業務の役割」は，顧客を見つけ出して，その顧客とリレーションシップを築きあげることにある。

(2)「イノベーション業務の役割」は，魅力的な新製品や新サービスを考案して，それを商品化する最善策を見出すことにある。

(3)「インフラ管理業務の役割」は，日々繰り返される膨大な作業，たとえば，ロジスティックスや在庫管理，生産，通信などの設備を構築し管理することである。

ところで，上記3つの業務で成果をあげるための経済原理は同一ではなく，それぞれ異なっている。

カスタマーリレーション業務の収益性の決め手は「範囲の経済」（economies

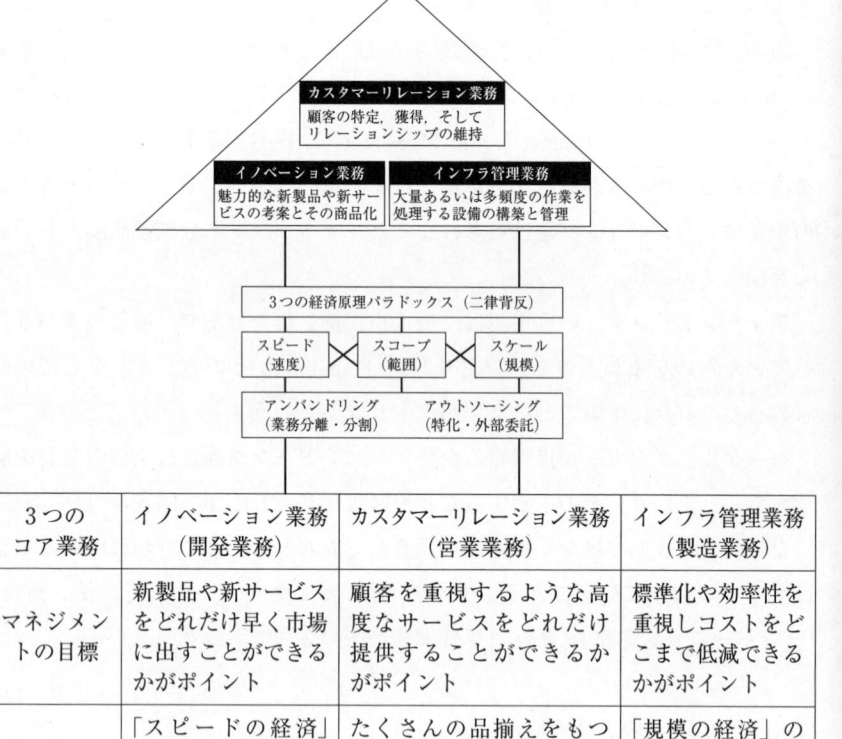

図表4-11　アンバンドリング論

カスタマーリレーション業務
顧客の特定，獲得，そして
リレーションシップの維持

イノベーション業務
魅力的な新製品や新サービスの考案とその商品化

インフラ管理業務
大量あるいは多頻度の作業を処理する設備の構築と管理

3つの経済原理パラドックス（二律背反）

スピード（速度）　×　スコープ（範囲）　×　スケール（規模）

アンバンドリング（業務分離・分割）　アウトソーシング（特化・外部委託）

3つの コア業務	イノベーション業務 （開発業務）	カスタマーリレーション業務 （営業業務）	インフラ管理業務 （製造業務）
マネジメントの目標	新製品や新サービスをどれだけ早く市場に出すことができるかがポイント	顧客を重視するような高度なサービスをどれだけ提供することができるかがポイント	標準化や効率性を重視しコストをどこまで低減できるかがポイント
経済原理	「スピードの経済」を目指して少数精鋭でフレキシブルに運営していく	たくさんの品揃えをもつことで「範囲の経済」を追求していく	「規模の経済」のメリットを活かすような物作りをめざす
組織文化	人材中心主義	顧客第一主義	量産・コスト重視

出所）藤芳明人作（中島由利訳（2000）「アンバンドリング」に掲載の図表：従来型組織を再考する（14頁）および佐々木利廣（2003）『ビジョナリー経営学』に掲載の図表：3つのマネジメント（67頁）を参考）

of scope) である。この「範囲の経済」は，顧客の支出総額に占める自社のシェアを大きくし，そのシェアを維持しなければならない。それには魅力ある製品と特別のサービスまでも顧客に提供しなければならない。

　イノベーション業務の場合は，時間の競争に勝つという「スピードの経済」(economies of speed) 原理に支配される。市場参入のタイミングが早ければ，プレミアム価格を設定できるばかりか，ゆるぎない市場シェアを確立できる可能性も高くなる。

　インフラ業務では，何よりも量産とコスト・ダウンをはかる「規模の経済」(economies of scale) 原理に支配される。「限界コスト」(marginal cost：投入量一単位当たりにかかる費用) は規模が拡大するにつれて小さくなる。この原理に従う限り，製品を量産し，大量業務を処理することで収益性は上がるし確保される。

③ パラドックスとの対決

　ところで，ヘーゲルとシンガーは，この3種類の業務が同じ企業の中で行われていると，それぞれ業務に求められる条件（経済面でも組織文化面でも）がぶつかりあってしまう。スコープ・スピード・スケールの3つを同時に最適化することは不可能なのだという。

　そこで，これまで3つの業務とマネジメントを自分の組織内に取り込み総合力で勝負するような総合型自前主義の経営方式をとってきたが，これからは，これら3つの業務とマネジメントを分離分割して，自社にとってほんとうに中核的業務（マネジメント）であるものだけを残して他は外部に委託することが求められるようになるであろう。

　ヘーゲルとシンガーは，アンバンドリングは避けられない未来であると予見し，現状からは，イノベーション業務の分野では「参入障壁が低く，平等な競争の場となり，多数の小企業がしのぎを削る」という特性を備える可能性があるとみている。そして，他の2つの業務の分野では，「大規模企業に有利なため，各方面で企業統合が急進して行くことだろう」とみている。

さてこのヘーゲルとシンガーの唱える「三つの経済原理はそれぞれ異なり，一つの企業がそれらを同時に満足させることは不可能なので解体すべきである」という考え方に対して，野中郁次郎はつぎのように反論している（日本ナレッジ・マネジメント学会　第6回年次大会　基調講演要旨, Knowledge Management Society of Japan, Vol. 11, 2002 July.)。

　「今日の企業はいろんな形でパラドックスとか矛盾に直面している。グローバリゼーションとローカリゼーション，効率と創造性，暗黙知と形式知というのも皆そうなのですが，そういうパラドックスとか矛盾を統合するところにイノベーション，知の創造が起こるわけです。……アンバンドリングして，どれかだけに特化して，徹底的に効率を追及するということは，新しい知を生み出すという話にはならない」と。

3-3　事業集積組織：アメーバ経営
① アメーバ組織は独立採算単位

　現在，3000もの「アメーバ」が設置されているという京セラの最高顧問稲盛和夫（2006）があらわした著書『アメーバ経営』の中で，アメーバ経営を実にわかりやすく解説してくれている。

　筆者はこのアメーバ経営を「会社を小さい事業組織の集まりにする経営方式——事業集積組織：アメーバ経営」といっておく。

　すなわち，それによると，アメーバ経営とは「会社の組織を『アメーバ』と呼ばれる小集団に分け，社内からリーダーを選び，その経営を任せる」というものである。またつぎのようにいっている。「会社をビジネスの単位になりうる最小の単位にまで分割し，その組織にそれぞれリーダーを置いて，まるで小さな町工場のように独立して採算を管理してもらう。」

　ここからわかるように，最小単位の組織であるアメーバはビジネスとして完結する単位となることであり，したがってそれは独立採算組織として成立しなければならない。

　この章の第2節　分業原理と「事業分類」組織のところで説いたように，生

産と販売の職能が分かれて作られている職能部門別組織では，それぞれの部門において部門別に独立採算を実施することが困難なため，製品別に生産と販売を結合した事業部制にして，独立採算を実施可能にする工夫がなされていた。

ところが，このアメーバ経営においては，事業部という組織単位においてではなく，職能部門の部分職能にまで食い込んで独立採算単位を作りあげている。たとえば，その「工程組織」にとっては，自分の作業した仕掛り品を渡す後工程が自分の顧客，自分の前工程が納入業者，ということになる。その工程のリーダーはまさに事業部長に匹敵する[4]。

この点について，稲盛和夫は，アメーバ・リーダーが小さな組織であっても経営者としてやりがいを感じることが重要であり，したがって，創意工夫により事業を改善していける単位にまでしか組織を分割すべきではないと語っている。

② 会社方針に沿わない組織分割は拒否

たとえアメーバとして収支を明確に計算することができ，事業として完結した単位になっていたとしても，会社の方針が阻害される場合には，その組織をアメーバとして独立させてはならない。

受注生産メーカー・京セラの営業部門であれば，受注部門，納期管理部門，代金回収部門という独立採算可能な部門に細分化することはできる。

しかし，それでは営業として顧客に対して一貫したサービスを提供できない場合がある。それでは，京セラの「お客様第一主義」という会社方針に沿った営業ができなくなってしまうので，むやみに営業の組織を分けることはできないのである。

3-4 その他の組織活性化策

今日はイノベーションの時代である。イノベーションを拒否する組織は亡びる。今日はグローバル競争の時代である。戦略を生み出す組織でなければ成長しない。今日は環境変化はげしく不確実性の時代である。ルーティン業務に追われる伝統的組織では，これに対応できない。

臨時的であるかもしれないが，これに急遽対応するためには，イノベーションには社内ベンチャー，戦略にはSBU，環境変化にはプロジェクト・チームがある。

① 社内ベンチャー

今日の企業は，常にイノベーションに取り組み新製品・新規事業の開発を必要としている。しかし，大企業の場合，組織が硬直化して，市場や環境の変化に迅速な対応ができず，技術革新にも遅れをとる可能性があり，新製品の開発や新規事業の開拓が実行されにくい。

そのようなときに，優れた新製品・新規事業のアイディアをもち，その製品化・事業化に意欲的な社員を中心に，企業の内部にベンチャー（起業）的な組織を作る。そして，まるで独立企業のように予算と大幅な権限を与えて，新製品開発や新規事業の創造を行わせる組織を社内ベンチャー（internal corporate venturing，略してICB）という。

榊原清則は，社内ベンチャーの定義には，つぎの3つの要素が含まれるという5)。

(1) 既存事業とは異なる，またその単純な延長でもない，新規性の高い事業の創造が目指される。

(2) 大企業組織の内部に，独立性の高い事業創造単位が設定される。この単位は「企業内企業」，「ミニカンパニー」などと呼ばれる。

(3) 事業創造にかかわる広範な権限とそれを遂行するための資源とがリーダーに与えられる。この場合のリーダーは社内企業家（イントラプレナー）と呼ばれることがある。

社内ベンチャーの長所としては，
・従業員に新製品や新規事業に関する創造性が生まれる，
・チャレンジャー精神や企業家精神が従業員の間に芽生える，
・大企業を活性化させる契機となる，
などがあげられる。

社内ベンチャーとは異なり、既存事業からの干渉を避け、活動をスムーズにするために、優秀な人材を責任者に起用し、社外に独立させてベンチャー活動を行わせる場合がある。そのような組織を社外ベンチャーと呼ぶ。

② 戦略事業単位（SBU）

事業部という組織単位が、日常的業務の管理を主眼に運営されるようになり、それが戦略的意思決定の単位として不向きになった場合、既存の事業部を業務管理のためには残したまま、戦略策定の組織単位を事業部制の上に重ね合わせるようにつくる。この組織単位が、SBU：Strategic Business Unit（戦略事業単位）と呼ばれるものである。

この SBU は、SBU 戦略と全社戦略の適合をはかることによって、長期の成長性と短期の業務効率を同時に達成することを目指して設置されるものである。この組織コンセプトを1970年代に実務に導入した先駆者は、アメリカの GE（ゼネラル・エレクトリック）社である。

③ プロジェクト組織

既存の組織では対応できない課題や、これまで体験したことのない課題に直面して、それを解決しなければならないとき、特別の単位組織を編成することがある。それがプロジェクト組織（project organization）である。

このプロジェクト組織は、そのプロジェクト実行のために必要な能力をもつ専門家によって編成されたもので、プロジェクト達成まで全権限と全責任を負う。プロジェクトが達成された時には、その組織は速やかに解散することとなる。

このプロジェクト組織は一般的にプロジェクト・チームと呼ばれるが、たまにタスク・フォースと呼ばれるチームを編成することもある。

4. 組織の新しい課題

4-1 組織文化の変革
① 組織文化の機能

近年,企業の経営活動とりわけ従業員の行動様式に大きな影響を与えている「組織文化」なるものの存在が明らかにされつつある。

この「組織文化」を,シャイン (Schein, E. H., 1985) は「価値や規範を正当化する,通常意識されない基本的仮定」と定義した6)。また,梅澤正 (1990) は「企業が培養し定着させている価値と規範の総称」と定義づけた7)。

このように定義づけられた組織文化は,組織構成員にとって共有された思考前提,価値前提,行動前提となるものである。したがって,組織文化は組織メンバーの行動につぎのような影響を与える。

(1) 心理的エネルギーを引き出すことができる。
(2) 「命令や指示をする枠組」がなくても,組織目標にかなう行動をとらせることができる。
(3) 組織構成員の行動に一定の安定性・方向性をもたらす。

② 組織文化の順機能と逆機能

この組織メンバーの行動に好影響を与える組織文化と悪影響を与える組織文化とがある。それを組織文化の順機能と逆機能という。

北居明 (1999) は,組織文化の順機能と逆機能について,つぎのように述べている8)。

(1) 組織文化の順機能
・成員間のコミュニケーションの向上。
・強い一体感や使命感を引き出す。
・環境変化に対してある程度の柔軟性をもつ。

(2) 組織文化の逆機能

・思考様式が均質化する危険がある。
・環境変化に対する適応力が低下する可能性がある。
・組織の中で新しい考え方が生まれても,大多数の均質化した思考様式によってかきけされる。

　このように,組織文化の逆機能について,北居はイノベーションが起こりにくくなるといっているが,イノベーションの阻止要因としてたちはだかってしまう場合もある。さらに,その企業に固有の組織文化が社会通念から逸脱しているものであれば,一時的に企業の業績があがることはあっても,企業の生存さえ危くすることもある。企業不祥事がその好例である。

③ 組織文化の変革

　強い組織文化が企業内に構築されていても,それが企業を取り巻く経営環境と適合しなくなってきた時には組織文化の変革が必要になる。組織文化は,企業内で意識・思考・価値観・行動様式などを調整し,統一するという機能を果たしているが故に,統一感を乱すもの,つまり変革に対しては立ちふさがって抵抗する。すなわち,企業に根づいている既存の組織文化は,自己防衛機能として,イノベーションの阻害要因として作用する場合がある。経営環境の変化に常に適合するためには,既存の組織文化を変革させ,新たな組織文化を構築し,企業の自己再生機能となるイノベーションの促進要因として組織文化を機能させる必要がある。

　しかし,実際には,組織文化の変革には困難が伴う。河野豊弘（1988）は,個人の態度変容のプロセスである解凍（unfreeze）―変化（change）―再凍結（refreeze）のモデルが企業文化の変革プロセスにも応用しえると述べている9)。すなわち,組織文化を変革するためには,従業員により長年培われてきた思考や行動様式をすべて捨て去ることが必要であり,それは新しい文化の獲得以上に困難である。換言すれば,組織文化を構築するよりも,既存の組織文化を解体するプロセスの方が困難であるというところに組織文化変革のむずかしさが

図表 4-12　企業の二重構造と組織文化の変革

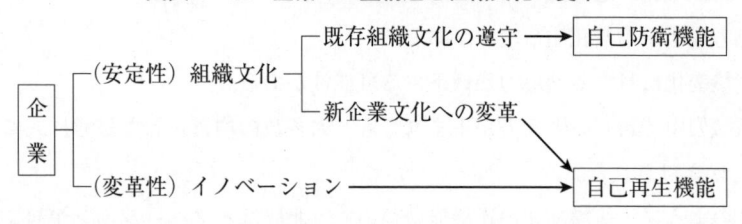

```
                    ┌─ 既存組織文化の遵守 ──→ 自己防衛機能
      ┌─(安定性) 組織文化┤
企業 ──┤                └─ 新企業文化への変革 ─┐
      │                                      ↓
      └─(変革性) イノベーション ──────────→ 自己再生機能
```

出所）谷井良（2006）55頁。

存在している。したがって，組織文化の変革のためには，よりインパクトの強い行動が必要である。

組織文化の変革に成功した企業の行動には，つぎのような行動をみることができる。

・トップ・マネジメントの交代
・組織内に対し影響力のある新たな人材の出現
・M&A などによる新たな組織文化との接触
・新規事業の開発

④ 組織文化変革の成功例

組織文化の変革に成功し，業績を飛躍的に伸ばした企業の事例として，アサヒビールが有名である。かつて，アサヒビールは業績が低迷し，従業員には覇気がない状況が蔓延していた。従業員の努力は，卸売業者への押し込み販売に傾注し，1985年の市場占有率は9.6％までに低下した。そのような状況下，新社長に就任した村井勉（住友銀行副頭取＝東洋鉱業＝現マツダを復活させる）は，従業員の負け犬根性からの脱却のため，組織文化の変革を決意した。村井新社長は，「消費者志向で新しい生活感覚に適した商品をつくる」，「人間性尊重で自由闊達な社風をつくる」という新たな経営理念を指示すると共に，「顧客に対してより関心を払う」という組織文化への変革を図った。従業員は新たな組織文化の下，自信をもって仕事に取り組むようになり，「アサヒ生ビール」，「アサヒ・スーパードライ」などのヒット商品を誕生させた。結果として，急

速な利益増大や市場占有率の上昇をもたらした。

　谷井良（2006）は，これらアサヒビールなど組織文化の変革に成功した事例を基に以下のような5段階に分類した「組織文化の変革プロセス」を提示している10)。

図表4-13　組織文化の変革プロセス

```
（第1ステージ）          （第3ステージ）        （第5ステージ）
将来への危機感            既存組織文化解体      新組織文化の構築
環境変化などによ          既存組織文化の限      新理念，新目標の
る企業の将来性に          界認識，否定，解      浸透による新企業
対する危機感              体                    文化の構築

        ↓               ↑                    ↑
        （第2ステージ）          （第4ステージ）
        リーダーシップの         新理念の提示
        発揮                     企業の将来的方向
        リーダーによる組         性を示す新理念，
        織文化変革のため         新目標の提示
        のリーダーシップ
```

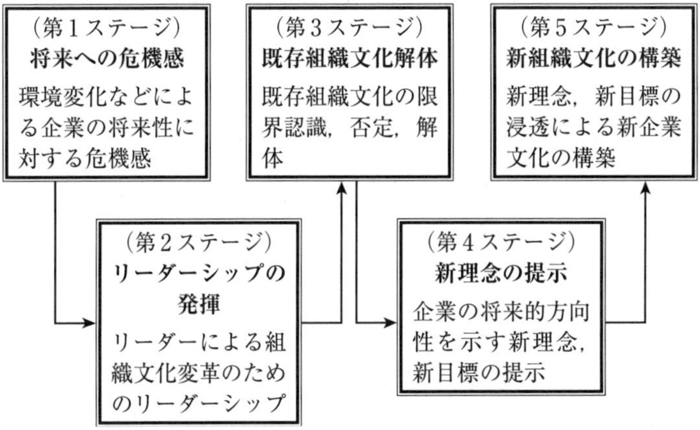

出所）谷井良（2006）58頁。

第1ステージ：将来への危機感

　環境変化が起きれば，現状に満足していることはできない。将来への危機感を覚え，将来展望を計画することが組織文化変革の第一歩である。

第2ステージ：リーダーシップの発揮

　リーダーが組織文化の変革を決意し，強力なリーダーシップを発揮することが組織文化変革の契機となる。

第3ステージ：既存組織文化の解体

　新たなものを構築するためには，すでに存在しているものを壊さなければならない。すなわち，スクラップ・アンド・ビルドであり，創造的破壊である。新たな組織文化を構築するためには，既存組織文化の限界を認識し，否定し，解体しなければならない。

第4ステージ：新理念の提示

企業内の全従業員に対し，企業の方向性を示すような新たな理念，目標を提示する。

第5ステージ：新組織文化の構築

提示された新理念，新目標が従業員に浸透し，新文化が企業内に定着して，新組織文化に即した意識，思考，価値観，行動様式などが新しく生まれ変わる。

⑤ 異文化コミュニケーション

組織文化以外にも国民文化がある。国民文化とは，経営者，管理者，従業員というような立場の相違にかかわりなく，国民の多くに共通する特性をもつ文化である。

国境を越え異文化の環境において，企業活動のマネジメントを行う場合，国民文化に焦点を当て，各国の文化的多様性を考察することは極めて必要である。

この文化的多様性について，一番問題が起きやすい問題をアドラー（Adler, N. J., 1991）は，「同一目標への収斂のプロセス，すなわち組織が従業員に同じような思考や行動を要求する場合であり，そうした状況下では，コミュニケーション（同一の意味への収斂）と統合（同一の行動への収斂）がいっそう困難になる」と指摘している11)。

海外進出企業は，経営効率を高める前に現地化を進める配慮が必要である。現地化とは現地文化への適応であり，順応である。そのために，企業の海外進出には異文化間のコンフリクトや摩擦を解決するための異文化コミュニケーションが必要である。感受性訓練などを行って，お互いの文化の利点を本国と現地双方が取り入れることによって相互作用し，シナジー効果を得ていく異文化経営論が重要なのである。

4-2 知識創造組織

① 暗黙知と形式知

情報は経営資源の一部であり，今や情報は企業経営にとって重要なファクタ

ーである。しかし，情報だけでは企業にとって有益ではない。企業が獲得する様々な情報を知識へと変換することが必要である。これからの社会は，知識創造社会といわれる。

そこで，まず知識の概念を必要とする。知識は，まずデータや情報という形で獲得され，分析されながら蓄積し，経験を培う過程で知識へと変容される。そして，この知識に基づいた行動が目的達成に寄与すると，知識は知恵として認識される。

データや情報は，ほとんどが目にみえる形で表現される。しかし，データや情報が知識や知恵に転換されると，目にみえない形になるものがある。この特性から，「目にみえる知識」と「目にみえない知識」の2つのタイプが存在することになる。

この目にみえる知識を形式知（explicit knowledge），目にみえない知識を暗黙知（tacit knowledge）という。この目にみえない知識，すなわち言葉に置き換えることのできない知識を暗黙知と表現し，その重要性を最初に指摘したのはポラニー（Polany, M.）である[12]。

このような文章化される知識である形式知と，ポラニーが指摘した言語への変換が困難である暗黙知の2つの知識を経営学に応用したのが，周知のごとく野中郁次郎の知識創造理論である。

② 知識変換パターン

野中郁次郎・紺野登（1999）は，知識創造のプロセスをつぎのように提示した。「暗黙知と形式知は性質的には異なっているが，これらは実は知識の異なる，補完し合う『極』でもある。知識にはこの二極があるために，ダイナミックな増殖（知識創造）が可能となる。暗黙知が形式知化され，それが他者の行動を促進し，その暗黙知が豊かになる。さらに，それがフィードバックされて，新たな発見や概念につながる。暗黙知と形式知の組合せによって4つの知識変換パターンを想定することができる」[13]。

この中の「暗黙知が形式知化され，それが他者の行動を促進し，その暗黙知

図表 4-14　SECIプロセス

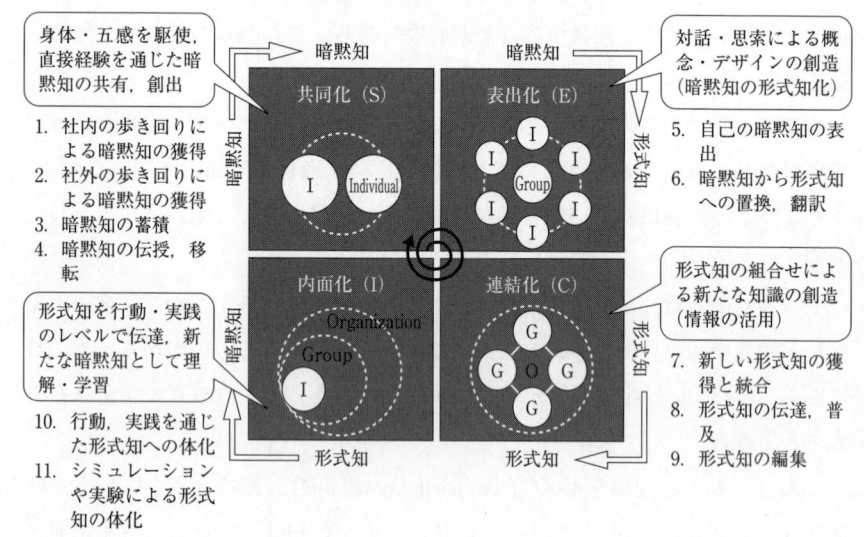

身体・五感を駆使, 直接経験を通じた暗黙知の共有, 創出	共同化 (S) [Individual]	表出化 (E) [Group]	対話・思索による概念・デザインの創造（暗黙知の形式知化）
1. 社内の歩き回りによる暗黙知の獲得 2. 社外の歩き回りによる暗黙知の獲得 3. 暗黙知の蓄積 4. 暗黙知の伝授, 移転			5. 自己の暗黙知の表出 6. 暗黙知から形式知への置換, 翻訳
形式知を行動・実践のレベルで伝達, 新たな暗黙知として理解・学習	内面化 (I) [Organization / Group / I]	連結化 (C) [G-O-G / G]	形式知の組合せによる新たな知識の創造（情報の活用）
10. 行動, 実践を通じた形式知への体化 11. シミュレーションや実験による形式知の体化			7. 新しい形式知の獲得と統合 8. 形式知の伝達, 普及 9. 形式知の編集

出所）野中郁次郎・紺野登（1999）111頁。

が豊かになる」という記述は,「個人の暗黙知を文章化・マニュアル化し, 形式知として多くの人が共有できるようになれば, 個人の暗黙知が他者の今まで不可能だった行動を可能にし, また形式知として受け取った人のそれぞれの経験などと相互作用して新たな暗黙知として増幅・蓄積される」という意味である。

(1) 共同化（socialization）：暗黙知から新たに暗黙知を得るプロセス—個人の暗黙知を組織内の個々人の暗黙知へと転換するプロセス。これは困難が伴う作業となる。

(2) 表出化（Externalization）：暗黙知から新たに形式知を得るプロセス—個人の暗黙知を会話や聞き込みで表面化し, それを文章化, マニュアル化して形式知化する。

(3) 結合化（Combination）：形式知から新たに形式知を得るプロセス—いくつかの形式知を結合したり, 整理・体系化して, 新たな形式知を生み出す。

(4) 内面化（Internalization）：形式知から新たに暗黙知を得るプロセス—共有されている形式知と個人の経験や主観とを融合して, 個人の中に新たな暗黙知

が形成される。

　知識変換のプロセスのことを，野中郁次郎らは，それぞれの頭文字をとってSECIプロセスと呼んでいる。

　このように，暗黙知から暗黙知，暗黙知から形式知，形式知から形式知，形式知から暗黙知という相互作用によって新たな知識が創造されるプロセスが知識創造のプロセスである。個人の中に帰属している知識を知識の中にさらけ出し，組織のメンバーに学習され，理解され，体系化された知識として整理されて，そして，それがいずれ知恵となって新しい価値を生み出すプロセスとなるのである。

　このような知識創造は，1回だけで終わるのではなく，組織内で何度となくスパイラル状に繰り返されることによって，知識が創造され蓄積されていくのであり，しかも，それが日常的に行われなければならないといわれている。

4-3　学習する組織

① 学習する組織

　学習する組織＝ラーニング組織（learning organization）とは，環境変化に適応して，組織メンバー全員が継続的に自己学習し，組織全体で自己革新をはかる組織のことである。換言すれば，組織全体で自己革新を可能にする「学習する組織」とは，新知識の創造が可能な組織システムともいえる。ガービン（Garvin, D. A., 2000）は，学習する組織とは「知識を創造，獲得，移転する技術をもち，既存の行動様式を新しい知識や洞察を反映して変容することができる組織」[14]であると定義し，学習する組織の本質が新知識の創造を可能にするシステムにあることを指摘している。

② 学習しない組織

　ところで，この「学習する組織」に対して「学習しない組織」があるといわれる。その代表例をあげれば，官僚制の逆機能にむしばまれた「官僚制組織」と大企業病におかされた「病気の大企業」である。

そこでは、どんな症状があらわれているのだろうか。

「官僚制組織」では、「目的と手段の転倒」から生まれる変革への抵抗と人間性の無視（第7章「代表的マネジメント（経営と管理）理論」の8.を参照）という弊害があり、「病気の大企業」では、トップ・マネジメントのワンマン（裸の王様）、セクショナリズム、保守主義という弊害がある。

このような組織で、知識創造を可能にすることは極めて困難なことである。それでは、新しい知識を創造することの可能な組織、すなわち「学習する組織」であるための条件とはなんであろうか。

③ 学習する組織の条件

根本孝は、上記のガービンをはじめセンゲ（Senge, P. M., 1990）、ワトキンスとマーシック（Watkins, K. E. and V. J. Marchik, 1995）などの研究者のいう「学習する組織」の条件をつぎのようにまとめている15)。

(1) ビジョンの共有―組織にとってのビジョン、すなわち組織の未来像、将来

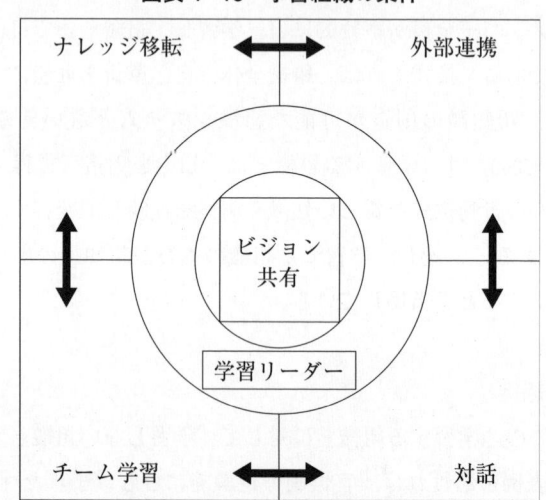

図表4-15　学習組織の条件

ナレッジ移転 ⇔	外部連携
⇕　ビジョン共有　⇕	
学習リーダー	
チーム学習 ⇔	対話

出所）松崎和久編著（2006）『経営組織』学文社, 169頁。

の方向を示すことは極めて重要。それは組織にとって変革の方向を示し，組織メンバーをその方向へ誘導し，向上心の強化やメンバーの行動の統合を導く。
(2) 学習リーダー——共有ビジョンづくりをはかり，その浸透を進めるリーダーが必要。アメリカではチーフ・ラーニング・オフィサー（chief learning officer）と呼ばれている。

　さらに中間管理者としての学習リーダーも必要。学習機会を作り提供すること，学習とパフォーマンス目標の同時達成を目指すことが重要な役割。
(3) 対話——討議とは異なる対話（dialogue）が学習する組織では重視される。討議は，ある一定の考え方を，他の考え方より優位にあることと合意したうえ，選択決定する。それに対して，対話は相手の発言に徹底的に傾聴し，考え方や視点の違いを認識，理解すること。対話には，信頼関係や情緒の共有，共感が基盤にある。
(4) チーム学習——学習する組織の中で，個人と組織レベルの学習をつなぐ，チームレベルの学習は極めて重要。知識は優れた一個人の独創によって生まれることもあるが，他者からの刺激やヒントが独創を支援することも多い。対話やチームの相互作用による共創が，ナレッジ創造や学習する組織には欠かせない。
(5) ナレッジの移転——ナレッジの他部門，他組織への移転はむずかしい。この移転の障害は粘着性と呼ばれる。知識粘着性（knowledge stickiness）を改善するには，送り手と受け手の緊密な関係を築き，受け手側の知識を高めて吸収能力を強化することが必要である。そして，そのことがナレッジ・フローの活発化につながる。
(6) 外部との連携——「選択と集中戦略」を補完する「戦略的提携（strategic alliance）はまさに学習の場である。

④ 社外知識の取り入れ

　組織の知識創造には，社内の知識を創造するだけではなく，社外の知識を取り入れることも必要である。戦略的提携が1つの学習の場であることは，すでに指摘したとおりであるが，競争相手の企業や優秀な経営を行っている企業か

ら知識を学び，自社の知識と結びつけることによって，新たな知識を創造することも可能であり，必要なことである。

一般に，社外の知識の取り入れは，ベンチマーキング (bench marking) と呼ばれる。ベンチマーキングとは，用語としては基準を定めるという意味であるが，競争企業のすぐれた業務方法と自社の業務方法とを比較分析して，すぐれた他者の業務方法を導入して，自社の業務プロセスを改善する手法という意味で使われている。

〈注〉

1) Fayol, H. (with a foreward by L. Urwick) (1956) *General and Industrial Management*, Pitman.
2) 管理要素については20名の学者が示す管理素の分類一覧表がある。藤芳明人は，そのなかで，創造・革新いわゆるイノベーション機能は経営機能には含めるが，管理機能には含めないことを明白にした。藤芳誠一監修 (2000) 60-61頁。
3) Hagel, J. and M. Singer (1999) Unbunding the Corporation, *HBR*, March-April. (中島由利訳 「アンバンドリング：大企業が解体されるとき」『ダイヤモンド・ハーバード・ビジネス』2000年4月・5月合併号，ダイヤモンド社)
   佐々木利廣 (2003) 「企業アンバンドリング論」藤芳研究室編『ビジョナリー経営学』学文社。
4) 伊丹・加護野 (2003) 291頁。
5) 榊原清則 (2002) 67-68頁。
6) Shein, E. H. 訳書 (1989) 12頁。
7) 梅澤正 (1990) 35頁。
8) 北居明 (1999) 「組織文化」神戸大学大学院経営学研究室編『経営学大辞典　第2版』中央経済社，601-602頁。
9) 河野豊弘 (1988) 84-97頁。河野豊弘 (1988) 『変革の企業文化』講談社。
10) 谷井良 (2006) 谷井良 (2006) 「イノベーション・プロセスにおける企業文化の機能」『東京経営短期大学紀要』第14巻。
11) Adler, N. J. 訳書 (1992) 96頁。
12) Polany, M. 訳書 (1980) 15頁。
13) 野中郁次郎・紺野登 (1999) 110頁。
14) Garvin, D. A., ダイヤモンド・ハーバード・ビジネス・レビュー編集部訳 (2000) 「ラーニング・オーガニゼーション」『ダイヤモンド・ハーバード・ビジネス・レビュー』74頁。

15）根本孝（2006）「学習する組織の開発」松﨑和久編著『経営組織』学文社，162-177頁。

〈参考文献〉

Adler, N. J.（1991）*International Dimensions of Organizational Behavior*, A divisions of Wadsworth, Inc.（江夏健一・桑名義晴監訳（1992）『異文化組織のマネジメント』マグロウヒル）

Polany, M.（1966）*The Tacit Dimension*, Routledge & Kegan Paul Ltd.（佐藤敬三訳（1980）『暗黙知の次元』紀伊國屋書店）

Schein, E. H.（1985）*Organizational Culture and Leadership*, Jossey-Bass.（清水紀彦訳（1989）『組織文化とリーダーシップ』ダイヤモンド社）

Senge, P. M.（1990）*The Fifth Discipline*, The English Agency（Japan）Ltd.（守部信之訳（1995）『最強組織の法則』徳間書店）

Watkins, K. E. and V. J. and Marsic（1993）*Sculpting the Learning Organization: Lesson in the Art and Science of Systemic Chang*, Jassey-Bass.（神田良・岩崎尚人訳（1995）『学習する組織をつくる』日本能率協会）

泉田健雄（1963）『現代経営組織と職務権限』東洋経済新報社

伊丹敬之・加護野忠男（2003）『ゼミナール経営学入門』

稲盛和夫（2006）『アメーバ経営』日本経済新聞社

梅澤正（1990）『企業文化の革新と創造』有斐閣

榊原清則（2002）『経営学入門（下）』日本経済新聞社

野中郁次郎・紺野登（1999）『知識経営のすすめ』筑摩書房

藤芳誠一監修（2000）『新経営基本管理』

松崎和久編著（2006）『経営組織』学文社

第5章　企業不祥事とコンプライアンス経営

1. 企業不祥事

1-1　粉飾決算・会計不正による不祥事

　これより前に，企業不祥事がなかったわけではないが，2000年代に入って，驚くべき企業不祥事が起こった。それが2001年のエンロン事件であり，続く2002年のワールドコム事件であった。アメリカにおけるエネルギー大手のエンロン，通信大手ワールドコムの巨額な粉飾決算の発覚による経営破綻であった。しかもエンロン事件では，エンロンの監査を担当していた著名な監査法人アーサーアンダーセンが違法行為に加担していたことによって廃業に追い込まれた。

　これらの企業不祥事によってアメリカの企業会計に対する不信が噴出した。これに議会が対処したのが企業改革法（SOX法）である。

　ところが，日本では2004年に西武鉄道の有価証券報告書虚偽記載，カネボウの粉飾決算，続いて2006年にはライブドアの粉飾決算や偽計取引という会計不祥事が起きた。またカネボウの外部監査を担当していた旧中央青山監査法人は共謀していたため，結局解体された。これらの会計不祥事に対処して日本ではアメリカのSOX法にならった日本版SOX法（2006年証券取引法を改正した金融商品取引法）が制定された（SOX法については第1章「B・M・G企業論と株式会社」を参照）。

1-2　続出する様々な企業不祥事

　広辞苑（第六版）に「企業不祥事」という用語解説はない。「不祥」とは縁起の悪いこと，不吉なこと，「不祥事」とは「関係者にとって不名誉で好まし

くない事柄・事件」とある。そこで，一般的に，企業不祥事とは，企業の構成員の単独行動による不正行為であるか，組織ぐるみの不正行為であるかを問わず，それによって社会に不利益を与える事件を起こすことであるといってよいであろう。

　2000年代に入ってからの粉飾決算・会計不正による不祥事は，すでに述べたところだが，そのほか様々な企業不祥事が続出している。その主なものを例示してみよう。

(1) 欠陥製品・リコール（回収・無償修理）隠し—自動車部品，ガス湯沸かし器，エレベーター，電池。

(2) 食品の期限切れ再利用—雪印乳業中毒事件，ミスタードーナツ，不二家，船場吉兆の客の食べ残しを再利用（これを使いまわしという），「白い恋人」や「赤福餅」など人気菓子，駅弁。

(3) 食肉の偽装—アメリカ輸入肉を国産牛，ブロイラーを地鶏に，そして「廃鳥」を比内地鶏，ミンチ肉に腐りかけた肉混入，うなぎの産地偽装（中国産を日本産）。ふぐの産地偽装もある。

(4) 性能偽装—建築耐震強度，建材耐火性能，高速道路の型枠強度，再生紙（はがき，コピー用紙）の古紙配合比率を下げる（環境配慮型製造の意義をきずつける）。

(5) その他—薬害，医療機器事故，過労死，労働災害，セクハラ，パワハラ，談合（犬の声を発する官製談合もある），インサイダー取引，個人情報漏洩などがある。

　製品欠陥による企業不祥事では，製品事故発覚後の会社の対応の遅れによって発生したものがほとんどである。

　世界に誇るソニーでさえ製品欠陥不祥事といわれそうな欠陥事故を起こしている。ノートパソコンの異常発熱について，顧客指摘後公表（2008年8月4日）まで1年かかっている。公表や対応が遅れれば不祥事となる。不祥事とまではいわなくても，対応の遅れは会社の技術力不足か，会社のずるさか，いずれかを示すものといわざるを得ない[1]。

食品関係の企業不祥事を起こした原因をみてみると，「豚の心臓を牛ミンチに混ぜていた」ミートホープの元社長は初公判で，「腐りかけた肉はカネ」「ミンチにすれば分からない」と，平然とうそぶいたという報道がある[2]。モラルハザード（moral hazard）―倫理の欠如，責任感の喪失―はなはだしい。

船場吉兆は，客が食べ残した料理を「もったいない」と，社長の指示で別の顧客に出し，改めて料金をとっていた。店では，これを「使い回し」と呼んでいた。「もったいない」は家族の間で再利用されるときに使われる慣習としては認められるが，商売としては許されないことである。

老舗和菓子メーカー「赤福」では，偽装行為が組織ぐるみで行われていた。偽装した「赤福餅」を従業員が出荷するためには，偽装内容を従業員が識別できなければならない。そこで赤福では，偽装手口を5種類に分類し，「・」と「－」の印字の組合わせで表示されていたということである[3]。

消費期限と賞味期限の区別は，消費期限は腐敗や劣化により安定性を欠く恐れのない期間を指すため，表示期限を過ぎた場合，食べない方が望ましい。これに対して，賞味期限は期待される品質の保持が十分に可能な期限で，期限後も品質が保持されていることもあり，すぐに食べられなくなるわけではない，ということにある[4]。

この賞味期限切れを題材にしてスーパー経営が映画化されていたことには驚いた。

賞味期限切れの売れ残りのスーパーのオカズを再調理して弁当に使うことを1996年の伊丹十三監督の伊丹プロダクション映画『スーパーの女』で，「リパック」（repack）と呼んで，すでに商売方法として使われていた。その映画では，スーパーといえども正当な商売をすべきであると，リパックを全面中止して，店は繁栄に向かうというストーリーであった。

1-3　不祥事発生源と危険な結末

① 不祥事発生源と倫理判断基準

企業不祥事が発生しやすい発生源を，企業のステークホルダー関係別に分類

して，それぞれに倫理的判断基準を加えた一覧表を，中村瑞穂が「企業倫理の課題事項と関係領域」として発表している。企業倫理の課題事項は現在起こっている企業不祥事の課題事項であるし，関係領域は企業のステークホルダー領域を意味しているので，この一覧表を加筆・簡略化して，「企業不祥事発生源分類と倫理基準」という図表として，利用させていただくことにした5)。

② 不祥事による経営の悪循環

田中宏司は，企業不祥事が引き起こす経営の悪循環について図表を作って，つぎのように説明している。

企業不祥事が発生すると，顧客離れ→売上げ減少→利益落込み→格付け引き

図表5-1 企業不祥事発生源分類と倫理基準

（ステークホルダー関係領域）	（倫理的判断基準）	（企業不祥事発生源）
① 競争関係	公正	カルテル，入札談合，取引先制限，不当廉売，知的財産権侵害，企業秘密侵害，贈収賄，など。
② 消費者関係	安全 安心	有害商品，欠陥商品，リコール隠し，偽装，誇大広告，悪徳商法，個人情報漏洩，など。
③ 投資家関係	公平	インサイダー取引，利益供与，損失補償，損失補填，相場操縦，粉飾決算，など。
④ 従業員関係	尊厳	労働災害，職業病，メンタルヘルス障害，過労死，雇用差別，プライバシー侵害，セクハラ，パワハラ，など。
⑤ 地域社会関係	共生	産業災害（火災，爆発，有害物漏洩），産業公害，産業廃棄物不法処理，計画倒産，など。
⑥ 政府関係	厳正	脱税，贈収賄，不当政治献金，報告義務違反，虚偽報告，検査妨害，捜査妨害，など。
⑦ 国際関係	協調	租税回避，ソーシャルダンピング，不正資金洗浄，多国籍企業の問題行動（劣悪労働条件，利益送還，政治介入，文化破壊），など。
⑧ 地域環境関係	最小負荷	環境汚染，自然破壊，など。

出所）中村瑞穂（2003）『企業倫理と企業統治』文眞堂，8頁を一部加筆して簡略化した。

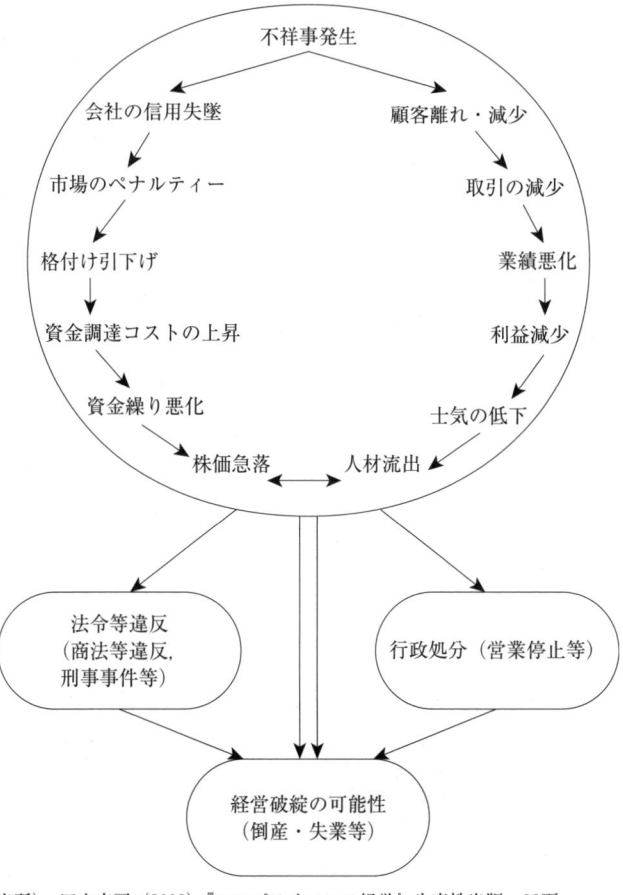

図表5-2 企業不祥事による経営の悪循環

```
                    不祥事発生
                   ↙        ↘
        会社の信用失墜        顧客離れ・減少
             ↓                    ↓
        市場のペナルティー      取引の減少
             ↓                    ↓
        格付け引下げ            業績悪化
             ↓                    ↓
        資金調達コストの上昇    利益減少
             ↓                    ↓
        資金繰り悪化            士気の低下
             ↘                  ↙
             株価急落 ←→ 人材流出
```

法令等違反（商法等違反，刑事事件等）　　行政処分（営業停止等）

　　　　　　　↓
経営破綻の可能性（倒産・失業等）

出所）田中宏司（2003）『コンプライアンス経営』生産性出版，28頁。

下げ→株価急落→資金繰り悪化→社員の士気の低下→経営の動揺など，まるで坂を転げ落ちるような勢いで，企業経営は悪循環に陥ってしまう。こうして，長年培われた企業イメージが著しく損なわれ，営業面はもちろんのこと，巨額な損失や罰金支払いなどにより経営上計り知れぬダメージを被ってしまう[6]。

　企業不祥事の事例からわかるように，不祥事を引き起こし，それを解決できない企業は，巨大企業であっても老舗であっても，経営破綻をまぬかれない。

2. コンプライアンス経営

2-1 コンプライアンスの意味

　企業不祥事を起こさない，かりに起こしても被害を最少限にとどめて解決できるようにするためには，コンプライアンス経営体制を構築することが必要である。

　「コンプライアンス」(compliance) とは一般に「法令遵守」と訳されているが，法令を遵守することは最低限の義務を意味するもので，実はそれ以上の意味が求められている。この分野の研究家の2人の見解をきいてみよう。

　高　巌は，「コンプライアンスの内容は法令の文言のみならず，その背後にある精神まで守り，実践すること，問題はどうすれば企業という場で実践が可能となるか」との問いに対する答えとして「インテグリティの高い組織を構築すること，インテグリティとは誠実さ，清廉さ，品格などのこと，誠実さを担保するしくみがコンプライアンス体制」という論旨（はしがき）をもって，『よくわかるコンプライアンス経営』という本を作成している[7]。

　田中宏司は，「一般的に考えても，"個人として""職業人として""組織人として"どの立場からも，法令を遵守することは当然の義務であり，企業倫理の核心部分となる。したがって，企業がビジネスを行うに際しては，法令遵守はいわば最低限の義務であり，そのうえで立法の精神・倫理・道徳をも包含した判断基準が求められている」と述べ，コンプライアンス（法令遵守）と企業倫理に基づく経営をコンプライアンス経営（compliance management）と呼んでいる。

　さらに，田中の企業倫理の考え方はつぎのようである。企業倫理は，「ビジネスにおける誠実性である」と極めて明白である。そしてつぎのように説明している。「企業倫理は (1) 組織を構成する経営者・社員の人間としての『個人倫理』，(2) 仕事を有する人にかかわる専門職倫理を含む『職業倫理』，(3) 企業使命・経営理念などにもとづく企業活動にかかわる『組織倫理』という三要

素を基盤として,企業活動をどのように正しく行うかに関する,すべての倫理問題を対象としている。」[8]

企業不祥事に対応するには,まずは法令遵守ということになるが,決してそれだけでは解決しない。不祥事の背後には倫理上の問題がひそんでいるからである。

2-2 ステークホルダーとの法令関係

企業は,消費者,従業員,取引先,株主,債権者,地域住民,監督官庁などの様々なステークホルダー・グループとの良好な関係を保ちながら活動を続けなければならない。

高は,「良好な関係を保つことができなければ,リスクは増大し,ビジネス

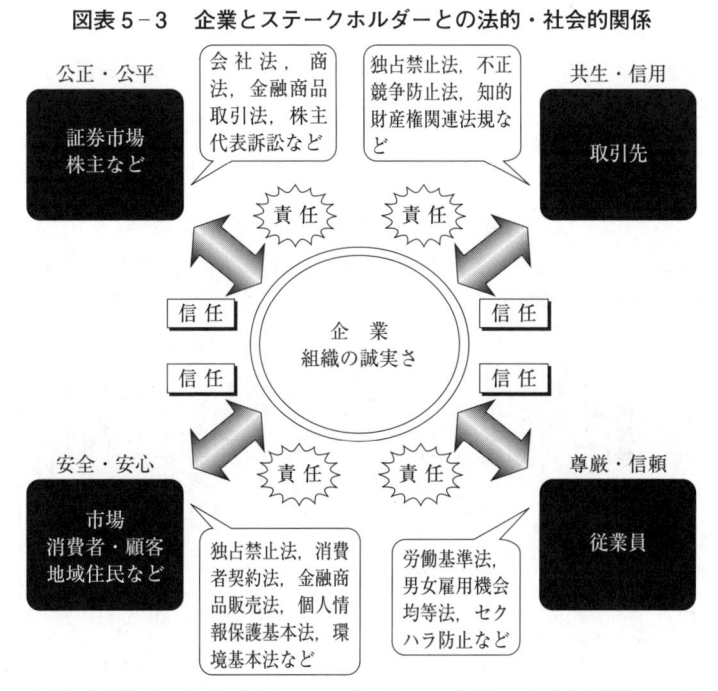

図表5-3　企業とステークホルダーとの法的・社会的関係

公正・公平
証券市場 株主など
会社法,商法,金融商品取引法,株主代表訴訟など

共生・信用
取引先
独占禁止法,不正競争防止法,知的財産権関連法規など

企業 組織の誠実さ

安全・安心
市場 消費者・顧客 地域住民など
独占禁止法,消費者契約法,金融商品販売法,個人情報保護基本法,環境基本法など

尊厳・信頼
従業員
労働基準法,男女雇用機会均等法,セクハラ防止など

責任／信任

出所)高巌他(2003)『よくわかるコンプライアンス経営』日本実業出版社,41頁。

の継続が危うくなるからです。ではどうすれば良好な関係を維持できるのでしょうか。それは，それぞれのステークホルダー・グループとの関係を規定する法令を理解するところから始まります」と言って，まずはコンプライアンス経営（法令遵守の経営）の必要性を説き，「企業とステークホルダーとの法的・社会的関係」の図表を示している（図表5-3）。

最近，日本経営協会が，「コンプライアンスが着目され，重視されるようになった歴史はまだ浅い。しかし，これを無視して事業を進めることは，もう現今の企業には不可能といえるだろう。その意味では，業績拡大よりも企業にとってははるかに重大な命題といっていいかも知れない」という認識のもと，第1回コンプライアンス意識調査の結果を『コンプライアンス白書2008』として2008年3月発行した。全国の企業に2700通の調査用紙を発送し（2007年12月初旬），有効回答数326通（12月27日回答締切）返送，回答の仕方は複数回答。回答率は12.1％に達したという調査である。

その調査のなかで，「どんな規範・法令を重視するか」「最も忌避すべきコンプライアンス背反行為・事象」という2項目の調査結果をここに掲載する。

重視する規範・法令では，いろいろな法律・法令よりも社会規範が多く挙げ

図表5-4 重視する規範・法令

コンプライアンスに関して，どのような規範・法律・法令を重要と位置づけていますか?〈複数回答〉

選択肢 企業人員別・業種別	企業・団体数	社会規範	社内基準	商法・会社法	民法・民事訴訟法	刑法・刑事訴訟法	特許法・商標法・意匠法	著作権法	労働法全般	国際法	税法・会計関連法	個人情報保護法	消費者保護法	公益通報者保護法	不正競争防止法	日本版SOX法	独占禁止法	環境関連法	地方自治体の条例	その他	無回答
合計	326	262	199	209	128	75	133	117	176	30	149	234	78	131	135	126	144	128	54	39	0
比率（％）		80	61	64	39	23	41	36	54	9	46	72	24	40	41	39	44	39	17	12	0

出所）日本経営協会（2008）『コンプライアンス白書2008』

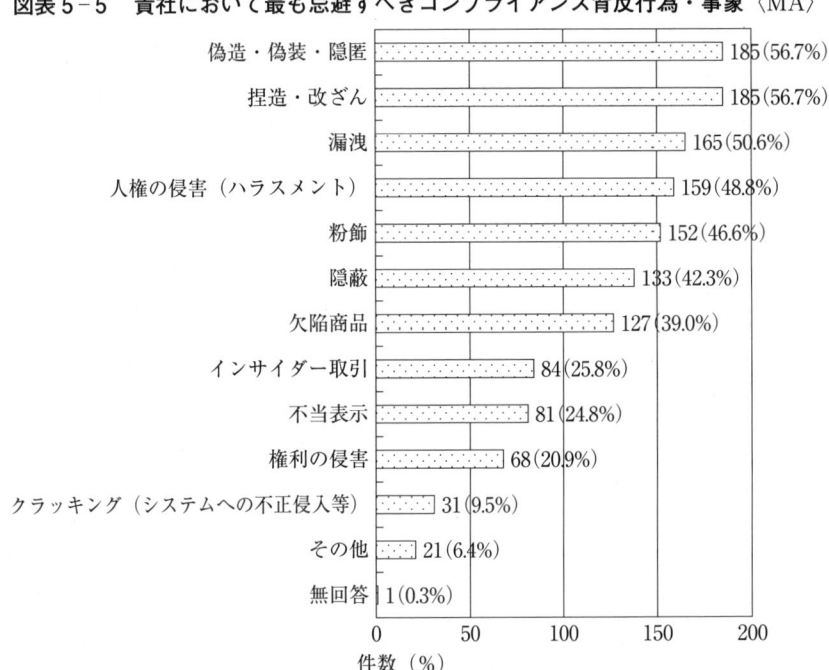

図表 5-5　貴社において最も忌避すべきコンプライアンス背反行為・事象〈MA〉

項目	件数	(%)
偽造・偽装・隠匿	185	(56.7%)
捏造・改ざん	185	(56.7%)
漏洩	165	(50.6%)
人権の侵害（ハラスメント）	159	(48.8%)
粉飾	152	(46.6%)
隠蔽	133	(42.3%)
欠陥商品	127	(39.0%)
インサイダー取引	84	(25.8%)
不当表示	81	(24.8%)
権利の侵害	68	(20.9%)
クラッキング（システムへの不正侵入等）	31	(9.5%)
その他	21	(6.4%)
無回答	1	(0.3%)

出所）日本経営協会（2008）『コンプライアンス白書2008』

られ，トップである。この点に関して日本経営協会では，「法律・社会で禁止されなくても，社会通念上，一般常識と相容れないことは行わない，という姿勢。これがコンプライアンスの重要な根幹であるというのが今回回答者たちの明確なメッセージであると考えることができるだろう」という評価をしている（図表5-4）。

なおその他に挙げられた法令はつぎの通り。「建設法」「外為法」「保険業法」「JAS法」「関税法」「金商法」「金販法」「空港関連特別法令」「下請法」「酒税法」「食品衛生法」「農協法」「薬事法」などである。

最も忌避すべき背反行為・事象について，忌避すべしという回答が多かったのは「偽造・偽装・隠匿」「捏造・改ざん」「漏洩」「人権の侵害（ハラスメント）」「粉飾」である（図表5-5）。実はこの調査が行われた年2007年の「今年の

世相を表す漢字」に「偽」が選ばれていたのは皮肉なことである。

なおその他に挙げられた事項はつぎの通り。

「安全・安心な食品」「違法輸出」「外国人労働者の不当雇用」「著作権の侵害」「カルテル，贈賄」「企業倫理規範違反」「契約違背」「公私混同」「下請法違反」「談合」「下請いじめ」「反社会的勢力との取引」「不公正取引」「横領」「不正就労」「優越的地位の乱用」「ルール違反」などである。

3. 社内自主管理の仕組み

3-1 内部統制

　規制緩和がすすめられた自由な市場競争社会において，健全な秩序維持の企業活動を展開するためには，各企業はまずもって，法令を自己管理の最低限の基準として守っていく必要がある。すなわち，法令を遵守するための社内管理の仕組みが必要である。したがって内部統制は，様々な不祥事の発生を防ごうとするものである。それが，リスク管理であり，内部統制システムである。

　内部統制は，すでに会社法において取締役に構築義務が課せられている。さらに，アメリカのSOX法にならって，2006年の金融商品取引法において，「内部統制報告制度」が制定された。この制度は2009年3月期から上場企業対象で始まる。経営者に社内管理体制の自己点検を義務付ける制度で，粉飾防止など決算書の信頼性を高めるのが狙いとされている。

　しかし，内部統制は，2006年発表された「内部統制の実施基準」では，「内部統制とは，基本的に，業務の有効性及び効率性，財務報告の信頼性，事業活動に関わる法令等の遵守並びに資産の保全の四つの目的が達成されているとの合理的な保証を得るために，業務に組み込まれ，組織内のすべての者によって遂行されるプロセスをいう」と定義されている[9]。

　したがって，内部統制は組織の日常業務に組みこまれて構築され，組織内のすべての者によって業務を通して遂行されるものである。そのためにプロセスを文書化しておくことが必要である。

3-2 企業行動規範

　内部統制は，経営者から従業員まで，そして正規社員であれ非正規社員であれ，企業を構成する人，企業活動に参加する人，全員によって遂行されるものである。そうであれば，それぞれの企業で企業行動規範を策定する必要がある。

　企業行動規範は，企業倫理（行為）綱領，企業行動憲章，企業行動基準，コ

図表 5-6　経団連企業行動憲章

　企業は，公正な競争を通じて利潤を追求するという経済的主体であると同時に，広く社会にとって有用な存在であることが求められている。そのため企業は，次の10原則に基づき，国の内外を問わず，全ての法律，国際ルールおよびその精神を遵守するとともに社会的良識をもって行動する。

1　社会的な有用な財，サービスを安全性に十分配慮して開発，提供する。

2　公正，透明，自由な競争を行う。また，政治，行政との健全かつ正常な関係を保つ。

3　株主はもとより，広く社会とのコミュニケーションを行い，企業情報を積極的かつ公正に開示する。

4　環境問題への取り組みは企業の存在と活動に必須の要件であることを認識し，自主的，積極的に行動する。

5　「良き企業市民」として，積極的に社会貢献活動を行う。

6　従業員のゆとりと豊かさを実現し，安全で働きやすい環境を確保するとともに，従業員の人格，個性を尊重する。

7　市民社会の秩序や安全に脅威を与える反社会的勢力および団体とは断固として対決する。

8　海外においては，その文化や慣習を尊重し，現地の発展に貢献する経営を行う。

9　経営トップは，本憲章の精神の実現が自らの役割であることを認識し，率先垂範の上，関係者への周知徹底と社内体制の整備を行うとともに，倫理観の涵養に努める。

10　本憲章に反するような事態が発生したときには，経営トップ自らが問題解決にあたり，原因究明，再発防止に努める。また，社会への迅速かつ的確な情報公開を行うとともに，権限と責任を明確にした上，自らを含めて厳正な処分を行う。

出所）経団連（2002）『コンプライアンス経営』生産性出版，141頁。

ンプライアンス・マニュアルなどと，様々な名称で呼ばれている。

こうした行動規範を策定するにあたって，参考となる必要条件をかかげておこう。

(1) 何を遵守すべきかを明確にする10)

　第一に法令，

　第二に社内の規則・規定

　第三に社会の倫理・規範

(2) 倫理法令遵守の方針策定11)

経営層は，つぎの事項を含む組織の倫理法令遵守の基本方針を定めるとともに，これを実行し維持しなければならない。

・組織が，自らの伝統や経営理念に基づいて実施しようとする倫理規範。

・組織が取り組む仕事の内容，規範，扱うモノやサービスなどを考慮して，特に注意を要する中心的な関係法令やルール。

・組織の倫理的風土の継続的改善と不正防止・責任体制の確立に取り組むことを表明した文言。

(3) 経団連企業行動憲章

1990年代末から消費者・ユーザーの信頼を損なう企業不祥事が起こり経済界全体までが社会の強い批判にさらされた。こうした事態に対して，総会屋・暴力団との決別を主目的とした企業行動憲章を2002年に改定した。改定された行動憲章の特徴は，法令遵守の徹底，消費者・ユーザーの信頼の獲得，そして，不祥事の防止と発生後の対応における経営トップの姿勢を強調した点にある。

3-3　良き企業市民

経団連企業行動憲章の中，第5項目に「良き企業市民」として積極的に社会貢献活動を行うことが要望されている。

企業市民（corporate citizen）とは，企業を個人と同様に一市民としてとらえ，企業行動を見直そうという考え方（日本経済新聞社編（2007）『経済新語辞典』）であり，企業市民たる企業は利潤追求目的のみではなく，文化・芸術・学術支

援(メセナ),慈善事業(フィランソロピー),ベンチャー育成(インキュベーション)などの社会貢献を行うことが要請されている。

このことは,企業は経済的役割(経済的責任)を果たすだけではなく,社会的役割(社会的責任)を果たすべきであるという社会的責任肯定論の立場に立つものである。社会的責任肯定論があるということは社会的責任否定論もあるわけである。この否定論も企業の利益はより経済的サービス向上のために使用することこそ社会的貢献であるとする考え方であるから一概にしりぞけるわけにはいかない。

ここで筆者は,奥村宏(1997)のいう,「良き市民」が市民としての倫理を守れるような組織に企業がなれることが,企業改革のポイントであるという主張に共感を覚える。奥村宏はつぎのように述べている。

「経団連企業行動憲章では『良き企業市民』ということが強調されているが,企業が市民になれるわけがない。また『企業倫理』ということもいわれるが,法人である企業に倫理があるわけではない。企業のなかで働く人間が『良き市民』になること,そして市民としての倫理を守ることが大事なのである。この事を忘れて企業があたかも市民であり,企業に倫理があるというのは,単なる企業の宣伝でしかない。

問題はこのような『良き市民』が市民として倫理を守れるような組織に企業がなれるかどうかということである。21世紀の企業像はこのような企業改革によってはじめて現実的なものとなる。」12)

3-4 社内告発制度

内部告発とは,英語では"whistle blowing"「口笛を吹く,警鐘を鳴らす」という言葉が使われている。その意味するものは,企業内部の違法行為や不祥事を外部の報道機関などに匿名で漏らすことである13)。

ところが,これまで,告発者(通報者)は,その名前がわかった場合,解雇されたり配転されたり,不遇な目にあっているのが実情である。企業には営利性(私益を追求する性格)もあるが,同時に社会性(公益性を要請される性

図表 5-7　内部告発で不正や不祥事が明らかになった主な企業

企業名	不正・不祥事 (発覚時期)	経営への影響
三菱自動車	欠陥隠ぺい (2000年7月と04年6月)	元社長ら逮捕, 06年3月期まで3期連続赤字
日本ハム	原料の牛肉偽装 (02年8月)	会長辞任と社長降格, 03年3月期に大幅減益
不二家	消費期限切れの原料使用 (07年1月)	社長辞任, 山崎製パンの支援受ける
ミートホープ	原料の食肉偽装 (07年6月)	会社は破産, 元社長逮捕
石屋製菓	白い恋人の賞味期限改ざん (07年8月)	社長辞任, 生産と販売を一時停止
赤福	製造日改ざん (07年10月)	会長辞任, 休業
比内鶏	原料の食肉偽装 (07年10月)	会社は破産へ
ニチアス	製品の耐火性能偽装 (07年10月)	社長辞任, 08年3月期は赤字へ
栗本鉄工所	製品の強度偽装 (07年11月)	社長辞任

出所)『日本経済新聞』2007年12月12日朝刊。

格)もある。社会性を否定した営利性に走る企業行為や，誰かが起こしている違法ないし不法行為を個々人の正義感と責任の下に摘発したことによってその告発者が不利益をこうむることになることは道理に反する。

　アメリカでは「内部告発者保護法」(Whistleblower Protection Act 1989)，イギリスでは「公益開示法」(Public Interest Disclosure Act 1998)という法律によって内部告発者は保護されてきた。わが国では2004年に正当な理由にもとづく内部告発者の保護を目的とした「公益通報者保護法」が制定されるに至った。

事実，トップの指示にもとづく組織ぐるみの隠ぺい工作であっても，告発によって簡単に突き崩される。

今日の従業員は，悪徳企業の従業員であるよりも，正義感に目覚めた生活者の立場をとる。

内部告発急増の実態を『日本経済新聞』(2007)は，上記（図表5-7）のように報道している。

企業としては，内部告発を受容する時代であるから，コンプライアンスの観点から，社内や弁護士事務所などに内部通報窓口を設けることが望ましい。内部告発される前に，会社内部の不正を事前にキャッチして，善処を図るために設けられるのが「社内告発制度」である。

〈注〉
1)『日本経済新聞』2008年9月5日朝刊。
2)『日本経済新聞』2008年1月29日朝刊。
3)『日本経済新聞』2007年10月23日朝刊。
4)『日本経済新聞』2007年11月10日朝刊。
5) 中村瑞穂 (2003) 8頁。
6) 田中宏司 (2003) 28頁。
7) 高　巖 (2003) はしがき。
8) 田中 (2003) 前掲書，22-32頁。
9) 伊藤真 (2007) 80-81，98-99頁。
10) 経営学検定試験協議会 (2004) 91頁。
11) 高　巖 (2003) 巻末資料「ECS2000v1.2セクション4における具体的要求事項」ECS（エクス）とは，「Ethics Compliance Standard」の頭文字。
12) 奥村宏 (1997) 285頁。
13) 境新一 (2004)「企業統治における内部告発の意義と問題点」経営学史学会編（第十一輯）『経営学を創り上げた思想』文眞堂，144頁。

〈参考文献〉
伊藤真 (2007)『会社コンプライアンス』講談社
飫冨順久 (2004)『経営管理の新潮流』学文社
奥村宏 (1997)『21世紀の企業像』岩波書店

経営学検定試験協議会監修（2004）『経営学検定試験② 現代経営の課題』中央経済社
高巖（2003）『よくわかるコンプライアンス経営』日本実業出版社
田中宏司（2003）『コンプライアンス経営』生産性出版
中村瑞穂（2003）『企業倫理と企業統治』文眞堂

第6章 日本的（型）経営の変容

1. 日本的（型）経営

1-1 日本的（型）経営「三種の神器」

　アベグレン（Abegglen, J. C.）が日本的（型）経営（Japanese management system）を唱えたのは1958年のことであった。ここで使用されている日本的の「的」という文字は，中国語で意味する「の」ではなく，「型」とか「独自」という意味をもつ助詞としての用語である。

　1980年頃には，アメリカ車は燃費が悪く不良品だらけだ，その一方日本車は燃費がよくて故障が少ないという評判をとっていた。また「カメラはドイツ」といわれた世界のカメラ市場を日本が席巻していた。

　日本の「企業戦士」が日本的（型）経営によってあげた戦果であると，日本的（型）経営は世界で高い評価を得た。事実アメリカは日本的（型）経営を学んだのである。

　それでは，日本的（型）経営とはどんな経営システムをいうのであろうか。以下，5つの経営システムについて述べるが，その中で日本の雇用慣行における特殊性を論じている終身雇用制，年功序列制，企業別組合を「日本的経営の三種の神器」と呼んでいる。

1-2 日本的（型）経営システム

① 終身雇用制

　終身雇用制（life time commitment system）とは，正規に採用した従業員を定年まで雇用し続けようとする慣行のことである。昭和33年にアベグレンが日

本企業の社会的組織の支配原則として「従業員は入社に際して彼が働ける残りの生涯を会社に委託する。会社は最悪の窮地に追い込まれた場合を除いて，一時的にせよ解雇することをしない。彼は，どこか他の会社に職を求めて，その会社を離れることはしない」と指摘して以来，日本的（型）経営の基本的特性とされている。

この終身雇用制という慣行は，各新規学校卒業者の学歴別採用，定期的採用，正式な雇用契約を結ばない雇用関係，定年までの雇用などの特徴をもっている。この終身雇用制があるため，日本における従業員は長期勤続者が諸外国に比べ多くなっている。

ところが，アメリカの多くの企業では景気変動に応じて雇用調整を行う。すなわち景気が後退すれば，アメリカのブルーカラーの職種で典型的にみられるレイオフ（layoff）という簡単に一時的解雇する制度がある。景気が回復すれば再雇用しなければならない。

② 年功序列制

終身雇用制を導入しているからには，入社から定年までの全期間にわたって労働者を動機づけ，雇用の永続化を促進しなければならない。そのためには，長期にわたって徐々に労働者を優遇していくことが必要であり，一般的に賃金や役職が勤続年数にほぼスライドして上昇する年功序列制（seniority order system）が，その役割を果たしているのである。すなわち，年功序列制が終身雇用制を支えるサブ・システムとなっている。

その年功序列制は，勤続年数などの年功要素，およびその勤続年数により備わる能力や功績などの能力要素により賃金，地位が上昇する慣行（ただし，年功要素は能力要素よりも重視される）であるといわれ，一般に，年功昇進制と年功賃金制の2つの形態に分類される。

日本の年功序列制度はまったくの勤続年数だけにスライドしているのではなく，割合は少ないけれど，能力や業績の評価が組みこまれている。これに対し，アメリカのレイオフ制度には，それを救済するものとして先任権制度

(seniority system) というものがある。この先任権制度は解雇するときは勤続年数の短い者から順に解雇され,勤続年数の長い者から順に再雇用されるという,まさに功なき年功主義(年年主義とでもいうべきか)でしばられているのである。したがって,アメリカではブルーカラーでは高齢者の就業者が多く,若者の失業者が多いのである。

③ 企業別組合

　終身雇用制,年功序列制とならび「日本的経営の三種の神器」に数えられるものに企業別組合(企業内組合 enterprise union)がある。欧米の場合,産業別,職種別の横断的な労働組合が存在している。しかし,日本では職種にかかわりなく従業員によって企業,もしくは事業所単位に構成され,団体交渉を行う企業別組合という形態がとられる。この企業別組合では,組合員の資格が正規従業員であること,ホワイトカラー・ブルーカラーともに同じ組合に加入すること,などの特徴がある。

　日本的(型)経営では,企業別組合は会社という家の中で労働組合が成立されているわけで,本来的に労使協定の風土が形成されている。これに対して産業別労働組合では,労使交渉が上部団体間の交渉となって,現場の問題を解決しにくいという難点がある。それを解消するためアメリカでは,現場の工場や事業所ごとに「交渉単位」(bargaining unit)という労使の現場交渉の場が設けられている。

　また,特にヨーロッパでみられる職種別組合方式で労働組合が結成されている工場では,ひとつの工場の中に3～5種類の労働組合が併存している。ある問題でストライキが発生すると,労働組合の作戦で1つの職種の組合が1週間,それを順次他の労働組合が続けるとなると,ゆうに1ヵ月もストライキが続くという困った事態が起こる。

④ 集団主義組織

　日本型経営組織(Japanese business organization)の特徴は,一般的に集団的

人間関係に見出せるという説が多い。日本の職場組織では，職務分掌を規定し職務権限を明確化する努力はなされているものの，実際は職務範囲が不明確で各構成員の職務内容は弾力性があり，職能・職務が集団単位で担われている。

また，一定範囲の職務を集団全体が担い，集団と個人の役割分担が明確には区別されない組織であり，権限・責任関係も，個人の職務から遊離し，集団に帰属している。

したがって，日本型経営組織は集団主義（groupism）といってよいだろう。

⑤ 稟議制度

日本では，意思決定に関し，集団的（合意的）意思決定という特徴をもっている。そして，この集団的意思決定は稟議的な方式，すなわち稟議制度（RINGI system）によって行われる。

この稟議制度とは，下位者が起案した原議を上位者たちが順次決裁したのち，関係多課・他部の合議をへて，最終決裁権者の決裁を受けると，それが確定するという一連の日本型意思決定方式のことである。

日本の意思決定は稟議書を通して起案され，稟議制度をへて実行される。すなわち，この制度は上位者による下位者への職務の一方的な決定や命令というトップ・ダウン型（top-down）の方式ではなく，下位者から意思決定が発して，上位者に伝わっていくというボトム・アップ（bottom-up）の方式なのである。

物事を決定する前に関係者の間で話合いをすることを「根回し」というが，1980年代トヨタのアメリカ現地工場ではネマワシ（nemawashi）と日本語がそのまま使用されて流行していた。

1-3 「家の論理」でできた「日本の会社」

三戸公（1996）は，「戦前の家族制度としての家は，敗戦後の民法改正によって解体したが，戦後こんどは会社が家となった。」という。もう少し詳しく，この考え方をきいてみよう。1)

「日本の会社は家」であるという「家の論理」をつぎのように展開している。

「戦前，長子相続の家長たる戸主が，大きな権限を与えられていた家制度があった：一般に家といったら，そのイメージが強い。だが，敗戦後，民法改正により，家長たる戸主権はなくなり，長子相続は均分相続になり，夫婦も平等となった。家制度・家族制度は崩壊した」

この家制度・家族制度の崩壊は皆等しく認めるところである。したがって，戦後の日本の経営は家制度経営でもなければ家族主義的経営でもないと主張する人が多い。けれども，三戸はつぎのような論理を展開して，戦後の日本の経営体は家であるという。したがって，家としての経営体の実体が崩壊しはじめたのは，バブル経済の崩壊に続く平成不況に対処した経営改革によってであるとみてよいであろう。

すなわち，三戸の「家の論理」は2つの論理から成り立っている。

(1) 家は経営体であり，家の成員が家族であり，血縁関係であろうとあるまいと，家に属する者はすべて家族である（血縁的関係は親族という）。
(2) 親子関係である経営体が家なのである。この親子関係という言葉は，血縁的関係の親子という常識的意味で使われているのではなく，命令服従の人間関係をあらわすものとして，つぎのような意味で使われている。恩情と専制の性格をもった命令，それに対する絶対服従。命令者の服従者にたいする庇護。このような命令・服従の人間関係を親子関係と呼んでいる。

そして，このような「家としての経営体」たる日本の会社の特徴としてつぎの2点をあげている。

(1) 日本の会社は利潤追求より，会社の維持・繁栄を基本的な目的とする。アメリカの株式会社が投資収益率，株価上昇を上位目標としているのに対して，日本の株式会社は市場占拠率，製品のポートフォリオ改善を上位目標としている。
(2) 家の繁栄は家族の繁栄である。家族だから年功をつんだ者には，年功に即して地位を与え，年功に応じて賃金を支給する。長幼の序列は会社においても重要である。

ところで、ここで大きな問題に直面する。「家の論理」に抑制されて「資本の論理」をむきだしにしないはずの日本的（型）経営が、「資本の論理」だけで暴走すべきではないと現在反省を求められている。アメリカ型経営とくらべてみて、日本的（型）経営がより「人間の論理」に立脚した経営路線を歩んでいるといえるかどうかという問題である。

1-4 会社人間

　日本の会社は、職業人を求めていない、会社人間を求めている。会社人間は会社の命令のままに、会社のために全身全霊をもって働く人間である。

　考えてみると、戦前・戦中の日本国民は思想教育によって判断力を奪われ、その上、「嘘の情報」で状況判断を誤らせられ、お国のため（天皇陛下のおんため）に滅私奉公する人間に飼育されてきた「国家人間」であった。敗戦によってこの国家は解体されたが、戦後は企業（会社）が国家にとってかわり、軍事大国ならぬ経済大国の建設に立ち向かった。

　この会社人間は、三戸に言わせれば、「家の論理」で作られた日本の会社が求め、そして作りあげたものである。「会社人間」の残酷な一面を、三戸はつぎのように描いている。

　職業人は、プロフェッショナルとしての技能をもち、プロフェッショナルの精神、プロフェッショナルの論理をもつ、だが会社人間は違う。会社人間は、会社の、より正確に言えば、その会社の魂を、わが魂として生きる。行住坐臥、会社で働いているときも、会社の外にいるときも、家庭にかえったときも、寝ているときもその会社の人間として生きる。さらに続けて、企業戦士、企業戦死という用語さえ使われたが、残業につぐ残業、先月も先々月も百時間をこす残業。課長さんでさえ先頭に立って便所掃除。はては反社会的行為、すなわち企業秘密を盗むスパイ的行為。公害発生につながるような業務命令も拒否できぬ。世界の果てまで単身赴任というものである。こうなると「家の論理」をたくみに利用した狡猾な「資本の論理」の貫徹にほかならなかったのではないかと疑いたくなるのである。疑われても仕方ないであろう。

2. 「自立人間」の登場

2-1 自立人間のモデル

バブルの崩壊，そして平成の不況に遭遇した日本の会社は，終身雇用や年功人事を温存する余裕がなくなった。会社存続のためには思い切ったリストラを断行し，成果主義人事を採用せざるを得なくなった。

この時点で，いわゆる日本的（型）経営は崩壊した。「会社人間」モデルは新しい人間モデルに転換する。その新しい人間モデルを「自立人間」と呼んでおこう。

「会社人間」モデルと異なるこの「自立人間」を，渡辺峻は「社会化した自己実現人」モデルとして，つぎのように提示している。2)

「社会化した自己実現人」モデルは，もはや職業生活のみに24時間をささげる「会社人間」でもなく「仕事人間」でもない。彼らは，自己の職業観・人生観に基づき，社会的な広い生活ステージにおいて多種多様な自己実現・成長を求める個人である。そして，「社会化した自己実現人」モデルの4つの特徴をつぎのように素描している。

(1) 職業生活（仕事）とそれ以外の生活（暮らし）〔家庭生活・社会生活・自分生活〕とを自己管理する個人。
(2) 自分の生き方・働き方（ライフプラン，キャリアプラン）を自己決定する個人。
(3) 生きるため・働くための能力開発に自律的に取り組む個人。
(4) 自分の職業生活（仕事）とその他の生活（暮らし）における政治的・法律的な諸権利を自分で守る個人。

このような「自立人間」を実現していくのには，何よりも企業（会社）側と個人側との双方で実現の前提条件を作ることが必要である。

企業（会社）サイド−長時間労働を前提にした男性中心の職場づくりや，女性を定型的補助業務に固定化し低賃金・パート化して使い捨てるような人事政

策を即刻やめること。

個人サイド──「エンプロイヤビリティ（employability）を磨き職業人として自立すること」すなわち，特定企業の企業内部だけでなく外部労働市場でも通用する職業能力，いいかえれば転職を可能とする能力を磨くことである。

2-2　ワーク・ライフ・バランス

「自立人間」は，会社の仕事に24時間をささげる「会社人間」でも「仕事人間」でもない。「仕事と生活の調和」＝「ワーク・ライフ・バランス」（work-life balance）を求める人間なのである。

NWLI（National Work-Life Initiative）は，「ワーク・ライフ・バランスとは，仕事と家庭と個人との生活の効果的な管理をとおして，従業員の幸福を増すための企業における政策，プログラム，サービス，姿勢である。」と定義しているが，「ジェンダー平等」研究者　杉田あけみは，上記の定義に「男女が生涯において，バランスがとれ，平等である仕事とパーソナルライフとを，ライフステージの各局面で体験できるような」というジェンダー平等を内容に含ませて定義づけている3)。

また，立石信雄は，「これからの企業にとっては，女性のみならず，男性や高齢者などすべての社員が仕事と生活を両立させることを可能とする施策を整備することが，高い創造力をもつ人材を確保し，さらにその持てる能力を十分に発揮してもらうために不可欠である。……こういったワーク・ライフ・バランスの考え方を企業戦略の一環として組み込んでいくことが，長期的にみて，競争力の高い企業の基盤をつくることになる」と述べている4)。

ワーク・ライフ・バランスを実現させるための環境整備として，ファミリー・フレンドリーに取り組む企業が出現した。それがファミリー・フレンドリー企業（family-friendly company）である。ファミリー・フレンドリーとは，「労働者の家族的責任に配慮した」，「仕事の事情を常に優先させるのではなく，仕事と家庭の事情に折り合いをつけた」という意味で考えられており，厚生労働省では「仕事と育児・介護とが両立できるようさまざまな制度を持ち，多様

でかつ柔軟な働き方を労働者が選択できるような取り組みを行う企業」をファミリー・フレンドリー企業と定義している。

2-3 ダイバーシティー・マネジメント

　2008年から，アメリカのサブプライムローンによる金融不安を契機に世界は景気後退期に入ったとみられる。その点で，現状では労働力不足の逼迫感はないけれど，少子高齢化社会時代を迎えた日本社会は，間違いなく労働力不足の時代に突入する。

　将来の労働力不足を解消するには，昔の会社人間としてではなく，「ワーク・ライフ・バランス」を追求する「自立人間」の前提に立って，それぞれの人が特定の役割（使命感）を認識してもらい，企業はそれに対応するマネジメントを用意するべきであろう。

　(1) 高齢者に対しては，高年齢者雇用安定法の改正（2006）により65歳までの高年齢者雇用確保措置が義務化されているが，高齢者の高額な年功賃金は廃止すべきである。しかし，高齢者は暗黙知を形式知化する（秘伝の技を公開する）ことによって貢献し，報酬を期待することができる。

　(2) 若年層に対しては，正社員と非正社員の雇用条件の差別をなくすこと。ただし非正社員の制度を廃止することではない。若年層には「自立人間」の前提は，まず職業人として成長することを自覚させること，そして正しい組織であれば個より組織に優先権があるというルールを理解させることが必要である。ただ短期間のアルバイト・パートに依存するフリーターや，進学も職探しもしないニートを放置できない。救済すべきである。

　(3) 女性に対しては，新しい仕事・新しい経営を産みだすことを女性の感性に期待する。この点，立石は，「企業にとっても，人口の半分以上を占める女性の能力を活用できないならば，それは企業活動の可能性を半分に減らすことになる。また，経済・社会のパラダイム変化によって次々と新しいビジネスが誕生しているなか，女性の感性が増々重要になっている。……従来の男性に偏った価値観だけではなく，男性・女性がバランス良く交じり合った多様な価値

観のなかから，創造性豊かな商品やサービスが生み出されることを私は期待している」と言っている。

(4) 外国人労働者に対しては，決して安い労働力とみてはならない。

外国人労働者は日本企業のコア社員であり，日本の労働力不足を補ってくれる貴重な人材であると感謝の気持ちをもって接することで共生できる。

現実に需要が高まっているインドのIT技術者，フィリピンやタイから受け入れている看護士，介護福祉などは立派な職業人であり，コア社員として勤務できる人たちである。

松下電器産業では，中国とベトナムで製造技術などを伝授する社内大学を開設するという日本経済新聞社の報道をみたが5)，日本の大学と企業は，アジアの留学生を授業料免除で受け入れて，外国人幹部社員の育成をはかるべきである。東アジア共同体構想に関しては別項 (3-6) で私見を述べる。

これからの日本企業は，従来のように，社員に忠誠を誓わせ，「会社人間」になることを求めるような時代ではない。基本的には「ワーク・ライフ・バランス」を追求する「自立人間」に立脚する多様な人材を活用することになる。

これが「ダイバーシティー・マネジメント」(diversity management) である。日本経団連では，ダイバーシティー・マネジメントを「多様な人材を活かす戦略」と呼び，「多様な属性（性別，年齢，国籍など）や価値・発想を取り入れることで，ビジネス環境の変化に迅速かつ柔軟に対応し，企業の成長と個人のしあわせにつなげようとする戦略である」と説明している。そして，杉田は「企業の活性化のために組織文化の変革を目指す戦略である」と補足している6)。

このダイバーシティー・マネジメントは就労形態の多様化によって，さらに多様化される。その中でも，テレワークという就労形態がいちばん影響力がある。

テレワーク (telework) とは，佐藤彰男 (2008) がつぎのように定義している。「情報通信機器の活用を前提に従来の職場空間とは異なった空間を労働の場に含みながら，業務としての情報の製造および加工・販売の全部あるいは一部を行う労働の形態」であり，4つのタイプに分けている。7)

(1) 在宅勤務型—企業や役所などに雇われている従業員（ほとんど正社員）が，自宅で働くタイプ。
(2) モバイルワーク型—営業系の社員などが，移動中の乗物内や喫茶店，顧客先などで事務処理をこなすタイプ。
(3) 在宅ワーク型—雇われるのではなく，自宅で仕事を請け負うタイプ。
(4) SOHO型—小規模オフィスや自宅で企業として事業を行うタイプ。

(1) と (2) は企業に雇用されて働くタイプであるから「雇用型」テレワークと呼ばれ，(3)，(4) は請負または自営なので「非雇用型」テレワークといわれる。

ところで，在宅ワーカーの大半は最低賃金を下回る時間あたり報酬で働いているので，在宅ワークは「電脳内職」と呼ばれることがある。こうした過酷な労働が生み出されるのは，請負制によって働く在宅ワーカーの場合には最低賃金が適用されない，さらに法的な労働時間は労働者が使用者の指揮命令下におかれている時間に限られるということで，在宅ワークには法的保護が及ばないからである。

法的不備をかいくぐって過酷な労働を生み出す手法として「名ばかり管理職」問題が浮上している。「名ばかり管理職」とは，管理職としての権限や待遇が与えられていないのに残業代をもらえない管理職のことをいう。多店舗展開する小売業や飲食業で，店長を管理職とし残業代を支払わず，過酷な労働を課す店舗経営が急速に広まった。誰がみても「ずるい経営手法」に世間の批判が高まり，現在改善策がとられつつある。

3. 日本企業のグローバル経営

3-1 グローバリゼーションの意味

　バブルの崩壊から続く平成不況の間（失われた10年といわれる）に，日本の経済力は弱体化し，高度成長を支えた日本型（的）経営も崩壊しはじめた。この間に，レーガンやサッチャーの減税や規制緩和を中心としたサプライ・サイド改革（サプライサイド・エコノミックス＝レーガノミックス）の流れに乗って，グローバリゼーションを先導したアメリカは世界市場に君臨するまでに復活した。

　すなわち，1990年代に入り，ベルリンの壁が崩壊し，ソビエト連邦が解体され，東西の冷戦が終結し，資本主義の勝利が証明された。アメリカでは軍事技術が開放され，IT産業が急速に成長することと相まって，グローバリゼーションが台頭した。まさに，アメリカは「黄金の10年」であった。

　グローバリゼーションの意味・定義にはいろいろあるが，経済学の分野ではつぎのような意味で使われている。

(1) 資本・商品・サービス・労働力・技術といった諸資源の国際的移動の増大といった実態を意味する。

(2) このような諸資源の国際的移動を実現し許容してきた自由化・規制緩和の政策を意味する。

(3) 世界的な自由放任こそが，ベストの効率と経済的厚生をもたらすという市場原理主義的イデオロギー＝グローバリズムを意味する8)。

3-2 グローバル経営

　グローバリゼーションは当然グローバル経営をつくりだす。グローバル経営の見本を岸川善光 (2008) がつぎのように例示している9)。

　情報技術をベースにしたベンチャー企業においては，サプライチェーンの確立により，極端な場合，企画開発機能だけを自社に残し，販売と製造について

アウトソーシングを行う。このシステムを場所（国）の観点でみると，開発は本拠地において行い，製造は製造のインフラが整っていて人件費の安い場所に置き，販売は地球規模で行う。

グローバル経営とは，このように，効率性を極限まで追求するために，地球規模で情報，資金，モノ，人材を短期間に移動させるグローバルスタンダードに合致した経営を内容とする。ベンチャー・ビジネスもグローバル経営の渦の中に巻き込まれている。

サプライチェーン（SCM＝supply chain management）とは，企業が取引先との間の資材調達や受発注，物流，在庫管理などを情報技術（IT）を活用して一貫管理する経営手法である。

上記の事例として，グローバル経営を展開している繊維商社「タキヒヨー」がある。それは，企画とサンプル作りと展示会を日本国内で行い，製造は中国で，販売は世界で店頭販売を行うというものである。ここで重要なことは，グローバル経営は，グローバルスタンダードに合致した経営を求められるということである。

3-3　グローバル・スタンダード

グローバル・スタンダード（global standard）とは，世界に通用する標準的な経営手法，あるいは世界のどのマーケットでも通用する企業の行動基準を意味し，国際標準ないし世界標準ともいう[10]。

このグローバル・スタンダードには，公的機関から認定された標準もあれば，市場原理を通じて業界の支配的地位を占めるに至ったデファクト・スタンダード：de facto standard（事実上の標準）もある。

公的機関の認定ないし設定した代表的国際標準には，ISAB（International Accounting Standard Board＝国際会計基準審議会）の設定する国際会計基準や，ISO（International Organization for standardization＝国際標準化機構）の認定する製品規格・品質保証がある。

デファクト・スタンダードをグローバル・スタンダード化したのは，市場原

理主義を代表するアメリカ流の企業経営方式である。

3-4 グローバル・スタンダードの導入

先に例示したグローバル経営を営む企業はもちろんのこと,外国に進出している企業,外国資本を導入している企業,外国人を採用している企業,外国企業と取引のある企業は,グローバルな事業展開をしやすくするためにグローバル・スタンダードを導入することになる。

① 株主重視の経営

投資家が巨額の資金を地球規模で運用する現在では,株式市場を通して諸外国からも多額の資本が出資されており,企業自体も外国資本の導入を望んでいる。そうであれば,株主および株主総会の重視はグローバルな企業経営の基本である。

「物言わぬ株主」「シャンシャン総会」といわれるように,日本の株主総会は形骸化していた。それが,「物言う株主」「議事否決総会」に変身しはじめた。

株主の重視は,株主の立場から収益性を判断できるROE(Return on Equity＝自己資本利益率)を重視することになる。

ここで,株主重視ということで,株主価値最大化を主力目標とするアメリカ型グローバル・スタンダードでよいのかという問題が起こる。日本では「ステークホルダー価値バランス」を志向するほうが適切であると考える人のほうが多い。

② 委員会設置会社による透明にして迅速な経営

アメリカの委員会設置会社では執行役に業務執行権を与え,取締役は意思決定に専念することで,迅速にして効率的な経営を行う。そして,社外取締役を中心とした委員会によって業務執行を監督し,経営の健全性・透明性をチェックする。

従来日本では,年功人事で社内昇進の親分格が代表取締役である場合が多く,

このように誰もチェックできなかった日本的（型）経営にも，アメリカ式委員会設置会社が導入された。最初に導入したのはソニーである。

　しかし，エンロン，ワールドコム事件が起きて，委員会設置会社でも，企業統治効果に疑問があるということで従前の監査役（会）監査方式を採用している企業も多い。取締役の意思決定と執行役員の業務執行を分離して，経営の迅速化と監督の厳正化がはかられている。

③ 国際会計基準の導入

　国際会計基準の導入によって会計ルールのグローバル化がすすめられている。国際会計基準とは国際会計基準審議会（International Accounting Standards Board—IASB）が公表する会計基準のことをいう。「キャッシュフロー経営」「連結決算」「時価会計」の3つが導入された主なものである。

(1) キャッシュフロー経営——キャッシュフローには，本業で増減する「営業キャッシュフロー」，有価証券などの売買で増減する「投資キャッシュフロー」，借入れや返済などで増減する「財務キャッシュフロー」の3つがある。デフレ経済で，不動産や株式の価値が下がるときには，それらの投資資産よりキャッシュをもっている会社のほうが，投資家は安心できる。投資家はキャッシュフローの大きさで企業価値を測定するから，キャッシュフロー経営とは企業価値最大化をねらう経営を意味することになる。

(2) 連結決算——連結決算の導入によって，親会社が上場会社・公開会社などの場合，子会社・関連会社の数字を合算した「連結財務諸表」を有価証券報告書に記載することが義務づけられた。これによって，連結決算で足を引っ張る会社は，グループ内で敬遠される。逆に親会社から子会社への不良債権，不良在庫，余剰人員の押しつけは無意味となる。

(3) 時価会計——日本の従来のルールは，土地や株などは買った時の価格で評価するという「取得原価方式」であったが，値下がりした土地や保有株式をその時の市場価格で評価するという「時価会計方式」が導入された。これによって，これまでベールに包まれていた企業の含み損益が白日の下にさらされるよ

うになった。

　ところが，今日（2008年10月現在）米国ではサブプライムローン問題に端を発する金融危機の緊急避難措置として時価会計適用緩和問題が起きている。米証券取引委員会（SEC）は，金融市場の信用収縮で取引が成立しにくくなっている証券化商品などに対する時価会計適用を事実上緩和する方針を発表した（『日本経済新聞』2008年10月1日朝刊）。

　これは価格が極端に下がっている証券化商品の損失処理の先送りを容認するものにほかならない。

④ 成果主義の導入

　「賃金や昇進が年齢や勤続年数だけで決まっているのは，公正で納得のいく制度とはいえない」と，経済同友会は1992年に提言している。成果主義人事，成果給は広く企業で導入されたが，業績を結果だけで判定できるものではなく，そのプロセスをも評価に加えるべきであるという反対論が強かった。

　成果主義による人事管理では，つぎのような弊害が起こるといわれている。11)

・達成しやすい目標を挙げて果敢なチャレンジを避ける
・短期志向になる
・グループワークが阻害される
・職場での技能の伝承・教えあいが少なくなる
・個人主義の行き過ぎが生じる

　日本的（型）経営の雇用慣行に関しては，勤労者の志向は景気変動に左右される面が強いと思われる。

　最近（2008）の労働政策研究・研修機構の調査によると，「終身雇用」に賛成9割近く，「年功賃金」も賛成7割以上，「一つの企業に長く勤める」は約5割あることから，同機構は「勤労者の安定を求める保守志向が強まっている」と分析している（全国20歳以上の男女4千人を無作為抽出し，訪問調査して約2千3百人から回答—『日本経済新聞』2008年4月19日夕刊）。

3-5　日本的（型）経営の見直し

　バブルの崩壊によって，日本企業はみるみる衰退していった。高度成長を支えたといわれる「日本型経営」は，今度は逆に企業復活の阻害要因になるとして，改造がはかられた。その手本となったのは，グローバル経営を指導してきた「アメリカ型経営」である。そして「アメリカ型経営」の背後にはグローバルに普及する高度技術の活用がある。先のアメリカ経済復活を支えた技術はIT技術である。ところが，現在アメリカは金融工学という高度の技術を活用して住宅ローンを証券化した金融商品を世界に販売して，世界に金融不安そして景気後退をまきちらしている。このような事態を起こすのは，「株価中心の経営」「短期視点の経営」という「アメリカ型経営」に起因するのではないかという疑問が出されている。

　さらにアメリカでも，先に起きたエンロン，ワールドコム事件を含めて，共通する原因はアメリカ型株式会社そのものにあるのではないかという問題に直面する。

　日経連は1995年，『新時代の「日本経営」』に「日本的経営の特質は終身雇用や年功賃金といった制度にあるのではなく，『人間中心（人間尊重）の経営』『長期観点の経営』という理念にある」と表明した。こうなると，過去の「会社人間」ではない「自立人間」を尊重する経営の仕組み，およびグローバル化しうる日本型株式会社機構の構築を考案しなければならない。

3-6　東アジア共同体支援プログラム

　経済のグローバル化が進む一方で，経済のブロック化も生まれている。これはまさに経済のグローカリゼーション（地域的グローバル化：グローバルとローカルの結合）である。その代表例は，EU（European Union：欧州連合）である。EUは，ヨーロッパ15ヵ国による政治的・経済的連携を目的とした連合機関であり，GDP約8兆ドルの規模をもつ巨大経済圏である。

　このような経済協力によるブロック形成の動きは，アジア地域でも進められている。それが，東アジア共同体構想である。東アジア共同体構想とは，東南

アジア諸国連合の国々（ASEAN）—シンガポール，マレーシア，タイ，インドネシア，フィリピン，ベトナム，ミャンマー，カンボジア，ブルネイ，ラオス（外貨準備の額順）と日本，中国，韓国3ヵ国を軸に，東アジア地域内における経済統合を目指すというものである。マレーシアのアブドラ首相は，東アジア共同体の実現課程において，(1) 民間企業の活力を最大限に活用する，(2) 金融，教育，科学などの分野を主力対象にする，(3) 経済だけでなく政治・外交にも提携を広げるなどの点が必要だと述べた。また，ベトナムのファン・バン・カイ首相は，東アジア域内での労働力の秩序ある移動に向けて協力しなければならないと述べた。

　ここで，日本は過去を反省し，この東アジア共同体の実現に向けて貢献することが望まれる。日本は，かつて軍事力を背景に，国土の侵略，資源の収奪，労働力の略取をねらっていると疑われるような「大東亜共栄圏」の建設を構想したことがあった。

　共同体の建設であるから，決して特定の国家が権益を奪取したり，支配者となったりするようなことがあってはならない。そこで，東アジア共同体に進出する日本の企業ならびに東アジア共同体と取引する日本の企業は，現地企業との「共生・共創」関係をつくりあげていくことにつとめるべきで，決して安価な資源・労働力の利用だけに着目すべきではない。

　そこで，私はひとつの試案「共生経営支援」プログラムを提案しておきたい。
・政府・大学・企業の間で，「共生経営支援」プログラムを作成しそれを運営する「協議機関」をつくる。このプログラムはひとまず10年継続する。
・政府は，大学および企業が負担する以外の必要経費を負担する。
・ASEAN7ヵ国は，中小企業は1名，大企業は2名，社員を日本の大学ないし大学院に留学させることができる。
・日本の経営学関係学科，または経営学部のある大学，ならびに経営学関係研究科のある大学院（専門職大学院を含む）は，中小規模の大学では留学生1名以上，大規模の大学では2名以上，推薦された留学生を授業料免除で引受ける。学部の修学年限は4年，大学院は大学院前期課程（修士課程）と専

門職大学院ともに3年（通常は2年であるが）。共通語は2ヵ国語（日本語と英語か中国語）。

・留学生を送り出したASEAN 7ヵ国の企業は，大学院就業者には執行役員以上に，大学卒業者には主任クラスに採用する。

・現地に進出している日本の企業およびASEAN 7ヵ国の企業と取引のある日本の企業は，留学生の生活費を中小企業では1名以上分，大企業では2名以上分，規模に応じて分担する。

・日本の企業は，留学生を送り出した企業との話し合いにおいて，日本の企業（現地進出の日本企業および日本に在る取引ある日本企業）で採用することができる。

さて，この人材育成のプログラムは，江戸商人道「三方よし」に出てくる日本型経営に合致するものである。

(1) 日本企業にとって，アジア新興国市場の開拓に向けて役立つ人材を育成することができる。すなわち，それは現地事情に精通し，日本人とコミュニケーションができ，日本型経営を理解できる人材だから，日本企業にとって有益である。

(2) 現地自国の企業の革新・グローバル化を推進し，経営幹部として活躍できる人材だから，現地相手国にとって有益である。

(3) 東アジア共同体の形成にリーダー的役割を演じてくれる人材だから，共同体の形成という「世間よし」の公的責任までも果たしてくれることになる。まさに「三方よし」である。

4. 江戸時代の「日本的経営原理」

4-1 商人道

「商人の道を知らざる者は,貪(むさぼ)ることを勉(つと)めて家を亡ぼす。——商人で道(倫理・人間のモラル)を知らない人こそが,むさぼることにのみ懸命で,結局は家をつぶしてしまうのです」,これは石田梅岩が日本の経営「道」,「心」を説いた古典『都鄙問答(とひもんどう)』の中の一文である。

だからといって,商人の利潤を否定しているわけではない。「売利(ばいり)を得るは商人の道なり。——取引の利益をうることは商人の道です。——そして,商人の利潤は,いわば武士の俸給と同じものです」といっている12)。

商人道については,藤本義一が「商人道とは取引上の駆け引きだと思っていたが,そうではない。商人道とは"取引上の信義"であると理解している」と語り,続けて「信用,信頼は自分だけが儲けるという考え方からは生まれない。相手もそれで儲かるんだという確信がお互いに持てたとき,はじめて信用が生まれ,これが商人道の基になっている」と語っている13)。

4-2 石門心学で説いた日本的経営原理

この『都鄙問答』の解説者由井常彦は,250年前に主張された「日本的経営」の原理として,つぎの2つをあげている14)。

(1) 「和」の経営の道が徹底して強調されていること(筆者は,主人の権威よりも集団的意思決定を尊重していると考える)。

一.経営上のいろいろな問題の意思決定については主人が勝手にきめてはならない。おもだった従業員数人とまず相談し,それでも意見がまとまらないときは,通勤の(古参で上級の)従業員全員と他の支配人全員を集めて意見を討議し,そのさい直接口に出して言いにくいことがあれば無記名の投票をして,全員が納得の上で決定すべきである。従業員でも,主人でも,誤りを認めないで,正しいことのように自説に理屈をつけることがあれば,決してみすごさず

に，必ず正しいことは正しく，誤りは誤りと明確にすること。

(2) 家の当主よりも，事業の維持と存続とが優先されていること。

一．主人たる者も我儘勝手(わがまま)の行動があるとか，または生活が乱れるようなことがあれば，従業員全員が協議してどのようにでも意見を述べてそうした主人の態度・行動を改めさせるべきである。万が一改めないでいて家業の維持が困難となるようなことがあれば，それこそ家業を創業し継承してきた先祖にたいし甚だしい不孝者となるのであるから，従業員全体が相談して，主人の地位を引退させて，その後は一定の生活費を支給し，経営に関与させてはならない。

この石田梅岩の石門心学は近江商人にも深く浸透していて，近江商人は子弟や従業員にむけてさまざまな「心得」をつくり，商業教育につとめたということである。

4-3 近江商人の「三方よし」

末永国紀（財団法人近江商人郷土館館長で同志社大学経済学部教授）は，近江商人のビジネスについてつぎのように語っている15)。

近江商人は，上方の先進的な完成商品を（たとえば繊維製品，薬，小間物）を地方へ持ち下って売って，今度はその地方の物産・原材料（たとえば生糸，紅花，ムラサキという染料）を持ち帰ってくるという両方の商いをする。商売は小売ではなく卸で，天秤棒で担いでいるのは，着替えとか手形といった身の回り品で，商品は船や馬に委託して別に送っていた。

近江商品の商いは「他国商い」であるから行った先の土地の人たちに理解してもらわないと長つづきしなかったし，商人としても大成功できなかった。だから，地元に配慮した商いが求められ，その結果「売り手よし」，「買い手よし」に，「世間よし」が加えられた。これが近江商品の三方よしという経営術であり，「三方よし」を商人道の基盤としたのである。

実は，この近江商人の「三方よし」という経営術を中国の市場で実現してみせた会社がある。それが株式会社セラリカNODAである。野田泰二社長はつぎのように語っている16)。

「カイガラムシが体表を白く覆っている泡のようなものは「雪ロウ」というロウで，近年になって，その雪ロウが防湿剤や潤滑剤，カラーインクの原料に使えることがわかった。ハゼの実から採れる木ロウで，江戸時代の天保年間に，商売を始めた老舗企業がこの雪ロウに着目した。中国の雲南省と四川省に50万本のモチの木を送り，モチの木が育つと，その一帯に大量のカイガラムシを放った。失業者が多く現金収入の途も限られていた山間部の現地住民は植林とカイガラムシの管理そして雪ロウの採集という思わざる仕事にめぐまれることになった。」

　雪ロウを産出した中国側と，それを輸入した日本側，売り手よし，買い手よしに加えて現地住民の世間よしが加わって，まさに「三方よし」のハッピーを実現した。

〈注〉
1) 三戸公（1996）131-153頁。
2) 渡辺峻（2008）「ワーク・ライフ・バランスとHRM研究会の新パラダイムPP76」経営学史学会編（第十五輯）『現代経営学の新潮流』文眞堂。
3) 杉田あけみ（2006）9-10頁。
4) 立石信雄（2006）112頁。
5) 『日本経済新聞社』2008年9月5日朝刊。
6) 杉田（2006），前掲書，5頁。
7) 佐藤彰男（2008）『テレワーク』岩波書店，4-6頁。
8) 高橋由明（2003）「グローバリゼーションと文化」経営学史学会編（第十輯）『現代経営と経営学史の挑戦』文眞堂，34頁。
　鶴田満彦（2001）「グローバリゼーションとは何か」『季刊中央評論—特集』No. 238, 中央大学，17-22頁。
9) 岸川善光編著（2008）『ベンチャー・ビジネス要論』同文舘，195頁。
10) 二神恭一編著（2006）『ビジネス・経営学辞典』中央経済社。
11) 赤岡功会編（2003）「日本的経営の一検討」経営学史学会編（第十輯）『現代経営と経営学史の挑戦』文眞堂，86頁。
12) 由井常彦（1993）38-41頁。
13) 藤本義一「お金で買えない商人道」NHK，知るを楽しむ，2006年6月7日
14) 由井常彦，前掲書，72-74頁。
15) 藤本義一，前掲書。

16) 野村進「長寿企業は日本にあり」NHK，知るを楽しむ，2007年12月1日。

〈参考文献〉
杉田あけみ（2006）『ダイバーシティー・マネジメントの観点からみた企業におけるジェンダー』学文社
立石信雄（2006）『企業の作法』実業之日本社
三戸公（1996）『会社ってなんだ』文眞堂
三戸公（2002）『現代の学としての経営学』文眞堂
由井常彦（1993）『清廉の経営』日本経済新聞社，復刻版（2007）『都鄙問答―経営の道と心―』日本経済新聞出版社

第7章 代表的マネジメント（経営と管理）理論

1. テイラーの「科学的管理法」

テイラー（Taylor, F. W.）は，1895年に *A Piece Rate System*, trans. A.S.M.E., vol.16（『ひとつの出来高払制私案』）を発表した。世にいう「科学的管理法」の登場である。テイラーは1903年に *Shop Management*, trans. A.S.M.E., vol.24（『工場管理』），1911年には *The Principles of Scientific Management*, Harper.（『科学的管理の原理』）を著し，科学的管理法を追求していったのである（上野陽一訳・編『科学的管理法』産業能率短期大学出版部，1969年はテイラーの著作集となっている）。

1-1 内部請負制度と組織的怠業

テイラーは南北戦争後のアメリカで活躍した機械技師で，能率増進運動の中心的な役割を果たし，後に科学的管理の父と呼ばれるようになる。

南北戦争後，アメリカは急速な工業化が進んだ。鉄道網が拡大していき，市場が急速に成長し，機械化の進展もあってアメリカは大量生産の時代を迎えつつあった。大量生産に必要となる多くの労働者は，ヨーロッパからの移民によってまかなわれたが，そのほとんどが，未熟練労働者であった。その結果，大量生産を可能にした機械化と未熟練労働者の増加は，従来のマネジメントに波紋を投げかけることとなったのである。

当時の工場管理制度は内部請負制度（inside contract system）と呼ばれ，経営者は工場長に雇用，賃金支払い，仕事の段取りなどすべての工場管理を任せていた。この工場長は親方と呼ばれる熟練労働者から選ばれた。請負人である

工場長は労働者の作業量を気のむくままに増減することができたので、当時の工場管理のありかたは成り行き管理（drifting management）といわれている。

また、当時の労働者のあいだでは意識的、集団的に仕事をサボタージュする組織的怠業（systematic soldiering）が横行していた。労働者は自分たちが能率を上げると、作業能率向上の結果、過剰労働者が失業すると考え、相互に牽制して能率を上げないようにしたのである。

テイラーは、組織的怠業の原因は基準となる作業量を労働者が目分量でいい加減に決めたり、経営者が思惑で勝手に決めたりすることにあると考えたのである。

1-2 課業管理の原則と差別出来高給制度

テイラーは新しい管理の中心に課業管理（task management）を置いた。課業（task）とは一日のなすべき公平な仕事量である。本来この一日になすべき公平な仕事量は経営者の思惑で決まるのではない。また、労働者の思惑で決まるものでもない。課業は科学的に算出し、客観的に決められた作業量であり、科学的根拠にもとづいた仕事量こそが経営者と労働者にとって公平な仕事量なのである。そのために、テイラーは労働者の作業をいくつかの動作に分解し（動作研究：motion study）、動作ごとにストップウォッチを使って時間を測定した（時間研究：time study）のである。

さらに、テイラーは課業を達成できた者には高い賃率で賃金が支払われ、課業を達成できない者には低い賃率で賃金が支払われる信賞必罰的な性格をもつ差別出来高給制度（differential piece-rate system）を生み出した。当時の代表的な賃金制度は単純出来高給制度である。あらかじめ決められた賃率に出来高をかければ賃金額が算出される。労働者にとっては出来高が上がれば上がるほど賃金額は増える。しかし、雇用者にとっては人件費の増大が心配になる。そのため雇用者は賃率を下げたり、不必要な労働者を解雇するので、これが組織的怠業を生み出す原因となる。

そこでテイラーは一日になすべき課業を決め、課業が達成できたか否かによ

って高低の異なる賃率を適用したのである。差別出来高給制度は労働者の高賃金要求を満たし、同時に経営者の低人件費要求を満たす賃金制度なのである。

　テイラーは課業管理の原則として、(1) 大いなる日々の課業 (a large daily task)、(2) 標準的諸条件 (standard conditions)、(3) 成功に対する高賃金の支給 (high pay for success)、(4) 失敗に対する低賃金の支給 (loss in case of failure) の4点をあげている。前の2つは標準化の原理と呼ばれ、後の2つは差別出来高給制の原理と呼ばれている。こうした課業に問題がなかったわけではない。実は時間測定の対象となったのは、一流の労働者 (first-rate man) による最善の仕事 (one best way) であった。つまり、一流の労働者が最善の努力をしてなしえる能率が求められたのである。これが後に労働組合により労働強化と批判されることとなったのである。

1-3　職能別職長制度

　テイラーの主張する課業管理の原則は、さらに計画部の設置や指図票制度、職能別職長制度の導入によって確かなものとなる。テイラーは工場長あるいは熟練者などの人による管理に代わり、計画部という組織による管理を提唱した。計画部は計画的管理を専門的に担当する組織で、日票・指図票・時間票を作成し、それらを通じて労働者に命令を与える。人による管理から組織による管理へと転換することで、管理が労働者の手から分離され、管理と作業が区別されたのである。

　テイラーはさらに組織の形にメスを入れる。従来の組織は支配人（企業の持ち主あるいは代理人）が発した命令が工場長、職長、組長という順を経て、労働者におりてくる直線的なライン組織（軍隊的組織）であった。これを改め、生産工程に沿って専門的職長を置く職能別職長制度 (functionalized foremanship) を工場に導入したのである。

　具体的には、計画部の職長（順序および手順係職長、指図票係職長、時間および原価係職長、規律係職長）と作業場の職長（着手係職長、速度係職長、検査係職長、整備係職長）が各々の担当する専門分野についてのみ、労働者に命

令するというものである。これらの職長は軍隊式組織にみられる万能な管理者ではなく，部分的ではあるが専門的な管理者である。現代ではファンクショナル組織と呼ばれている。こうした職能別職長制度の導入によって管理者（職長）にも課業を設定することが可能になり，かつ管理者の負担が軽減され，管理者の養成が容易になった。そして低賃金の職長を雇うことができるようになったのである。

以上述べてきた合理性と効率性を実現するための管理方式がテイラー・システム（Taylor system）と呼ばれている。内部請負制に起因する問題と組織的怠

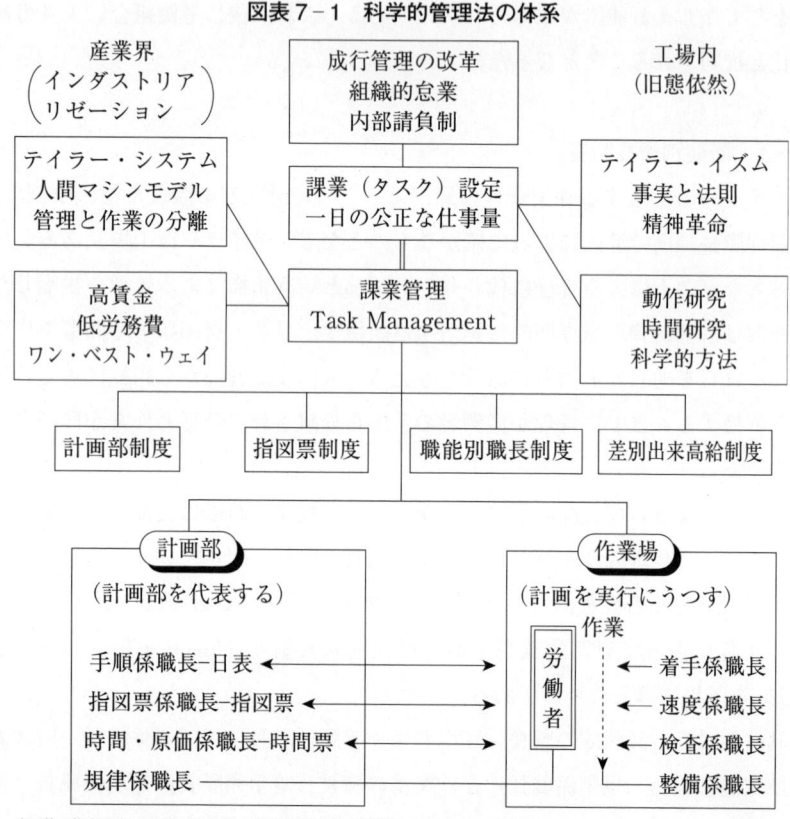

図表7-1　科学的管理法の体系

産業界
（インダストリア
リゼーション）

成行管理の改革
組織的怠業
内部請負制

工場内
（旧態依然）

テイラー・システム
人間マシンモデル
管理と作業の分離

課業（タスク）設定
一日の公正な仕事量

テイラー・イズム
事実と法則
精神革命

高賃金
低労務費
ワン・ベスト・ウェイ

課業管理
Task Management

動作研究
時間研究
科学的方法

計画部制度　　指図票制度　　職能別職長制度　　差別出来高給制度

計画部
（計画部を代表する）

手順係職長-日表
指図票係職長-指図票
時間・原価係職長-時間票
規律係職長

作業場
（計画を実行にうつす）
作業
労働者
　← 着手係職長
　← 速度係職長
　← 検査係職長
　― 整備係職長

出所）藤芳誠一監修（2000）『新経営基本管理』泉文堂，169頁。

業を解決する糸口をテイラーは作業の科学化に求めた。テイラー・システムの原点は，科学的な根拠にもとづいて課業を設定したことにある。

1-4　科学的管理の原理と精神革命論

テイラーは主著『科学的管理の原理』の中で，科学的管理法（scientific management）の根本として以下の科学的管理の原理をあげている。
 (1) 仕事の科学を発展させ，目分量方式をやめること
 (2) 労働者の科学的選択，教育，能力開発
 (3) 管理者と労働者との密接，有効な協力
 (4) 仕事と責任とを管理者と労働者に均等化して配分すること

テイラーが『科学的管理の原理』を公表した年にウォータータウン兵器廠事件が起こった。ウォータータウン兵器廠のストライキに端を発したテイラー・システム反対運動は急速に拡大していき，テイラーは議会特別委員会の公聴会に証人として喚問されたのである。

公聴会の証言の中でテイラーは差別出来高給制などの手法が科学的管理の本質ではなく，また，能率増進が科学的管理の使命ではないと述べた。労使双方による完全な精神革命（mental revolution）こそが科学的管理の本質であり，労使双方の協調を促進することがその使命であると述べた。こうした労使の親密な協力という理念は，テイラーリズム（Taylorism）と呼ばれている。

結局，テイラーが公聴会で証言した特別委員会は，工場管理に関する法律制定を勧告する時期ではないという結論を議会に報告している。報告書は労働組合側のテイラー批判を保留し，テイラー・システムによる作業の標準化の意義を認めている。しかし，同時にテイラーのいう雇用者側の精神革命のみでは，労働者の生活基盤は安定しないと批判するのである。

また，労働組合や人間関係論からのテイラー・システムに対する批判は，先にあげた労働強化だけではなかった。テイラー・システムにおいては計画部の指示（指図票）にしたがって現場の労働者は働けばよいため，人間があたかも命令を受けて作業するだけの機械のように扱われているという批判である。

この人間が機械のように扱われているという指摘は，テイラー・システムでは課業の名のもとに過度に分業化が進むため，労働者が単純な作業の繰り返しの中で労働の単調感を感じたり，主体性を喪失して歯車意識にさいなまれる労働疎外感を感じたりすることにも由来している。

2. ファヨールの「管理概念」

　ファヨール（Fayol, H.）は，1841年に生まれ，フランスの鉱山会社コマントリー・フールシャムボー・デカズビィユ社の取締役社長として30年間経営に従事した。ファヨールは1916年に，*Administration Industrielle et Generale*, Dunod.（山本安次郎訳『産業ならびに一般の管理』ダイヤモンド社，1985年）を著し，経営管理の概念をはじめて明確にしようとし，さらに1921年には *L'incapacite industrielle de l'Etat, P.T.T., Dunod*.（佐々木恒男編訳『経営改革論』文眞堂，1989年）を著している。

　ファヨールは，管理教育の必要性を主張した最初の人でもあり，アメリカの経営管理，特に管理過程学派に多大な影響を与え，「経営管理論の真の父」と称されている。

　なお，ファヨールは management という用語を使わないで，administration という用語を使っている。両者の相違が議論されたことはあるが，現在ではほとんど management という用語が使用されているので，その用語に統一して使用することにする。

2-1　経営活動と管理活動

　ファヨールは，まず企業が営む本質的機能としての経営活動を 6 つに分類した。
　(1) 技術活動（生産・製造・加工）
　(2) 商業活動（購買・販売・交換）
　(3) 財務活動（資本の調達と運用）
　(4) 保全活動（財産と従業員の保護）
　(5) 会計活動（会計諸表の作成，計算・統計）
　(6) 管理活動（計画・組織化・命令・調整・統制）
　ファヨールによると，経営するということは，企業目的を達成すべく経営資

源を最大限にいかし，利益をあげようと努力しながら事業を営むことであり，(1) から (6) の活動を円滑に進めることである。(1) から (6) の経営活動は並立的な存在であり，管理活動も経営活動のひとつにしかすぎない。しかし，経営活動のうち，専門活動と呼ばれる (1) から (5) の活動が材料や機械といった"モノ"を扱うのに対して，(6) の管理活動は"ヒト"を扱う点で異なった存在である。

　ファヨールの長年の経験から導き出した地位に応じて求められる能力の比率表をみてみると，いかに管理活動（または能力）が重要であるかが理解されよう。この比率表はウルリッヒ（Ulrich, H.）によってファヨールの法則（das Fayolishe Gesetz）と名づけられた。ファヨールの法則によると，従業員に必要な能力は管理的能力が5％，専門的能力（技術的能力とも呼ばれる）が95％であるのに対し，社長に必要な能力は管理的能力が50％，専門的能力が50％である。つまり，地位が高くなるにつれて求められる能力に占める管理的能力の比重が大きくなるのである。また，企業規模が拡大すればするほど，管理的能力が企業の成功を左右するようになることも指摘されている。

2-2　管理活動の内容

　ファヨールによれば，管理活動は計画・組織化・命令・調整・統制の5つの管理要素（機能）から構成されているという。
　(1) 計画（将来を研究し，活動計画をたてること）
　(2) 組織化（物的・社会的構造を形成すること）
　(3) 命令（各人が職務を遂行すべく配慮すること）
　(4) 調整（すべての活動を結合し，統合し，調和させること）
　(5) 統制（すべての努力が定められた基準や命令に即して行われるべく監視すること）
　ファヨールの管理要素はアメリカの管理過程学派に脈々と受け継がれている。管理要素は管理過程学派の中でも3要素から7要素ぐらいまで相違がみられるが，最も簡略化すれば計画（プラン＝Plan）→実施（ドゥ＝Do）→統制（シ

ー＝See）という管理過程（マネジメント・プロセス）となる。管理過程学派においては，統制の結果はつぎの計画に活用される点で，管理要素が循環すると考えられている。管理要素は時代の流れによって動機づけ，意思決定，革新などが加えられていったが，その源流はファヨールにあり，ここにファヨール

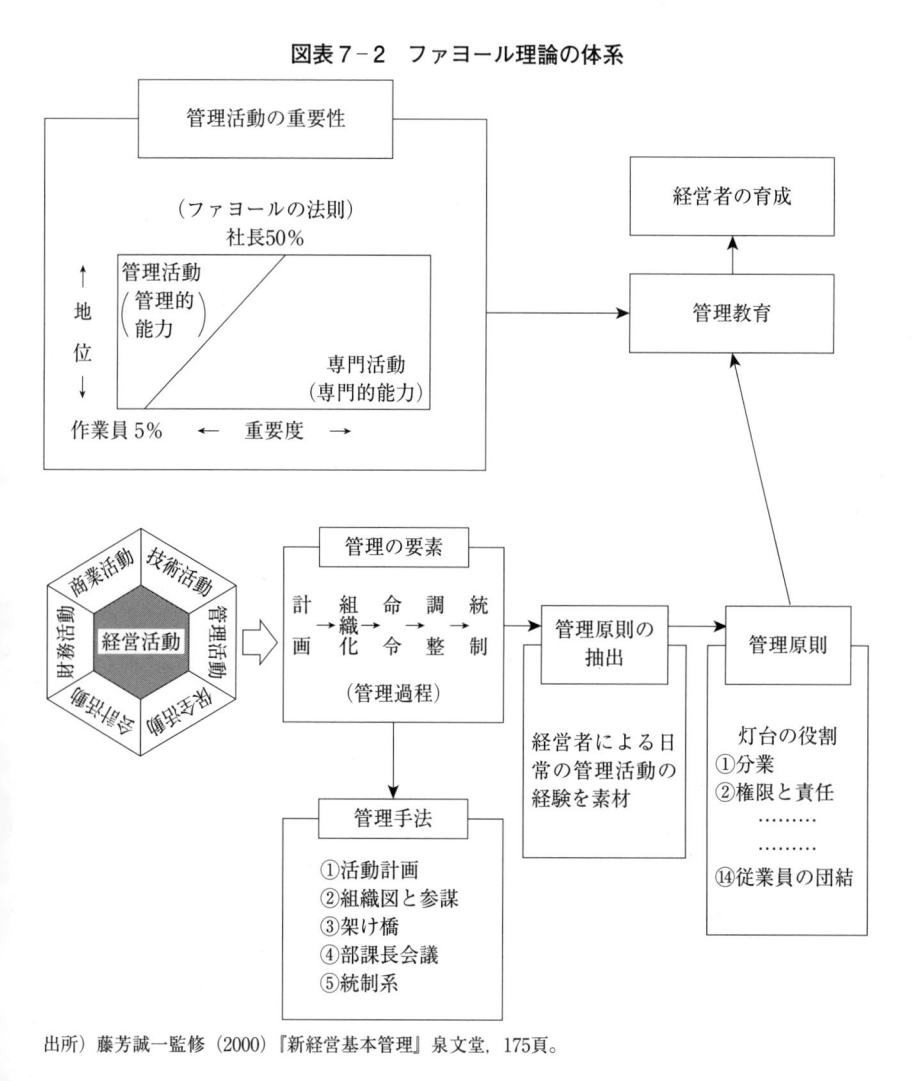

図表7-2　ファヨール理論の体系

```
┌─────────────────────┐
│   管理活動の重要性                      │                    ┌──────────┐
│                                         │                    │ 経営者の育成 │
│    （ファヨールの法則）                 │                    └──────┬───┘
│     社長50％                            │                           ↑
│  ┌──────┐                               │                    ┌──────────┐
│  │管理活動│\                            │                    │  管理教育   │
│  │(管理的)│ \                           │───────────────────→│           │
│  │ 能力  │  \                           │                    └──────────┘
│  └──────┘   \   専門活動               │                           ↑
│ ↑地          \  (専門的能力)            │
│  位           \                         │
│ ↓                                       │
│  作業員5％  ←  重要度  →                │
└─────────────────────┘
```

```
 技術活動
商業   経営    管理          管理の要素         管理原則の           管理原則
活動   活動    活動    ⇒   計→組→命→調→統   ⇒  抽出      ⇒   
財務   会計    保全            画  織  令  整  制                      灯台の役割
活動   活動    活動               化                              ①分業
                              （管理過程）       経営者による日    ②権限と責任
                                                 常の管理活動の    ………
                                                 経験を素材        ………
                              管理手法                             ⑭従業員の団結
                              ①活動計画
                              ②組織図と参謀
                              ③架け橋
                              ④部課長会議
                              ⑤統制系
```

出所）藤芳誠一監修（2000）『新経営基本管理』泉文堂，175頁。

が「経営管理の真の父」と呼ばれる由来があるといえよう。

2-3 管理教育の提唱と管理原則

そもそも，なぜファヨールが『産業ならびに一般の管理』を著したのか。ファヨールは会計や技術といった専門能力が学校教育の場で獲得されているのに対して，管理能力が教えられていないことに不満をもっていたのである。管理能力が学校で教えられるようになるためには，経験によって検証され，証明された原則，基準，方法，手続の体系を構築する，いわば管理の一般原理が必要不可欠である。この管理教育の提唱こそファヨールの主張であり，管理教育の前提条件としての管理理論の確立がファヨールの狙いであった。ファヨールは管理理論の確立のタタキ台となるべき管理原則を提示している。

(1) 分業（仕事は分業化して行うこと。それに応じ権限は分割される）
(2) 権限と責任（権限とは命令権力であり，責任とは権限に付随する賞罰である。基本的に両者は一体であるが，責任の確定は困難である。したがって，管理者は責任をとる勇気をもつ人々でなければならない）
(3) 規律の維持（企業と従業員を明確に結びつける規律を設けること）
(4) 命令の一元性（命令はひとりの責任者から受けること）
(5) 指揮の一元性（ひとりの責任者とひとつの計画のもとに指揮されること）
(6) 個人的利益の一般的利益への従属（従業員の利益よりも企業の利益を優先させること）
(7) 報酬（報酬は労使双方が満足する形で公正でなければならない。唯一絶対の報酬制度は存在しない）
(8) 権限の集中（分業によって分権化された権限は他方において集中させなければならない。分権化と集権化は程度の問題である）
(9) 階層組織（組織は権限階層に即して形成される）
(10) 秩序（適材適所の原則）
(11) 公正（従業員が熱意と積極的貢献を示すためには，公正の意識が浸透

していなければならない。そのためには，約定の実現ならびに正義と好意にもとづく従業員の取り扱いが要求される）

(12) 従業員の安定（適正な配置転換）
(13) 創意の気風（知的活動を大事にし，従業員に創意工夫を励行させる。）
(14) 従業員の団結（文書連絡を乱用したりして従業員の心を離反させ，団結力を弱まらせてはならない。）

これらの管理原則について，サイモン（Simon, H. A.）が指摘するように，管理原則内の矛盾や管理原則間の矛盾が部分的に存在している。その意味で管理原則は理論として不十分であるともいわれている。この点に関しては，ファヨール自身も管理原則が絶対的なものではないと述べ，管理原則の役割を灯台と船のたとえで説明している。すなわち，管理原則は経営管理の方向を教えてくれるという点で灯台の役割を果たすが，灯台が航路を知っている人々だけを案内できるように，経営管理を心得た人のみが役立てられるもので，決して万能薬ではないのである。

2-4 様々な管理手法

ファヨールは管理要素に沿った形で，具体的な管理手法についても言及している。

(1) 活動計画（予測）

活動計画は合理的に経営管理を行うために不可欠である。しかし，ファヨールによれば活動計画は十分にいかされていない。活動計画を活用するために経営者には部下を扱う技術，活動力，道徳的勇気，安定的な施策，職業的能力，事業に関する一般知識が必要であるという。

(2) 組織図と参謀（組織化）

ファヨールによれば組織は一見して組織の全体，部門とそれらの範囲，階層組織の段階を把握できるものがよいという。また，専門的見地から経営者や管理者を補助するスタッフ機能の重要性を指摘している。

(3) 架け橋（命令）

　命令については，命令統一の原則による直系組織（ライン組織）の弱点をファヨールは見抜いていた。すなわち，直系組織では上司-部下の階層が長くなり，命令の迅速さ，確実さが失われるのである。これに対して，ファヨールは「架け橋」（「渡り板」ともいう）という具体策を提案している。上司を頂点とする各々の三角形の底辺にあたる同階層の部下同士が協議・決定できる「架け橋」を設ければ，階層を昇り降りする無駄がなくなるのである。

(4) 部課長会議（調整）

　ファヨールはセクショナリズムによって部門間の調整がとられていない問題を指摘し，克服策として部門責任者による部課長会議を奨励している。

(5) 統制係（統制）

　通常，統制は各々の部門管理者によって行われるが，統制の仕事が増大し，複雑化した場合には専門家にゆだねることも必要になる。ファヨールはこれを統制係と呼んだ。

3. フォーディズムとフォード・システム

　ヘンリー・フォード（Ford, H.）は，1863年にミシガン州の農家に生まれた。機械に関心を抱いていた彼は，デトロイトで自動車づくりをはじめ，1903年には，誰もが買える車を目指し，遂にフォード自動車会社（Ford Motor Company）を創立するに至った。彼は，フォード自動車会社において，小型で，頑丈で，簡単な自動車を安価につくり，しかもその製造にあたって高賃金を支払うという社会奉仕の精神にもとづいたフォーディズム（Fordism）と呼ばれる経営理念を実践した。フォーディズムおよびフォード社の経営システムについては，*Today and Tomorrow*, Doubleday, Page & Company, 1926.（稲葉襄監訳『フォード経営』東洋経済新報社，1968年・竹村健一訳『藁のハンドル』祥伝社，1991年）やヘンリー・フォードが述べたその理念をクローザー（Crowther, S.）が1922年にまとめた *My Life and Work*, Garden City Pub.Co.（加藤三郎訳『我が一生と事業』文興院，1923年）に詳しく述べられている。

3-1　事業の使命

　フォードは，当時，蔓延していた，経営とはカネなり，ビッグ・ビジネス（big business）とは巨額のカネなり，という考え方は誤りであると主張する。彼は，事業の源泉はカネではないと考えている。事業は，アイデア，労働および管理から成り立っている。そして事業の特性をあらわすのは，配当ではなく，効用（utility），品質（quality）および有用性（availability）である。これらの特性は，いつもカネの源泉になるが，"カネ"はこれら特性のいずれの源泉でもないというのである。

　また，事業の使命も利潤を獲得することではないと主張する。それでは，フォードが考える事業の使命とは何であろうか。企業の歩むべき真の道は，当初から企業に信頼をおいていた人々，すなわち公衆（大衆）へのサービスを追求することにある。すなわち，もし製造コストを節約したり，利潤が増加したり

すれば，商品の価格を引き下げることによって，大衆に還元すべきである。また商品に改善の余地があるならば，迷うことなくそれを実行に移すべきである。

その理由としては，資本コストがどのようなものであろうとも，資本を供給しているのは他ならぬ彼ら大衆だからである。企業がパートナーシップを取り結ぶもののうちで，サービスによって結ばれる大衆とのパートナーシップ以上に優れたものはない。それは，"カネ"の力とのパートナーシップより，はるかに安全で，はるかに永続的で，結果として利潤があがることになる。したがって，フォードは大衆を大事にする経営こそ良い経営であると述べている。

事実，フォード社で得られる利潤のほとんどすべては，コストの引き下げや賃金を引き上げるために使われた。その利潤が，新たな建物や土地，機械にすべて投資されたわけではない。会社の利益は大衆が作り出してくれたものであり，大衆はフォード社の製品を十分に信頼してお金を支払うのであるから，その信頼に応える見返りを提供しなければならないというのがフォード社の考え方である。大衆は，フォード社が製造し，提供した製品を購入することによってフォード社に出資してくれ，フォード事業体（Ford industries）を築き上げてくれたのである。だから，フォード事業体の利潤は，ごくわずかな額を除き，すべて購入者やフォード社にかかわった各産業に還元されるべきものと考える。

3-2 利潤動機と賃金動機

企業は長い間，営利主義をもとにした「利潤動機」（profit motive）で経営を行ってきた。利潤動機とは，フォードによれば，資本家なるものが，道具と機械を備え，できるだけ少ない賃金で人，すなわち労働者を雇い入れ，商品を生産し，それを「大衆（公衆）」という名で知られる奇妙な集団に売りつけることを意味するという。つまり，資本家はこの大衆にできうるかぎり高い価格で売り，利潤を手中に収めるのである。

しかし，フォードは，このような利潤動機による経営を痛烈に批判する。なぜなら，製品を買ってくれる大衆は，どこからともなく現れるのではない。所有者も従業員も購買者層もすべて一体なのであり，自社の従業員は，自社の最

良の顧客であるべきなのである。会社が高い賃金を払い，価格を安くするように管理することができないならば，顧客層をせばめ，顧客の数を制限することとなるので，結果として自滅せざるをえないと主張する。

すなわち，「資本」(capital)・「労働」(labor)・「大衆（公衆）」(public) という意味のない図式で，現実の社会を固定化して考えることをやめ，産業の新しい動機を発見することの必要性を説いたのである。

フォード社は，その考え方を実践するため，1914年に最低賃金を一日2ドル余りから一律5ドルに引き上げた。その結果，フォード社は自社の従業員の購買力を増加させ，彼らがまたその他の人々の購買力を増加させるといった具合に波及的に購買力が増加していった。労働者は，売り手であると同時に買い手でもある。もし賃金を切り下げれば，それは自らの顧客の数を切り下げることになるだけである。また，製品の価格を一般の人々が買いやすいようにすることは，仕事をつくり，賃金を生み，事業の拡大とサービスの向上へとつながるのである。

この高賃金の支払いと低価格での販売とが購買力を拡大させるという思想こそが，フォード社の基本的コンセプトであり，「賃金動機（wage motive）」（フォーディズムを論じる場合，しばしば奉仕動機（service motive）という用語が使われるが，本書では賃金動機，奉仕動機ともに同義ととらえ，本節ではフォードが *Today and Tomorrow* で使用している賃金動機という用語を用いた）と呼ばれている。

しかし，ここで注意しなければならないことは，フォードは動機としての利潤を否定したのであって，利潤自体を否定しているわけではないということである。利潤は，仕事が立派に遂行された場合，結果として必ず生じるものであるとして，むしろ肯定している。彼は，経営それ自体，すなわち生産あるいはサービスを遂行する組織体には，非常事態が起こったときの出費の備えや，事業の拡張を可能にするなど，生命力を維持するために，利潤，あるいは余剰が必要であるとしている。すなわち，彼は，利潤を目的としてではなく結果としてとらえているのである。

3-3 フォード・システム

　大衆へのサービス，すなわち，社会への奉仕を事業の使命とし，顧客に製品を低価格で販売し，労働者に高賃金を支払うというフォーディズムの理念を具現化したのがフォード・システム（Ford system）である。

　このフォード・システムは，テイラーの科学的管理法を発展的に実践したシステムといわれているが，内容は主に，標準化（standardization）と移動組立

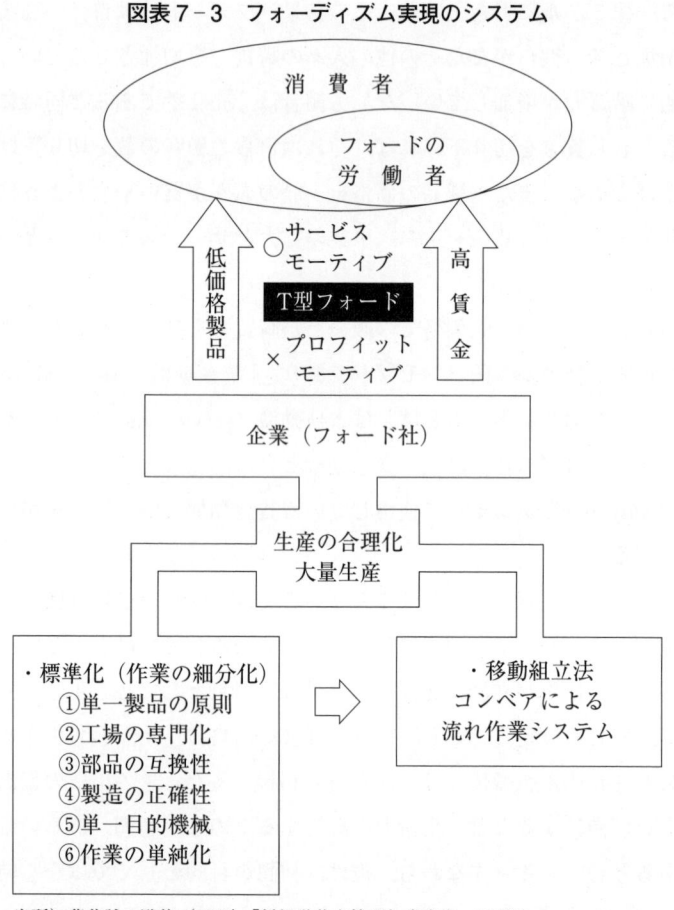

図表7-3　フォーディズム実現のシステム

```
              ┌─────────────────────┐
              │     消 費 者         │
              │  ┌──────────┐    │
              │  │ フォードの │    │
              │  │ 労 働 者   │    │
              │  └──────────┘    │
              └─────────────────────┘
                   ↑           ↑
                 ○ サービス
              低  モーティブ     高
              価  ┌─────┐    賃
              格  │T型フォード│  金
              製  └─────┘    
              品  × プロフィット
                   モーティブ
              ┌─────────────────────┐
              │   企業（フォード社）  │
              └─────────────────────┘
                   ↓
              ┌───────────┐
              │ 生産の合理化  │
              │   大量生産    │
              └───────────┘
   ┌──────────────────┐    ┌──────────────┐
   │・標準化（作業の細分化） │ ⇒ │・移動組立法      │
   │  ①単一製品の原則    │    │  コンベアによる  │
   │  ②工場の専門化      │    │  流れ作業システム │
   │  ③部品の互換性      │    └──────────────┘
   │  ④製造の正確性      │
   │  ⑤単一目的機械      │
   │  ⑥作業の単純化      │
   └──────────────────┘
```

出所）藤芳誠一監修（2000）『新経営基本管理』泉文堂，181頁。

法（moving assembly method）に分類される。

　標準化は、①単一製品の原則、②工場の専門化、③部品の互換性、④製造の正確性、⑤単一目的機械、⑥作業の単純化、など徹底した作業の細分化から生まれるものであり、「作業の原則（作業を可能な限り細分化して時間測定し、労働者は、できれば一歩も動かず、腰も曲げるべきではない）」として移動組立法の前提となるものであった。移動組立法は、コンベアによる流れ作業システムとして、20世紀の大量生産方式の原型をなしたものである。フォード社は、このフォード・システムを活用することで生産の合理化と大量生産を実現し、究極の大衆車といわれたT型フォードを生産したのである。

3-4　フォードの業態変革

　現在、自動車業界は巨大再編の波にさらされている。大量生産方式の確立で20世紀の工業化社会の口火を切り、量産技術で製品の価格を下げ、業界を制覇した「フォードの世紀」は、世界で年間2千万台を超すといわれる過剰設備と完成車メーカーの利益の消滅という形で終りを迎えている。そこで近年のフォード社の経営について若干触れておこう。

　1999年10月30日の日本経済新聞朝刊に『フォードの挑戦』と題した記事がつぎのように掲載されている。

　現在、自動車業界は、モジュール生産化とインターネット販売という2つの構造変化に襲われている。「上流」の製造では部品メーカーが複数の部品を組み合わせて組み立てメーカーに納入する「モジュール生産化」が進展し、完成車メーカーから付加価値を奪っている。「下流」の販売ではマイクロソフトが展開するインターネットによる自動車流通事業「カーポイント」など、ネットを使った新勢力が台頭している。特にインターネット販売が定着すれば、ローンや保険、整備などの周辺事業もごっそり奪われかねない。顧客がどんな商品を望んでいるか、メーカーにとっての必須の情報もネット事業者に握られる。上流と下流の2つの構造変化が進めば、ピラミッドの頂点に立つ自動車メーカーの地位は崩壊する。フォード社は、これらの構造変化に突き動かされ、百年

続いた自動車ビジネスを根底から見直そうとしている。自動車用品・修理チェーンを買収，衛星デジタルラジオ放送会社やマイクロソフトと提携し，インターネット経由の新車販売事業に乗り出した。

しかし，フォード社が狙うのは単純な自動車周辺ビジネスの拡大ではない。フォード社は，株主総会で「自動車会社同士の買収や合併を通じた再編が今，業界の最大の話題であるが，それは表面上の出来事にすぎない」と述べている。ジャック・ナッサー社長兼最高経営責任者（CEO）は，「これまで1台2万ドルの車を売って満足していたが，顧客はその車に8，9年間乗り，保険や補修などで約7万ドル支払っている」と述べる。ローンや保険など自動車の使用期間にわたって顧客に密着すれば，顧客がなにを求めているかを知ることができる。すなわち，フォード社の狙いは，自動車という製品を媒介にした総合サービス産業への業態変化であり，それをインターネットが可能にしているのである。

4. ドラッカーの顧客創造の「経営哲学」

　ドラッカー（Drucker, P.F.）は，1909年オーストリアのウィーンに生まれた。フランクフルト大学卒業後，ジャーナリストとしての仕事をした後，渡英した。1932年には渡米し，新聞記者，経営コンサルタントなどを経験，ニューヨーク大学を経て1971年よりクレアモント大学大学院にて社会科学特別教授に就任している。彼の研究は，戦後の現代マネジメントの分野において最も影響を及ぼしたといっても過言ではなく，「民営化」，「目標による管理」など多くの概念をつくりだしている。日本の研究者や実業界においても極めて評価が高く，経営学の巨人の一人として認知されている。彼は90歳を超えてもなお研究活動・執筆活動を精力的に続けたが，2005年11月11日に惜しまれつつ95歳でその生涯を閉じている。

　ドラッカーの著作は，*Management: task, responsibility, practices*, Harper & Row，1954.（上田惇生訳『マネジメント【エッセンシャル版】』ダイヤモンド社，2001年），*Innovation and Entrepreneurship*, Heinemann, 1985.（上田惇生訳『[新訳]イノベーションと起業家精神（上・下）』ダイヤモンド社，1997年）など実に多数におよぶが，ここではドラッカー経営学の原点でもある*The Practice of Management*, Harper & Brothers, 1954.（野田一夫監修，現代経営研究会訳『現代の経営（上・下）』ダイヤモンド社，1987年）を中心にドラッカー経営学を概観していくことにする。

4-1　経営者の役割

　ドラッカーは，経営者の役割として以下のような（1）事業の経営，（2）業務執行者の管理，（3）働く人間と仕事の管理をあげている。

　（1）事業の経営において最も重要なことは，「われわれの事業とはなにか」という命題に対して回答をみつけ出すことである。「われわれの事業とはなにか」という命題は，作り手が決定するものではなく，顧客が決定するのである。

つまり，まず顧客は誰なのか，ターゲットにする顧客はなにを求めているのかという点について経営者は明らかにしなければならない。

そして，経営者はつぎの (a) から (h) の8つの重要な領域について努力目標をたて，目標相互間のバランスをとることが求められる。

(a) 市場における地位
(b) イノベーション
(c) 生産性と寄与価値（総売上額と総買入額の差額）
(d) 物的資源と財源
(e) 収益性
(f) 業務執行者の能力および育成
(g) 労働者の能力と態度
(h) 社会に対する責任

企業を永続的に運営するためには，業務執行者が必要不可欠であることはいうまでもない。業務執行者をいかに管理するかが事業目標達成の鍵を握る。

(2) 業務執行者の管理は，(1)で明確になった事業内容と事業目標に即して，業務執行者のなすべき仕事はなにかを明らかにすることからはじまる。業務執行者は事業目標の設定に積極的に関与し，責任を負い，自己統制することが効果的である（目標設定による管理と自己統制による管理）。経営者は業務執行者の能力が最大限発揮できるように仕事を決定し，かつ業績を正当に評価するなど組織に正しい精神を定着させなければならない。この他にも，ドラッカーは複数の人々のチームワークによる最高業務執行役員制を推奨し，今日よりも明日の経営に焦点をあてて業務執行者を育成することなどを提唱している。

(3) 働く人間と仕事の管理については，経営者は人的資源が他の資源とは異なりユニークな存在であることを認識し，現実の仕事の中で人間としての要求を充足させるよう努力しなければならないとドラッカーは主張している。

4-2 事業の目的

ドラッカーは，経営者とは事業の経営を担当し，経済的機能を果たす機関で

あるとし，経営者は文化貢献などの非経済的成果を念頭に置きながらも経済的成果を第一主義としなければならないとしている。

しかし，事業の経営を通じて経済的機能を果たすという場合，経営者は利潤の最大化を事業の目的とすればよいのであろうか。ドラッカーは利潤の最大化を事業の目的とすることを否定している。

事業の目的は事業の中にではなく，企業の外，すなわち社会の中にこそ存在するのであり，その意味で利潤の最大化にかわって，顧客の創造（creation of a customer）を事業の目的とすべきであると主張する。顧客が製品・サービスに代金を支払わなければ，製品・サービスは存在しない。すなわち顧客が存在してこそ，製品・サービスは存在するのである。顧客を創造することによって事業は発展すると考えれば，事業の目的は顧客を創造することにあるといえる。そして，顧客を創造するための事業にとっての基本的活動は，①マーケティング（marketing）と②イノベーション（innovation）である。つまり，事業とはマーケティングとイノベーションを行うことによって顧客を創造する活動なのである。

マーケティングは企業に独特な機能であり，販売活動のみに限定されるものではなく，市場の求める製品・サービスをつくるという事業全体におよぶ重要な活動である。イノベーションは，①製品・サービスの革新，②製品の販売・サービスの提供に必要な技能や活動の革新であり，これもあらゆる活動にかかわりをもつのである。

ドラッカーは，マーケティングとイノベーションを事業の企業家的機能（entrepreneurial function）と呼び，生産性を事業の管理者的機能（administrative function）と呼んで区別した。ここで生産性（productivity）とは，最小の努力で最大の生産量をもたらすようなあらゆる生産要素間のバランスである。

以上のことから，マーケティングとイノベーションを行うことによって顧客を創造する活動である事業の経営は，(1) 官僚的ではなく，企業家的であり，(2) 環境に順応するのではなく，環境を変革する創造的な行為であり，(3) 合

図表7-4 ドラッカー理論の体系

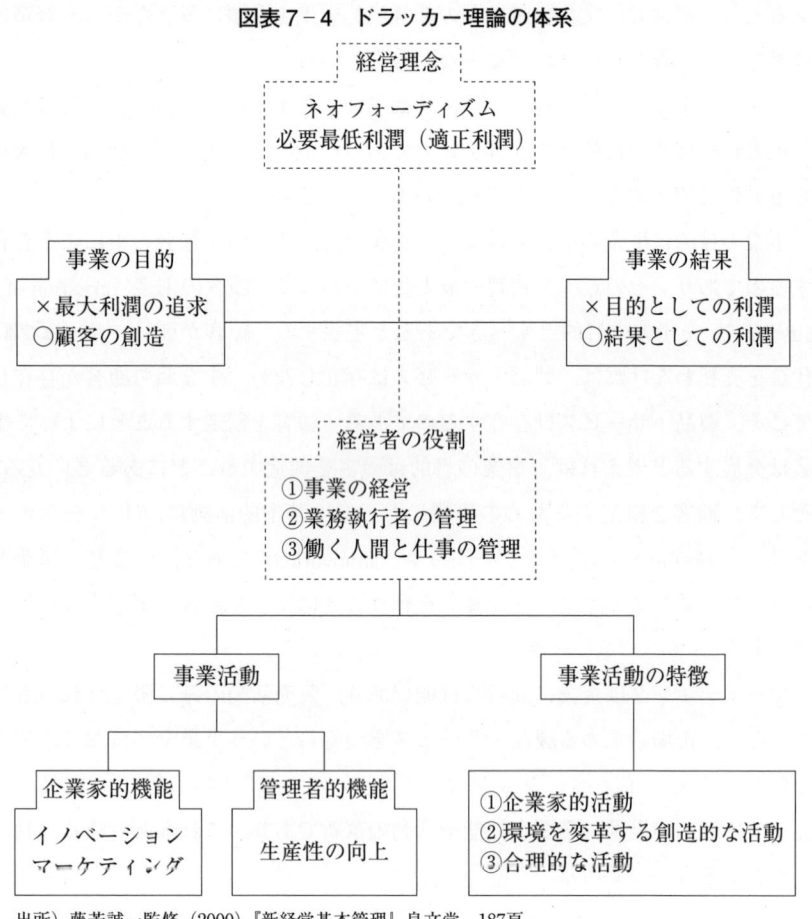

```
                    ┌─────────────┐
                    │  経営理念    │
                    ├─────────────┤
                    │ネオフォーディズム│
                    │必要最低利潤（適正利潤）│
                    └─────────────┘
                           │
        ┌──────────────────┼──────────────────┐
┌─────────────┐                        ┌─────────────┐
│ 事業の目的   │                        │ 事業の結果   │
├─────────────┤                        ├─────────────┤
│×最大利潤の追求│                        │×目的としての利潤│
│○顧客の創造  │                        │○結果としての利潤│
└─────────────┘                        └─────────────┘
                           │
                    ┌─────────────┐
                    │ 経営者の役割 │
                    ├─────────────┤
                    │①事業の経営  │
                    │②業務執行者の管理│
                    │③働く人間と仕事の管理│
                    └─────────────┘
                           │
              ┌────────────┴────────────┐
        ┌─────────┐              ┌─────────────┐
        │ 事業活動 │              │事業活動の特徴│
        └─────────┘              └─────────────┘
         ┌────┴────┐                    │
    ┌─────────┐ ┌─────────┐      ┌─────────────┐
    │企業家的機能│ │管理者的機能│      │①企業家的活動│
    ├─────────┤ ├─────────┤      │②環境を変革する創造的な活動│
    │イノベーション│ │生産性の向上│    │③合理的な活動│
    │マーケティング│ │         │      └─────────────┘
    └─────────┘ └─────────┘
```

出所）藤芳誠一監修（2000）『新経営基本管理』泉文堂，187頁。

理的な活動である。

4-3 利潤の意味

　顧客の創造が事業の目的と考えるならば，利潤とは一体なにを意味するのであろうか。ドラッカーは利潤を事業活動の目的ではなく，マーケティング，イノベーション，生産性向上といった結果であると考えている。ドラッカーによ

れば，利潤は事業活動の有効性や健全性を測定できる唯一の尺度なのであり，利潤は事業の目的ではなく結果なのである。

同時に事業活動には様々な危険が常に伴うものであり，利潤はこの危険を補填する保険金でもある。ドラッカーは先に利潤の最大化を否定しているが，将来の危険を補い，事業の存続・発展を保証するだけの必要最低限の利潤（required minimum profits）を確保することを否定していない。事業の結果として得られる利潤は，事業の存続および将来の発展に向けて必要最低限は確保しなければならないのである。

ドラッカーの企業観はフォードの企業観と比較され，ネオ・フォーディズム（Neo-Fordism）と呼ばれている。フォードは利潤動機（profit motive）を否定し，奉仕動機（service motive）による経営を提唱した。ドラッカーも利潤動機を否定している。しかし，フォードもドラッカーも利潤の存在を否定しているのではないことに注意したい。すなわち，フォードもドラッカーも利潤は企業活動の目的ではなく，企業目的を達成するために営まれる事業活動の結果であると考える点で一致している。

4-4 パラダイムの転換

ドラッカーは，*Management Challenges for The 21st Century*, Harper Business, 1999.（上田惇生訳『明日を支配するもの』ダイヤモンド社，1999年）の中で，21世紀のマネジメント像について語り，特にマネジメント論のパラダイム転換を強調している。パラダイムとはクーン（Kuhn, T.S.）により提唱された概念で学者や実務家が無意識のうちにもつ前提や仮定のことであり，「考え方の枠組」である。ドラッカーは従来のマネジメント論にみられるパラダイムをいくつかあげ，現実といかにかけ離れているかを説明した上で，つぎのように21世紀のマネジメントに向けた新たなパラダイムを示している。

(1) 企業のためのマネジメント ⟶ 非営利組織を含めた組織のためのマネジメント
(2) 正しい組織構造がある ⟶ 仕事に応じた組織構造の選択

(3) 正しい人のマネジメントがある ─→ 相手の価値・目的・成果に応じたマネジメント
(4) 製品・サービスは供給者の価値から出発する ─→ 顧客の価値から出発する
(5) 企業間関係は法律にもとづく ─→ 経済の実体が優先される
(6) マネジメントは一国の政治に左右される ─→ 国を越えた経済に左右される
(7) マネジメントの成果は組織内部にある ─→ マネジメントは成果をあげるための道具であり,成果は組織外部にある

5. バーナードの「組織の成立と存続」理論

バーナード（Barnard, C. I.）は，1886年にアメリカのマサチューセッツ州に生まれ，ハーバード大学に入学するも中退し，アメリカ電話電信会社（AT&T）に入社。後にニュージャージー・ベル社の初代社長に就任，1948年にロックフェラー財団理事長に就任するまで同社の経営に携わった。ハーバード大学ローウェル研究所での講演をまとめ，*The Functions of Executive*, Harvard University Press, 1938.（山本安次郎・田杉競・飯野春樹訳『新訳　経営者の役割』ダイヤモンド社, 1968年）を出版した。この『経営者の役割』は組織論の金字塔のような存在であり，バーナード革命とも呼ばれている。

5-1　バーナードの組織と個人

バーナードは，マネジメント理論の前提となる人間観をつぎのように示している。人間は物的，生物的，社会的に独立した存在で，①動機をもち，②限られているが一定の選択力，決定力，自由意志をもち，③したがって目的を設定することができ，④その目的を達成すべく活動する。つまり，バーナードは人間を物的，生物的，社会的に制約されつつも自由意志をもった主体的な存在と考えたのである。

こうした人間がいかに組織とかかわっていくのか，バーナードが常に念頭に置いていたのは個人が「協働」する場面である。個人は動機を満足させるべく活動するが，ひとりでは目的が達成されない場合，他人と協力しあうという協働を選択する。

こうした協働という点で組織の中の個人をみると，確かに人間は個人として自由であっても，組織に参加する以上，組織に制約されることは避けられない。したがって組織に参加する個人には，社会化の側面である組織人格と個人化の側面である個人人格が併存する。組織人格は組織の目的を達成するために求められる行動側面であり，個人人格は個人の動機を満足させるための行動側面で

ある。

　また，逆に協働という点から個人が集まった組織をみると，組織には集団主義（collectivism）と個人主義（individualism）の対立が内在している。集団主義とは全体の利益を優先させ，そのためには個人の利益はすべて抑制されなければならないという考え方である。それに対して個人主義とは個人をすべての中心としてとらえ，個人の完全・無制限な自由と決定力を強調する考え方である。

5-2　組織の定義と成立条件

　バーナードは企業，学校，病院といった様々な協働システムに共通するエッセンスを導き出し，協働システムを抽象化した存在を組織（organization）と呼んだ。バーナードによれば，組織は「2人以上の人々の意識的に調整された活動や諸力の体系」と定義される。

　この基本となる組織が成立するには，組織をつくる個々人の間に共通目的（common purpose）がなければならない。さらに，個々人がヤル気を出して積極的に組織に貢献しようという貢献意欲（willingness to contribution）がなければならない。共通する目的があり，個々人に努力しようとする気があっても，個々人の果すべき役割がわからなければ力を合わすことができない。つまり，コミュニケーション（communication）が必要なのである。この共通目的，貢献意欲，コミュニケーションがあってはじめて個人の活動は協働化される。バーナードはこの3つを組織成立の条件とした。

　以上の3つの条件を満たすことで成立する組織が公式組織（formal organization）である。しかし，組織には公式組織と違って明確な目的をもたない活動システムが存在し，これをバーナードは非公式組織（informal organization）と呼んでいる。公式組織と非公式組織は相互依存・相互補完関係にある。さらに，公式組織は通常他の公式組織と結びつくことによって，より大きく，複雑な複合公式組織を形成する。この複合公式組織では，組織目的があいまいになったり，円滑なコミュニケーションが困難になる場合がある。

第7章　代表的マネジメント（経営と管理）理論　221

図表7-5　バーナード組織理論の体系

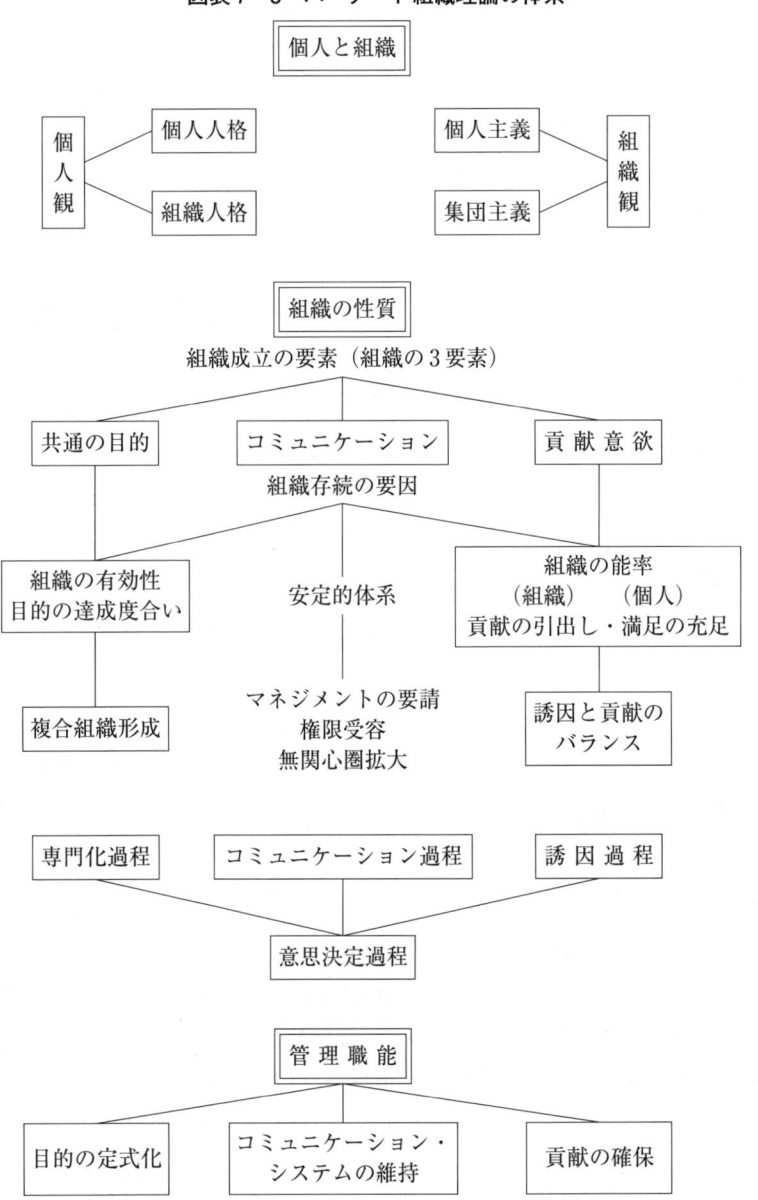

```
                        個人と組織

    個          個人人格              個人主義         組
    人                                                 織
    観          組織人格              集団主義         観


                        組織の性質
                組織成立の要素（組織の3要素）

       共通の目的      コミュニケーション      貢 献 意 欲
                        組織存続の要因

    組織の有効性                              組織の能率
    目的の達成度合い     安定的体系          （組織）　（個人）
                                              貢献の引出し・満足の充足

                         マネジメントの要請
    複合組織形成          権限受容              誘因と貢献の
                         無関心圏拡大            バランス


       専門化過程      コミュニケーション過程      誘 因 過 程
                        意思決定過程


                        管 理 職 能

    目的の定式化     コミュニケーション・       貢献の確保
                    システムの維持
```

出所）藤芳誠一監修（2000）『新経営基本管理』泉文堂，205頁。

そこで，これらの問題を解決し，組織全体の調整を行う「管理」が重要となり，管理専門の部門≒管理組織が必要となるのである。

5-3 組織の存続条件

こうして成立した（公式）組織が存続していくためには，つぎの2つの条件をクリアーしなければ消滅してしまう。ひとつは組織の有効性（effectiveness）であり，もうひとつは組織の能率（efficiency）である。

組織の有効性とは，共通目的の達成能力と達成度合を意味する。目的を達成するためにみんなが力を合わせている行為がはたして外部の環境条件のもとで適切なのかどうか，また，どの程度組織目的が達成されたかを示すものである。協働によって目的が達成されない場合，協働は困難になる。

一方，組織の能率とは前述した貢献意欲とかかわりがある。組織を構成する組織メンバーが協働しようとする意欲をどれだけ引き出せるかが，組織の盛衰を決めるのである。組織に参加する個人は組織の目的を達成するために力を貸す（貢献という）わけだが，それは組織で目的達成のために努力するに足る魅力（誘因という）があるからである。この魅力が少なくなれば，個人の組織に対する貢献意欲（組織側からみれば協働意欲）が少なくなり，究極的には個人が組織から去ることになる。この組織の有効性と能率はバーナードが組織存続の条件としてあげたものである。

5-4 組織過程

バーナードは，組織の成立条件と存続条件とにもとづいて，(1) 専門化，(2) 誘因，(3) コミュニケーションの過程について考察し，さらに (1)〜(3) に共通する，(4) 意思決定過程について分析を加えている。

(1) 専門化の過程とは，目的を適切に細分化できるかの問題である。組織が結びついて大きくなると，上位の組織の手段は下位の組織の目的になるという目的−手段の連鎖が増えるため，目的がいかに細分化されるかが組織の有効性に影響を与えるのである。

(2) 誘因の過程とは，個人の貢献意欲を引き出すための誘引を高めるためにいかに様々な誘因を場合に応じて組み合わせるかの問題である。バーナードは「誘因の方法」が困難な場合，強制・宣伝・教育によって個人の満足の水準を変える「説得の方法」も論じている。誘因の過程は能率に影響する。

(3) コミュニケーションの過程とは，いかに上位者の命令を下位者にしたがわせるかの問題である。中でも特徴的なのは，バーナードが権限受容説にもとづいて，無関心圏という概念を論じていることであろう。一般的な権限理論である権限授与説では，権限は上位者から下位者に命令を下した時点で効力を発する。すなわち，上位者から下位者に委譲することで権限が生ずるという考え方である。それに対してバーナードが提唱した権限受容説とは，上位者の命令は下位者，すなわち命令を受けるものが同意してはじめて効力を発するという考え方である。しかし，通常われわれは，上位者の命令を受け入れられるかどうかいちいち反問せずに無意識に命令に従う場合が多い。バーナードはこうした命令の領域を無関心圏と呼び，無関心圏を拡げることが提案されている。

(4) 意思決定過程とは，目的に対していかに論理的に手段を選択するかの問題である。意思決定には組織に参加する，あるいは参加し続けるかどうかの個人的意思決定と組織目的に対して個人がいかに論理的に手段を選ぶかという組織的意思決定がある。バーナードは，「組織の行為は，個人目的ではなく，組織目的によって支配されている個人の行為である」と組織的意思決定を強調したうえで，管理者が他の人々の組織的意思決定をコントロールする意思決定に携わっていることを指摘している。

5-5 道徳的リーダーシップ

バーナードは，組織過程に対応した形で管理職能を，(1) コミュニケーション・システムを提供し（組織化），(2) 必要不可欠な努力の確保を促進し（動機づけ），(3) 目的を定式化し，規定する（計画化）こととしている。

バーナードは，コミュニケーション・システムあるいはコミュニケーション過程といった協働の構造と過程，あるいは協働の技術的側面について論じてき

たわけだが，最後に協働の道徳的側面について言及している。協働の道徳的側面とは，リーダーシップであり，「信念をつくり出すことによって協働的な個人的意思決定を鼓舞する力」である。

　バーナードのいう道徳とは「個人における人格的諸力」であり，「個人に内在する一般的，安定的な性向」である。道徳の遵守において道徳水準が高いか低いかよりも，自分の道徳準則に支配されているかどうかが重要である。バーナードのいう道徳は非常に難解であるが，筆者は「個人が物事を判断する際の信念的・概念的基準」と理解している。そして，バーナードは，道徳準則に支配され，道徳に従わせる力を責任と呼ぶのである。

　個人の中に道徳準則が存在するだけではなく，国家，社会，家族はもちろん組織においても道徳準則が存在する。組織の中では様々な道徳準則間の対立がある。管理者は複雑な道徳準則に対応でき，また新しい道徳準則を創造しなければならない。

6. サイモンの「意思決定論」

　経営の行動科学においてリーダーシップ論とともに一大潮流をなしている意思決定論はバーナード（Barnard, C. I.）が先駆者となり，サイモン（Simon, H. A.）によって開花したといっても過言ではない。サイモンは，1916年アメリカのウィスコンシン州に生まれ，シカゴ大学政治学科を卒業，大学院を経て，1949年よりカーネギー・メロン大学で教授の職にある。サイモンは1945年に *Administrative Behavior*, The Free Press.（松田武彦・高柳暁・二村敏子訳『経営行動』ダイヤモンド社，1989年）を著し，意思決定論を展開した。1958年にはマーチ（March, J. G.）との共著，*Organizations*, Wiley.（土屋守章訳『オーガニゼーションズ』ダイヤモンド社，1977年）を出版し，組織論において行動科学的アプローチを試みた。そして，サイモンは1978年にノーベル経済学賞を受賞している。ここでは『経営行動』を中心に意思決定と組織がどのようにかかわっていくのかをみていくことにする。

6-1　サイモンの問題意識

　サイモンは，伝統的理論における管理原則論を批判し，マネジメント理論が真に実践的なものとなるための理論上の条件として，マネジメントに関する適切な用語と分析の枠組みの設定を目指すべきだと主張する。

　具体的には，サイモンは伝統的理論における専門化，命令の統一性，統制の範囲，分権化の管理原則をとりあげ，原則間の矛盾がみられ，全体的な整合性が欠如していると批判する。サイモンは，「物事を人々になさしめること」と定義される管理（サイモンはadministrationという用語を用いている）がいかなる性格と役割をもつものであるか，いかなる状況で行われる活動であるかを理解するためには，管理原則の展開の前に，管理状況を適切に記述する概念が必要であるとし，「行為に導く選択の過程」として意思決定の概念を前面に押し出すのである。

6-2　意思決定とはなにか

サイモンのいう意思決定（decision making）とは，目的を達成するための手段をいくつかの選択肢の中から選択する合理的な行動を意味する。選択肢となるいくつかの案は代替案と呼ばれ，いくつかの代替案からひとつの代替案を選択するのが意思決定である。そして，意思決定の諸段階は，① 代替案をいくつか列挙する，② 代替案についておのおのの結果を予測する，③ おのおのの結果について評価するというものである。ここで，評価が高い結果を生む代替案が目的を達成するための合理的な手段として選択される。所与の目的を達成するために選択された手段が最適である否かは，目的に対する手段との関係が合理的であるか否かである。

6-3　意思決定前提

意思決定はその諸段階に先だって情報収集が必要である。この意思決定の材料となる情報を意思決定前提という。

意思決定前提は事実前提（factual premises）と価値前提（value premises）とに分けることができる。事実前提とは，それがいかに推測的であろうとも現実に関係する事実的要因であり，技術や情報などである。

価値前提とは，それがいかに確実であろうとも当為に関係する価値的，論理的要因であり，能率の基準，個人的価値などである。事実前提は経験的，科学的に検証可能であるが，価値前提は検証不可能である。

サイモンは軍隊の指揮官の例をあげ，「彼が彼の目的を達成するためにとる手段が，適切かどうかは純粋に事実的な問題である。この目的自身が正しいか否かは，事実的な問題ではない」と述べている。それは価値的な問題なのである。

6-4　意思決定の限界と管理人モデル

はたして人間は合理的な意思決定ができるのであろうか。従来の意思決定論ではいわゆる経済人モデルが前提となってきた。経済人（economic man）モデ

ルでは、意思決定の諸段階で、① 代替案を"すべて"列挙できる、② 代替案の結果について結果を"完全に"予想できる、③ おのおのの結果を"客観的に"評価できる、という人間モデルである。しかし、実際にはこのような完全

図表7-6　サイモンの意思決定論の体系

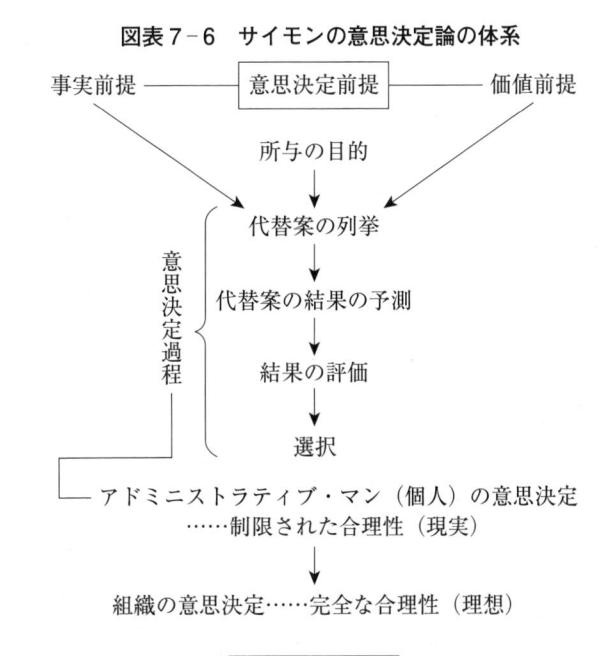

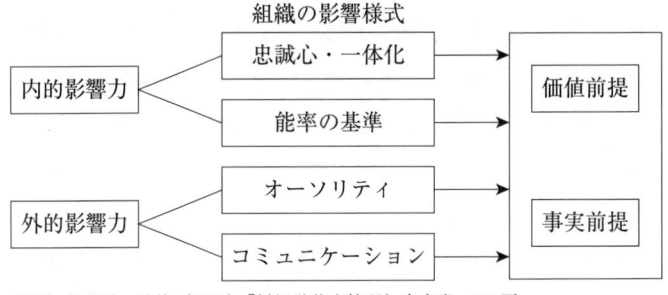

```
事実前提 ──── 意思決定前提 ──── 価値前提
                    │
                  所与の目的
                    ↓
         ┌── 代替案の列挙
         │      ↓
意思決定過程 │  代替案の結果の予測
         │      ↓
         │   結果の評価
         │      ↓
         └──  選択
              │
  アドミニストラティブ・マン（個人）の意思決定
  ……制限された合理性（現実）
              ↓
  組織の意思決定……完全な合理性（理想）
```

実現の方法

個人の意思決定前提に影響を与える

組織の影響様式

- 内的影響力 ─┬─ 忠誠心・一体化 ─→ 価値前提
              └─ 能率の基準 ─────→
- 外的影響力 ─┬─ オーソリティ ────→ 事実前提
              └─ コミュニケーション ─→

出所）藤芳誠一監修（2000）『新経営基本管理』泉文堂, 217頁。

な意思決定は不可能であり，経済人モデルは非現実的である。そこでサイモンは経済人モデルにかわる管理人（administrative man）モデルを提唱した。

つまり，アドミニストラティブ・マン（管理人）モデルの個人の意思決定においては，(1) 列挙できる代替案は限られており，(2) 結果も不完全にしか予測できず，(3) 結果が予測できても，客観的に比較することは困難である，というのである。管理人は"完全"を期待せず，ある程度の結果で"満足"する形で行動するのである。人間は完全な合理性のもとではなく，制約（制限）された合理性（bounded rationality）のもとで意思決定を行っているのである。

6-5 組織影響力理論

個人が行う意思決定の合理性は高められないものであろうか。ここに，組織の力が必要になる。サイモンは，現実の人間行動のパターンは，躊躇-選択型であるよりも，むしろ刺激-反応型であることが多いと述べている。そのうえで目的を達成するための合理的反応をもたらすであろう刺激を意識的に選び，人間の行動パターンに影響を与えていくことが管理において重要であると指摘している。サイモンは「組織メンバーの決定を組織の目的に適合させ，これらの意思決定が正しく行われるのに必要な情報を提供するような心理的環境の中に彼らを置くこと」によって個人の意思決定の限界を克服しようとした。すなわち，個人ができるだけ合理的な意思決定を行うよう組織が意思決定前提に働きかけるのである。

組織が個人の意思決定前提に影響を与えて意思決定の合理性を高めることを組織影響力（organizational influence）という。サイモンは組織影響力として，① 権威（authority），② コミュニケーション，③ 能率の基準（criterion of efficiency），④ 組織への一体化（organizational identification）をあげている。①と②は外的影響力と呼ばれ，組織の他の個所で行われた意思決定を組織メンバーに課すためになされる。③と④は内的影響力と呼ばれ，個人が組織目的に対して有利な意思決定を行うような態度，習慣，心理状態を組織メンバーに確立するためになされる。

① 権威

　上司が部下の意思決定や，その意思決定にもとづく行動に影響を与える，もしくはほとんど決定してしまうようなパワーである。組織において上司の意思決定に部下が従うようなパワーがなければ，組織メンバーの行動を調整することはできない。サイモンは部下が上司によって与えられた意思決定を進んで受容する領域を受容圏と呼んだ（zone of acceptance：バーナードはこれを無関心圏と呼んだ）。この受容圏は制裁（罰と報酬）によって決まる。

② コミュニケーション

　コミュニケーションとは，意思決定前提が提供されるプロセスである。意思決定前提が正確に伝わるかどうかは，「特定の意思決定をなす責任を与えられた個人」である意思決定センターに適切に情報を伝えられるか，また，意思決定センターから組織の他の部分に情報を適切に伝えられるかに依存している。さらに，組織における個人の行動は組織の目標を目指したものではあるが，個人目標もある程度は目指され，組織の目標と個人の目標が一致するとは限らないので，公式コミュニケーションだけではなく非公式コミュニケーションも活用されなければならない。

③ 能率の基準

　能率の基準とは，「一定の資源の使用から最大の効果を生む代替的選択肢の選択を命ずるもの」である。それは，"合理性"の基本原理であり，意思決定の事実的側面も多くがこの基準によって決定される。能率の基準を個人に教育し，訓練することによって，個人の事実前提に作用し，それに導かれて能率志向の意思決定がなされるようになる。

④ 組織への一体化ないし組織への忠誠心（organizational loyalty）

　このことは，組織目的が個人に内在化され，あるいは個人が組織目的への愛着を伴うことで，個人の心理と態度が組織目標と一体となり，外部からの刺激

なくして組織目的に合致した意思決定を行うようになることである。これによって個人は個人の観点からではなく，組織目的の観点から意思決定を行うことができるようになり，このことは合理的意思決定の可能性を高めることになる。一般的に，個人が組織に対して強い忠誠心をもち，組織への一体化の程度が高いことは組織にとって望ましいことであり，組織への一体化もしくは忠誠心は個人の価値前提に作用するものである。

サイモンによれば，組織はこのような組織影響力を通じて，各個人の意思決定を一定の刺激−反応のパターンに従属させようとする。そして，それによって各個人の意思決定を組織目的に向けて調整・統合し，その過程で意思決定の合理性を高める努力を行うものであるという。

7. メイヨー＝レスリスバーガーの「人間関係論」

オーストリア出身の心理学者メイヨー（Mayo, E.）が参加し，1927年から5年間にわたりウェスタン・エレクトリック社で実施されたホーソン実験（Hawthorne experiments）は，経営管理理論に人間関係論（human relations theory）と呼ばれる新たな潮流を築く契機となった。まさに人間関係論の生みの親であるメイヨーは，1933年に *The Human Problems of an Industrial Civilization*, Macmillian.（村木榮一訳『産業文明における人間問題』日本能率協会，1951年），1949年に *The Social Problems of an Industrial Civilization*.Routledge & K.Paulを著した。ホーソン実験の報告書をまとめるのに尽力したレスリスバーガー（Roethlisberger, F. J.）が1941年に著したのが *Management and Morale*, Harvard Univ. Press.（野田一夫・川村欣也訳『経営と勤労意欲』ダイヤモンド社，1954年）である。

7-1 ホーソン実験前夜

当時アメリカでは，テイラーの科学的管理法をはじめとする能率増進運動が活発であった。能率増進運動の中でどのようにしたら生産能率が向上するかという関心が高まり，同時に労働強化の観点から労働と疲労の関係に関心が集まりつつあった。当時，産業界では心理学的，生理学的な実験が盛んに行われた。

このような背景の中，ウェスタン・エレクトリック社では全米学術会議の協力のもと照明実験が1924年にはじまった。照明実験では物理的作業条件（照明量）の変化が生産能率にどのような影響を与えるかを調べる実験が行われた。結果は失敗に終り，両者になんら因果関係を見出すことができなかったのである。照明そのものが生産能率にあまり影響を与えないこと，従業員の行動を左右する要因をうまくコントロールできなかったこと，さらに従業員の心理的要因が影響を与えたことが原因であった。

7-2 継電器組立作業実験室

そこでメイヨーの参加を得て，1927年から1932年にかけてホーソン実験が進められることになった。継電器組立作業実験室は6名の女性作業員をひとつの部屋に集め，賃金制度，休憩時間，軽食サービス，労働時間などの作業条件を順に変えていき，彼女たちの生産能率の変化をはかる実験であった。当然のことながら，休憩時間を増やすなど作業条件が有利になれば生産能率も向上した。しかし，元の作業条件に戻しても生産能率は下がらず，上がるという奇妙な結果が出た。

継電器組立作業室の実験結果から，従業員は与えられた物理的条件に忠実に反応するという機械人（マシン・マン）モデルは否定されることとなった。さらに実験対象者として選ばれたという彼女たちの誇りが作業能率を高めるというホーソン効果（Hawthorne effect）が発見された。

7-3 面接計画

面接計画は作業員に作業条件について感想を聞くこと，監督者の訓練，労使の信頼関係を作ることなどを目的にはじめられた。留意すべきことは従業員を面接する際に面接担当者はできるだけ発言を控え，被面接者に自由に意見を述べてもらうことである（非指示的方法）。その結果，実験者達はつぎのような結論を得た。

(1) 人間の行動は感情（sentiments）から切り離して理解することはできない。
(2) 感情は簡単に偽装され，色々な形で表現される。
(3) 感情は個人的来歴（personal history）と職場の社会的状況（social situation at work）の両方から理解されなければならない。

7-4 バンク巻き線作業観察室

実験の対象を個人から小集団へと変更し，バンク巻き線作業における実験が行われた。それはバンク巻き線作業に携わる14名の男性作業員からなる観察室

図表7-7　ホーソン実験と組織の構造

（1924年11月～1927年4月）
照明実験

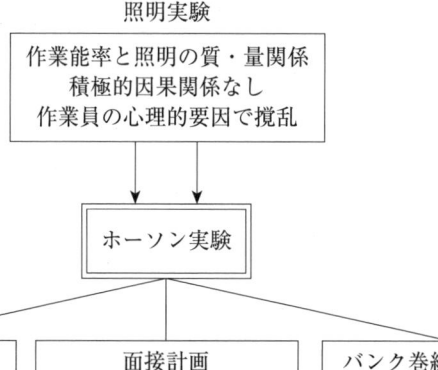

```
┌─────────────────────┐
│ 作業能率と照明の質・量関係 │
│   積極的因果関係なし     │
│ 作業員の心理的要因で撹乱  │
└─────────────────────┘
           ↓
      ┌─────────┐
      │ホーソン実験│
      └─────────┘
```

継電器組立作業実験室 1927年4月～1932年5月	面接計画 1928年9月～1930年9月	バンク巻線作業観察室 1931年11月～1932年5月
マシン・モデルの否定 モラールへの着目	非論理的行動 情緒的行動の発見	仲間感情と 非公式組織の発見

出所）藤芳誠一監修（2000）『新経営基本管理』泉文堂，229頁。

において自然発生した小集団を観察する実験であった。観察と面接を通じてわかったことは，14名の中に自然にできた集団につぎのような集団規範が形成されていたことであった。

(1) あまり働きすぎてはいけない。
(2) あまり怠けすぎてはいけない。
(3) 上司に仲間の不利益になることをいってはいけない。
(4) 社会的距離を誇示したり，職種をかさにきてはいけない。

こうして非公式組織（informal organization）の存在が確認され，非公式組織の中でできる集団規範が個人の態度に影響していることが明らかになったのである。

7-5　烏合の衆仮説の批判

メイヨーは，人間の能力を技術的技能（technical skill）と社会的技能（social

skill）に分け，産業化社会を鋭く分析する。ここで技術的技能とは物質的欲求や経済的欲求を満たす技能であり，社会的技能とは精神的欲求や人間的欲求を満たす技能である。メイヨーによると，産業化社会は前者に対する後者の発展の立ち遅れを生み，前者と後者が不均衡となる社会になるため，社会的技能を十分に発達させなければならないと指摘している。メイヨーによれば，社会的技能とは自発的協働（spontaneous co-operation）を促進できるように，他の人々からコミュニケーションを受け取り，他の人々の態度や考えに応答する能力だという。

また，メイヨーはリカード（Ricardo, D.）を例にあげ，古典派経済学の烏合の衆仮説（rabble hypothesis）を批判した。烏合の衆仮説とは，つぎの3つの特徴をもつ古典派経済学の人間仮説である。

(1) 社会は孤立した個人の群れからなっている。
(2) 個人は自己保存ないし自己利益を確保すべく行動する。
(3) 個人は自己目的を達成するために，その能力の最善をつくして論理的に思考する。

メイヨーは，こうした烏合の衆仮説は部分的な人間行動，あるいは異常時の人間行動を説明しているだけであり，平常時の人間行動をつぎのように説明している。

(1) 人間は孤立した個人ではなく，社会的人間であり，
(2) 自己の所属する集団の規範に強く規制されて行動し，
(3) 非論理的側面を強くもち，社会はこのような人間による協働システムにほかならない。

7-6　レスリスバーガーの組織観

ホーソン実験に参加したレスリスバーガーは，従来の人間観は単に経済的欲求をもつ経済人（economic man）モデルであり，新たな人間観として友情や安定感，集団への帰属の欲求をもつ社会人（social man）モデルを提唱する。また，レスリスバーガーは，組織に参加している個人は公式的関係で結ばれてい

第 7 章　代表的マネジメント（経営と管理）理論　235

図表 7-8　個人と組織の関係構造

```
経営組織 ─┬─ 技術的組織 ┄┄┄┄┄┄ 費用の論理
         │
         └─ 人間組織 ─┬─ 個　人
                      │
                      └─ 社会的組織 ─┬─ 公式組織 ── 能率の論理 ── 論理的行動
                                    │
                                    ├─ 非公式組織 ── 感情の論理 ── 非論理的行動
                                    │
                                    └─（組織不成立）┄┄┄┄┄┄┄┄ 非合理的行動
```

　　　　　　　　　　　　　職場の組織　　組織内の行動規範　　人間の行動

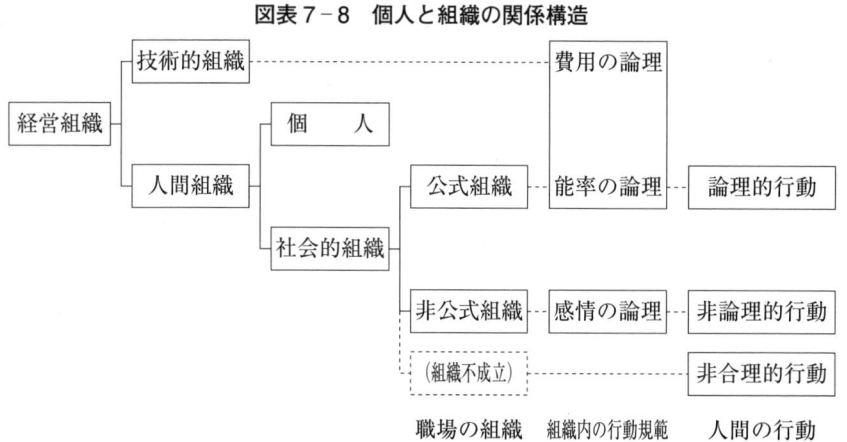

出所）藤芳誠一監修（2000）『新経営基本管理』泉文堂, 229頁。

るだけではなく, 上司, 部下, 同僚との間に非公式な相互作用関係が形成され, その中で強く結ばれているという。この非公式な相互作用関係が非公式組織なのであるが, 組織における個人は, 非公式組織の中で形成される社会的価値や感情を共有し, 非公式組織の中で各自に与えられた役割を担当しつつ, 友情や安定感, 集団への帰属欲求に即した社会的行動をとるのである。

　レスリスバーガーは, こうした人間観にもとづいて経営組織をつぎのように考えている。経営組織は, 材料・機械・道具からなる技術的組織と, 目的に向かって協働している個人からなる人間組織に分けられる。この技術的組織は費用の論理（logic of cost）が支配する世界である。まだ人間組織は個人が集まったものであるが, 個人の総和以上の存在である。このことは人と人の間に相互作用から形成される社会的関係（社会的組織）が存在することを意味している。社会的関係は, 組織図に示すことができるような権限関係で作られる公式組織と, 目には見えない人間関係によって自然発生的に作られる非公式組織とに分けられる。技術的組織に貫かれている費用の論理は能率の論理（logic of efficiency）と名を変えて公式組織を支配し, 公式組織において人間は論理的行動をとる。それに対して非公式組織では, 人間は感情の論理（logic of sentiments）によって支配され，集団規範に影響を受けたり，非論理的行動をとったりする。この非論理的行動は必ずしも非合理的行動を意味するのではなく，大部分は合理的行動の範疇に入るものである。したがって，組織形成にとって，人間の非合理的行動は排除しなければならないが，非論理的な行動は深くかかわるものとなる。

8. ウェーバーの「官僚制」とマートンの「逆機能論」

　われわれが官僚，官僚的，官僚主義という言葉を用いるとき，お役所的であるとか，形式主義とか，大企業病といった否定的なイメージを伴うことが多い。はたして官僚制とは悪いものなのであろうか。簡単に官僚という言葉に否定的な意味を重ねてしまう前に，官僚制についてもう一度理解する必要があるのではなかろうか。

　官僚制を社会科学的概念として確立したのはマックス・ウェーバー（Weber, M.）である。ウェーバーは，1864年ドイツのエルフルトに生まれ，ベルリン大学で法律学，経済史学などを学び，フライブルク大学を経て，ハイデルベルク大学に迎えられた。宗教社会学，経済史学など幅広い研究を行った。その中でも *Die protestantishe Ethik und der Geist des Kapitalismus*, J. C. B. Mohr, 1934.（梶山力・大塚久雄訳『プロテスタンティズムの倫理と資本主義の精神（上・下）』，岩波文庫，1955-62年）は有名であるが，ウェーバーによる組織研究は *Wirtschaft und Gesellschaft*, J. C. B. Mohr, 1922.（世良晃志郎訳『支配の社会学（Ⅰ・Ⅱ）』，創文社，1960-62年）や（阿閉吉男・脇圭平共訳『官僚制』創文社，1954年）に詳しく述べられている。

　官僚制は技術的にとても優れた制度であるが，官僚制は順機能だけではなく，逆機能も併せもっている。官僚制の逆機能とは，官僚制が非常に合理的な構造をもつがゆえに引き起される非合理的な"官僚制の予期されない逆機能的効果（unexpected dysfunctional consequences of bureaucracy）"をいい，主としてアメリカの社会学者マートン（Merton, R. K.）によって指摘された。

　マートンは1910年に生まれ，テンプル大学卒業後，ハーバード大学で学び，コロンビア大学に社会学教授として迎えられた。代表的著作として *Social Theory and Social Structure*, The Free Press, 1957.（森東吾・森好夫・金沢実・中島竜太郎訳『社会心理と社会構造』，みすず書房，1961年）があげられる。

8-1　支配の類型

官僚制（bureaucracy）という言葉は，引き出しのある机あるいは机のある所，すなわち事務局（bureau）と政治（cracy）が合わさったものである。ウェーバーは，事務局による政治とでもいうべきこの官僚制を定義するために，まず支配の概念について論じている。

支配（Herr·schaft）とは「ひとりまたは数人の支配者の命令が，他のひとりまたは数人の被支配者の行動に影響を及ぼそうとし，この支配者の行動が被支配者の服従を導くような影響を及ぼしている事態」である。支配は支配者の支配欲だけでは成り立たず，被支配者の服従があってはじめて成り立つ。

そこで，ウェーバーは，なぜ被支配者は支配者に影響されるのか，という支配の根拠に着目する。この支配の根拠はしばしば支配の正当性といわれるものである。支配の根拠（支配の正当性）は，(1) カリスマへの帰依，(2) 伝統の神聖性，(3) 諸規則の合法性の3つがあり，これにもとづいてウェーバーは支配の類型として，(1) カリスマ的支配（charis-matische Herr·schaft），(2) 伝統的支配（traditionale Herr·schaft），(3) 合法的支配（legale Herr·schaft）をあげた。

(1) カリスマ的支配とは，支配者が超人的，非日常的な力をもち，英雄的で模範的だから被支配者は支配されるのであり，軍事的英雄や予言者による支配が代表的である。

(2) 伝統的支配とは，支配者に従うのが習慣的で伝統的だから被支配者は支配されるのであり，絶対君主制度，家父長制度などを指す。

(3) 合法的支配とは，支配者に従うのが規則だし，従わないと秩序が乱れるから被支配者は支配される。選挙制度，輪番制度などがあてはまる。

合法的支配は「合法的に制定された没主観的・非人格的な秩序と，この秩序によって定められた上司に対して，上司の命令の形式的合法性のゆえに，また指令の範囲内において服従がなされる」ものであり，合法的支配のうち最も純粋な型，いわゆる理念型（ideal type）こそが官僚制なのである。

8-2 ウェーバーの官僚制の特徴

合法的支配の理念型としての官僚制は，つぎのような特徴をもっている。

(1) 規則による経営　　(2) 権限と責任の配分
(3) 階層性の原則　　　(4) 専門的訓練
(5) 公私の分離　　　　(6) 文書主義

官僚制は個人にではなく，決められた規則に支配の正当性を求め，規則によ

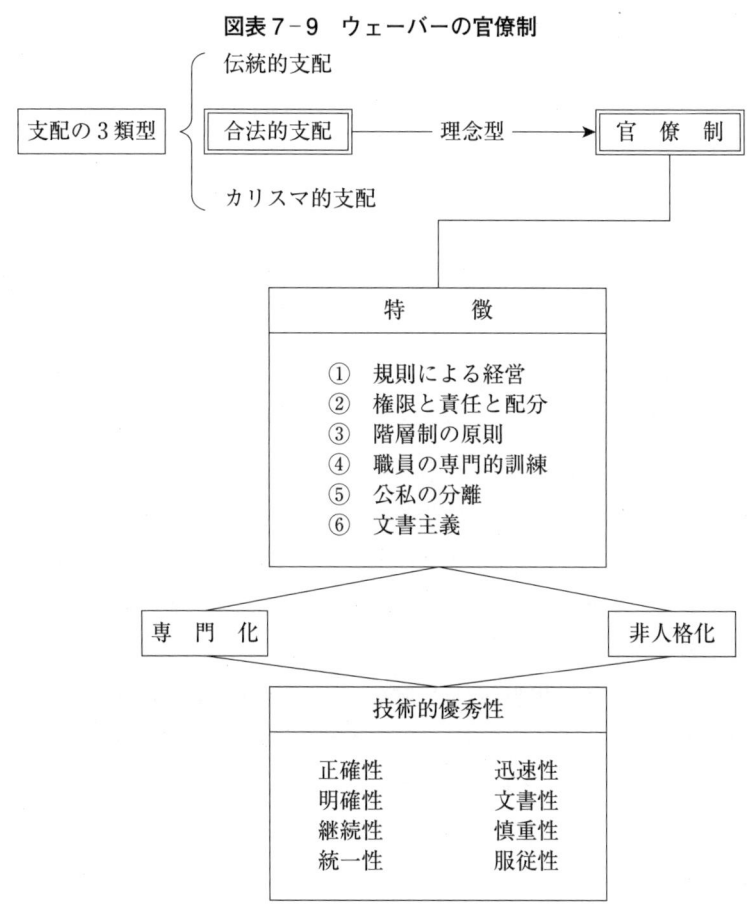

図表7-9　ウェーバーの官僚制

```
                 ┌ 伝統的支配
支配の3類型 ──┤ 合法的支配 ── 理念型 ── 官僚制
                 └ カリスマ的支配                │
                                                 │
                              ┌─────────────────┘
                              ▼
                        ┌───────────┐
                        │    特 徴   │
                        │ ① 規則による経営
                        │ ② 権限と責任と配分
                        │ ③ 階層制の原則
                        │ ④ 職員の専門的訓練
                        │ ⑤ 公私の分離
                        │ ⑥ 文書主義
                        └───────────┘
                       ╱             ╲
                 専門化               非人格化
                       ╲             ╱
                    ┌───────────────┐
                    │  技術的優秀性  │
                    │ 正確性　迅速性 │
                    │ 明確性　文書性 │
                    │ 継続性　慎重性 │
                    │ 統一性　服従性 │
                    └───────────────┘
```

出所）藤芳誠一監修（2000）『新経営基本管理』泉文堂，313頁。

って決められた上司によって支配されるという合法的支配の理念型である。それゆえ官僚制の根幹をなすのは，法や規則による運営である。

① 職務規定，人事規定といった規定によって仕事（何をしたらよいか）が決められている。
② 権限と責任は人に配分されるものではなく，規則にもとづいて役職に配分される。ここでの権限とは，配分された職務範囲内に付帯した命令権力を指す。
③ 官僚制においては上司と部下の厳格な上下関係を形成する秩序が重んじられる。
④ 仕事を行う上で高度な専門的知識が求められ，専門的に訓練されたものが地位に就く。
⑤ 仕事に私利私欲，私情をはさむことは許されない。事務と家計が区別され，事務財産と私的財産が区別されなければならない。
⑥ 文書にもとづいて業務が進んでいくのが官僚制の特徴である。

8-3　官僚制の技術的優秀性

官僚制は，行政組織をはじめとする多くの組織に浸透している。なぜならば官僚制が技術的にとても優れているからである。官僚制組織のどこが優れているのであろうか。その答えは，官僚制組織のもつ専門化と非人格化という特徴によって支えられている技術的優秀性にある。技術的優秀性とは，正確性，迅速性，明確性，文書に対する精通，断続性，慎重性，統一性，厳格な服従関係などである。

官僚制の世界では，規則によって何をすべきかが厳格に決められており，また権限や責任は人にではなく地位に固定されている。そのため，仕事は人物のいかんに関係なく，怒りや興奮といった非合理的な感情の入り込む余地もない。したがって，仕事は非人格的に行われるのであり，官僚制は物事が計算可能となる制度である。

ウェーバーは，官僚制はあらゆる支配形態の中で最も計算可能性が高いもの

であると考えた。したがって行政機関だけではなく，企業などあらゆる組織の内部構造が官僚制化されるであろうとウェーバーは予測したのである（普遍的官僚制化と呼ばれている）。

　冒頭で官僚制はお役所的，形式主義，大企業病という言葉とともに否定的に用いられると述べたが，確かに官僚制はもうひとつの顔をもち合わせている。官僚制の非人格化と専門化という特性は技術的優秀性を生み出すものの，同時に様々な弊害をももたらすことになった。こうした弊害は官僚制の逆機能と呼ばれ，社会学者のマートン他によって研究が行われている。

8-4　マートンの「目的と手段の転倒」

　マートンは「ものをみるひとつの道はものをみないひとつの道でもあり，…」という文を引用し，正確性，迅速性，信頼性あるいは能率といった目標を達成するためにできた官僚制をもうひとつの視角から検討する必要があると主張する。官僚制の構造的特徴としてあげられるのはなによりもまず"規則の遵守"であろう。規則によって仕事が決められ，権限と責任が明確となる官僚制では，規則の遵守こそが組織メンバーに求められる行動規範である。官僚制は「方法的であれ，慎重であれ，規律に服せよ」という圧力を組織メンバーに絶えず加えている。しかし，改めてなぜ規則は遵守されなければならないかを問うならば，規則は組織の目的を達成するために遵守されなければならない，すなわち，規則の遵守は組織の目的を達成するための手段なのである。

　ところが，いつのまにか「規則とは状況のいかんを問わず，規則に服することだ」というように規則の遵守が絶対視され，手段であったはずの規則の遵守が目的となってしまったのである。そして，規律への同調過剰による組織の目的と手段の転倒（displacement of goals）によって組織メンバーの行動は「融通のきかない杓子定規」なものとなり，形式主義，儀礼主義がはびこることとなる。

図表 7-10 官僚制の逆機能

```
                    ┌─────────────────────┐
                    │ ウェーバーの官僚制の │
                    │      優秀性         │
                    └─────────────────────┘
        ┌──┐         官僚制の合理的構造
        │順│              ↑
        │機│              │
        │能│         技術的優秀性
        └──┘              ↑
   ┌──┐   │               │
   │官│   │          合法的支配 ┌ 仕事の専門化
   │僚│───┤                    └ 人間の非人格化
   │制│   │               ↕
   └──┘   │
          │          ①目的と手段の転倒
        ┌──┐        ②変化への抵抗
        │逆│        ③人間関係の希薄化
        │機│              ↕
        │能│
        └──┘        官僚制の非合理的構造
                    ┌─────────────────────┐
                    │ マートンの官僚制の  │
                    │      陳腐化         │
                    └─────────────────────┘
```

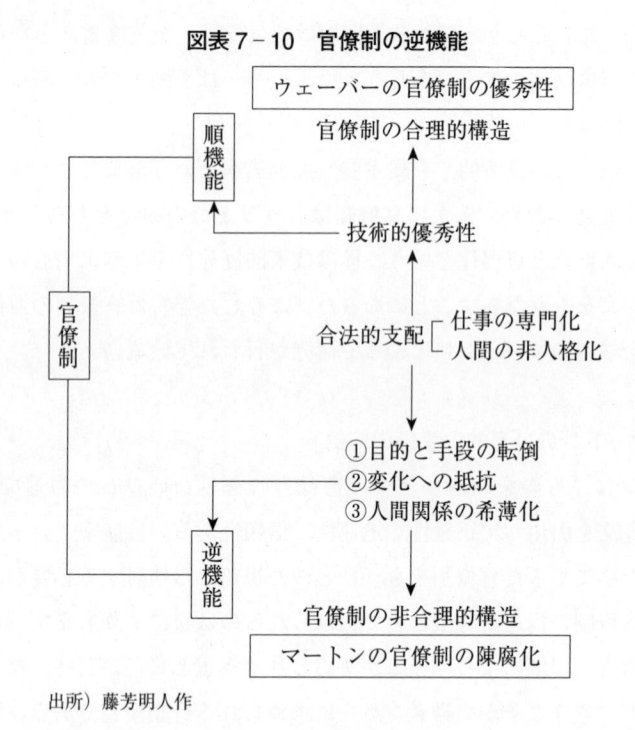

出所) 藤芳明人作

8-5 その他の逆機能

官僚制における昇進は先任順に行われる。したがって競争が最小限に抑えられ，組織メンバーは地位を保とうとして，地位を脅かすような変化に対して抵抗するようになる。さらに，官僚制が高度に専門化された知識を基礎にしていることも拍車をかけてしまう。自分たちの専門知識を「神聖化」してしまい，自分たちの専門知識を陳腐化させ，新しい専門知識を必要とするような変化に対する抵抗を生み出すことになる。官僚制はともすると変化に適応できないばかりか，変化に抵抗を示すようになってしまうのである。

また，官僚制では非人格的な規則によって諸活動が決められるため，諸活動は計算可能なものとなる。しかし，非人格的な規則は同時に組織メンバーと組織メンバーの結びつきをも非人格化してしまい，人間関係も希薄化してしまう。

このようないわば官僚制の負の側面が，対民間企業や対一般市民との間で表面化した場合には，非人格的な取り扱いを受けた顧客から横柄だとか，尊大だという批判を受けることになる。

　以上のように，マートンは官僚制の構造の特徴による逆機能の可能性を示し，官僚制組織には合理的側面と非合理的側面という2つの顔が存在することを指摘したのである。

〈参考文献〉
ウェーバー，M. 著，梶山力・大塚久雄訳（1955-62）『プロテスタンティズムの倫理と資本主義の精神（上・下）』岩波文庫
　──著，世良晃志郎訳（1960-62）『支配の社会学（Ⅰ・Ⅱ）』創文社
　──著，阿閉吉男・脇圭平共訳（1954）『官僚制』創文社
クローザー，S. 著，加藤三郎訳（1923）『我が一生と事業』文興院
サイモン，H. A. 著，松田武彦・高柳暁・二村敏子訳（1989）『経営行動』ダイヤモンド社
サイモン，H. A. & J. G. マーチ著，土屋守章訳（1977）『オーガニゼーションズ』ダイヤモンド社
テイラー，F. W. 著，上野陽一訳・編（1969）『科学的管理法』産業能率短期大学出版部
ドラッカー，P. F. 著，上田惇生訳（2001）『マネジメント』（エッセンシャル版）ダイヤモンド社
バーナード，C. I. 著，山本安次郎・田杉競・飯野春樹訳（1968）『新訳　経営者の役割』ダイヤモンド社
ファヨール，H. 著，佐々木恒男編訳（1989）『経営改革論』文眞堂
フォード，H. 著，稲葉襄監訳（1968）『フォード経営』東洋経済新報社
　──著，竹村健一訳（1991）『藁のハンドル』祥伝社
　──著，上田惇生訳（1997）『新訳　イノベーションと起業家精神（上・下）』ダイヤモンド社
　──著，野田一夫監修,現代経営研究会訳（1987）『現代の経営（上・下）』ダイヤモンド社
　──著，上田惇生訳（1999）『明日を支配するもの』ダイヤモンド社
マートン，R. K. 著，森東吾・森好夫・金沢実・中島竜太郎訳（1961）『社会心理と社会構造』みすず書房
メイヨー，E. 著，村木榮一訳（1951）『産業文明における人間問題』日本能率協会

レスリスバーガー，F. J. 著，野田一夫・川村欣也訳（1954）『経営と勤労意欲』ダイヤモンド社

第8章 リーダーシップとモチベーションの理論類型

1. アーウィックの「リーダーシップ論」（資質論）

　アーウィック（Urwick, L. F.）は，オックスフォード大学で歴史を学び，メーカー勤務を経て，国際管理協会理事に就任，1934年アーウィック・オール社を設立している。主要著書には *The Elements of Administration*, Pitman, 1943.（堀武雄訳『経営の法則』経林書房，1961年）がある。

　アーウィックはまた，リーダーシップの資質論を展開した。ここではリーダーシップに必要な資質（personal quality or trait）を明らかにした *Leadership in the Twentieth Century*, Sir Issac Pitman & Son Limited, 1957.（藤芳誠一・星野清訳『現代のリーダーシップ』新版，経林書房，1968年）を中心にアーウィックの経営観とリーダーシップ観について理解を深めていくことにする。

1-1　リーダーシップの位置づけ

　アーウィックによると，人間は経済的動物であると同時に社会的動物である，という。企業は経済目的を達成するための経済価値の組織である。この経済目的を達成するためには，仕事の管理を必要とする。また，企業は共通の目的のために互いに結合した人間の共同社会である。この社会目的を達成するためには，人間の管理を必要とする。つまり，企業には「仕事」と「人間」の2つの側面があるのである。

　生物学において有機体が細胞からできているのと同じように，企業は個々人からできている社会単位である。そこで，経営者は「個人」と「集団」の2つの側面に考慮しつつ経営にあたらなければならない。

「仕事」と「人間」を縦軸に,「個人」と「集団」を横軸にとると, 次の 4 つの管理領域ができる。

(1) 経営者は個人に関係した仕事を考慮して課業 (task) を研究し, 決定しなければならない。
(2) 経営者は集団に関係した仕事を考慮して団体の課業に個々人が貢献し, 全体としてひとつの形になるよう個々人の課業を調整し関連 (arranging

図表 8-1 アーウィックのリーダーシップ

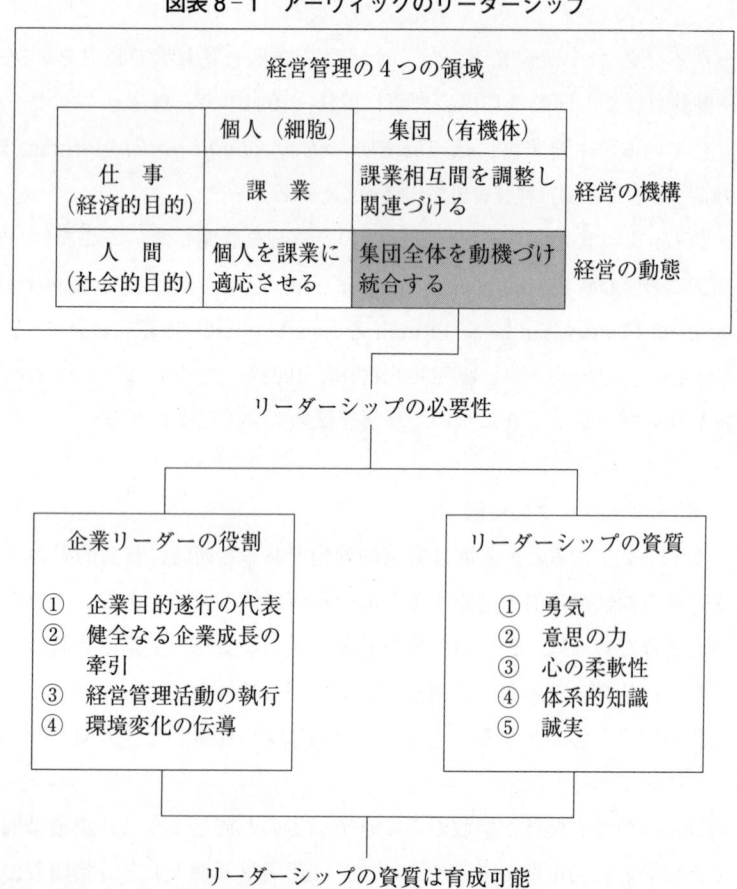

経営管理の 4 つの領域

	個人（細胞）	集団（有機体）	
仕 事 (経済的目的)	課 業	課業相互間を調整し関連づける	経営の機構
人 間 (社会的目的)	個人を課業に適応させる	集団全体を動機づけ統合する	経営の動態

リーダーシップの必要性

企業リーダーの役割

① 企業目的遂行の代表
② 健全なる企業成長の牽引
③ 経営管理活動の執行
④ 環境変化の伝導

リーダーシップの資質

① 勇気
② 意思の力
③ 心の柔軟性
④ 体系的知識
⑤ 誠実

リーダーシップの資質は育成可能

出所) 藤芳誠一監修 (2000)『新経営基本管理』泉文堂, 253頁。

and correlating task) づけなければならない。
(3) 経営者は，職場の人間はひとりの個人であるという人間を考慮して，個々人を課業に適応（arranging the individual to the task）させなければならない。
(4) 経営者は，職場の人間は集団を形成するという人間を考慮して，集団全体を動機づけ，統合（motivating and integrating the group）しなければならない。

(1)はテイラーによる科学的管理法によって扱われ，(2)は管理過程論で扱われた。アーウィックは，この(1)と(2)を経営の機構（mechanics of management）を扱う技術的問題であるとした。それに対して(3)と(4)を経営の動態（dynamics of management）を扱う社会的問題とし，この(3)と(4)がリーダーシップに直接関係する領域であると述べている。中でも集団に刺激を与え，モラール（morale）を高め，動機づける(4)の領域こそリーダーシップが不可欠な存在となる。アーウィックは，企業が経済単位であることばかりに気をとられていると，社会単位としての存在を忘れ，リーダーシップが不在になることを指摘するのである。

1-2　リーダーシップの資質

アーウィックは，リーダーシップを「他の人々が，自然にそれに引きつけられて，その人の指導を受け入れたくなるような個人のもつ行動の資質である」とし，リーダーのなすべき役割をつぎのようにあげている。
(1) 企業を代表し，内部で働く人に対しても外部で働く人に対しても企業目的の遂行を代表する。
(2) 競争の中で成長を維持し，かつ企業を健全化するための手段をとるよう率先する。
(3) 予測，計画，組織，命令，調整，統制といった経営管理活動を執行する（アーウィックの管理要素はファヨールとほぼ同じといえるが，アーウィックはファヨールの予測の中に予測と計画の2つが含まれるとしてい

る)。

(4) 経営にかかわらずあらゆる事態の推移,変動を同僚や部下にわからせる。

　こうした役割を果たすリーダーに求められる条件とはなんであろうか。リーダーシップの資性論は,英雄・偉人といったリーダーに共通する特徴,一般の人々と異なった優れた特徴を探ろうとする研究である。アーウィックは,企業における競争や葛藤が戦争におけるそれと類似していることを指摘し,企業におけるリーダーシップの資質を戦争の場面で見直そうとする。戦場において上官が部下の心を動かすものこそリーダーシップの真髄であり,ネルソン提督の資質を扱ったウィリアムス・スリム卿(Sir William Slim)を取り上げ,リーダーシップに必要な資質を示したのである。

(a) 勇気(courage)………人間のあらゆる力の根源で,企業や社会でその占める地位が高くなるほど,道徳的勇気(moral courage)とならなければならない。

(b) 意思の力(will power)………はかりしれない反対や困難にあっても,物事を成し遂げるのに,屈することのない力の発揮を必要とする。

(c) 心の柔軟性(flexibility of mind)………かたくなな意思の力だけではだめで,臨機応変の処置をとることのできる弾力性のある心のゆとりが必要である。

(d) 知識(knowledge)………断片的な知識ではなく,部下が遭遇している困難な問題に対して,それを克服してやれるような広範囲な体系的知識を必要とする。

(e) 誠実(integrity)………前述した以外のすべての基礎となるものは,結局のところ品性の高潔さにある。公正さと誠実さこそ,部下に信頼される基本である。

1-3 リーダーシップの育成

　つまるところ資質論で問題になるのは,リーダーシップの育成が可能かどうかである。リーダーシップの資質は神秘的で偶然に生まれ,指導者は"神に選

ばれし者"なのであろうか。また，親から子へと世襲されるものであろうか。
　アーウィックは，産業革命以前の歴史の中にリーダーシップの資質が世襲された形跡をたどるが，これは教会による教育，訓練によるものであったと指摘している。つまり，リーダーシップの資質は環境や訓練によって育成することが可能であり，知識はもちろんのこと意思の力，心の柔軟性，誠実，さらに勇気までも仕事上の訓練で伸ばすことができるのである。リーダーシップの資質が育成可能か否かについて，バーナード（Barnard, C.I.）は，育成可能な資質と育成困難な資質をつぎのように分けている。育成可能な資質は，体力，技能，技術，知覚，知識，記憶，想像力における個人的優越性である。これに対して，育成困難な資質は，決断力，不屈の精神，耐久力および勇気における個人的優越性である。こうしたリーダーシップの育成にこそ，リーダーシップの資質論の意義があるというのである。

2. ブレイク＝ムートンの「マネジリアル・グリッド」(形態論)

リッカート (Likert, R.) が中心となって進めたミシガン研究の流れを受け継ぐリーダーシップの研究が *The Managerial Grid*, Gulf Publishing Co., 1964. (上野一郎監訳『期待される管理者像』産業能率短期大学出版部, 1965年) を著したロバート・ブレイクとジェーン・ムートン (Blake.R.R. and Mouton, J.S) のマネジリアル・グリット (managerial grid) である。また, 同様の形態論者に1978年に『リーダーシップ行動の科学』(有斐閣) を著した三隅二不二がいる。ここでは両者を取り上げ, リーダーシップ形態論を詳しくみていくことにしよう。

2-1 ミシガン研究からマネジリアル・グリットへ

リッカートを指導者として1947年からはじまったミシガン研究では, どのようなリーダーシップ・スタイルが従業員のモラールを高め, 結果として高い業績に結びつくかを実証研究によって明らかにしようとした。ここで問題になるのは, リーダーシップ・スタイルをどのように分類するかである。ミシガン研究では, (1) 集団維持機能と, (2) 目標達成機能の2次元でリーダーシップ・スタイルを分類しようとした。同様に, オハイオ州立研究においても, (1) 配慮 (consideration) と, (2) 構造づくり (initiating structure) の2次元でリーダーシップ・スタイルを分類している。

(1) の配慮とは, 部下に対する配慮, 部下との相互信頼などによって特徴づけられる関係の程度であり, ほぼミシガン研究の①集団維持機能と対応する。(2) の構造づくりとは, 目標に向かってリーダー自身と部下の役割を規定し, 構造づけようとする程度であり, ほぼミシガン研究の②目標達成機能と対応する。

ミシガン研究の流れを受け継ぐマネジリアル・グリットもリーダーの関心を2次元で分類した。ひとつは人間に対する関心 (concern for people) であり, もうひとつは業績に対する関心 (concern for production) である。ここで, 人

間に対する関心とは部下の熱意，部下の信頼に応えること，良好な作業条件の確立と維持，公正な給料制度と福利厚生制度の維持，仕事の保証を求める心，同僚との人間関係や友情などに対するリーダーの関心を指す。業績に対する関心とは売上高や生産高，作業能率，決定の質，新製品の開発などに対するリーダーの関心を指す。なお，ここでの"関心"とは具体的事柄を指すものではなく，管理方法の根底に存在する基本的な考え方を指すものである。

　こうしたリーダーシップ・スタイルの類型化は，従来と大きく異なっている。従来のリーダーシップ・スタイルは民主的か専制的か，従業員中心か仕事中心かといった"2分法"であった。これでは現実を説明するには不十分であり，ミシガン研究をはじめとする"2次元法"が考案されたのである。

2-2　理想のリーダーシップ・スタイル

　人間に対する関心を縦軸に1段階から9段階までとり，業績に対する関心を横軸に1段階から9段階までとる。縦軸と横軸をかけ合わせると9×9で合計81種類のリーダーシップ・スタイルが類型される。

　代表的なリーダーシップ・スタイルをつぎにあげよう。なお，組み合わせの順番は横軸・縦軸すなわち業績に対する関心・人間に対する関心である。

(1) 1・1型は消極型である。業績をあげる仕事の面でも，部下に満足感を与え，良好な人間関係を維持する面でも極めて消極的なリーダーシップである。いわば，"仕事も人間もダメ"という無為無謀型である。"見ざる，聞かざる，言わざる"の無関心型でもある。

(2) 1・9型は人間中心型である。部下に満足感を与え，良好な人間関係を維持するリーダーシップ・スタイルである。しかし，このリーダーシップ・スタイルのリーダーは，仕事の計画や進行にはあまり積極的に口を出さない。いわば，"仕事はダメだが人間はいい"という型である。1・9型のリーダーのもとでは，気楽なカントリー・クラブ的なチームが形成される。

(3) 9・1型は仕事中心型である。職場の業績をあげることに熱心で，仕事

の計画や進行について部下にどんどん働きかけようとするリーダーシップ・スタイルである。しかし，このリーダーシップ・スタイルのリーダーは，部下に満足度を高めるという働きかけはおろそかになりがちである。いわば「仕事はできるが部下への思いやりがない」という型である。9・1型のリーダーは，権限や権威といった力で部下を統制しようとする。

(4) 5・5型は中庸型である。職場の業績をあげることにも，良好な人間関係を維持することにもさほど積極的ではなく，「なんとかうまくいく，まあまあやっていく」無理をしない現状維持型のリーダーシップ・スタイルである。

(5) 9・9型は理想型である。職場の業績をあげることに熱心で，高い目標

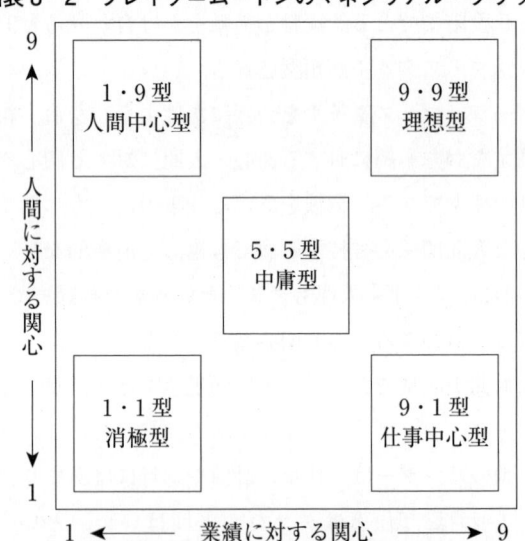

図表8-2　ブレイク＝ムートンのマネジリアル・グリッド

人間に対する関心		
1・9型 人間中心型		9・9型 理想型
	5・5型 中庸型	
1・1型 消極型		9・1型 仕事中心型

業績に対する関心　1 ← → 9

出所）Blake & Mouton (1964) *The Managerial Grid.*（上野一郎監訳（1969）『期待される管理者像』産業能率短期大学出版部，14頁。）

に向けて部下を導き，同時に部下からの意見に耳を傾け，信頼と尊敬によって満足感を与え，良好な人間関係を維持してくれるリーダーシップ・スタイルである。

ブレイク=ムートンは，9・9型をチーム・アプローチとして重視している。9・9型のリーダーは自分（上司）と部下が一緒になって問題を理解し，目標を決め，結果についても責任をみんなで感じるようにし，部下の自主性を高めていく。業績の達成はチームワークを通じた問題解決によってなされ，部下はやりがいのある仕事に満足する。

ブレイク=ムートンは，9・9型のリーダーシップ・スタイルが生みだすチームワークに着目し，グリッド理論による組織開発（organizational development）を考案している。

2-3　PM理論

三隅二不二のPM論は，マネジリアル・グリッドと同じくミシガン研究の流れを汲む研究である。PM理論はリーダーシップをPとMの2次元で類型化し，業績との関係を明らかにしていこうとする実証研究である。

三隅二不二は，PM論の狙いを「現代に生きる指導者の新像について，客観的データをもとにしてデッサンを試みたもの」と述べている。アイディアこそミシガン・グループから受け継いだものであるが，自らのPM尺度を用いて従来のリーダーシップ類型をより「一義的に客観的に測定できるような次元に移行して新しい指導者類型論を展開した」のである。

Pとは集団の目標達成機能（performance）である。Mとは集団の維持機能（maintenance）である。三隅によれば，リーダーシップとは「集団の目標の設定を促進し，その目標に向かって集団成員を動機づけ，成員間の相互作用を強め，集団凝集性を高め，集団の力を有効に用いるようにする集団状況的機能である」ため，リーダーシップは単にリーダーの行動として表現されるものではなく，集団的な社会現象であるから，集団概念として表現されなければならないという。したがって，リーダーのP機能もあれば，フォロワー（部下）のP

機能もある。

P機能は仕事の効率や生産性を向上させる機能であり，提案したり，資料を提供したりして集団の目標達成に貢献する活動である。M機能は集団内で発生した人間関係の緊張を解消させたり，自主性を刺激したり，部下を激励したりする集団の維持，強化に貢献する活動である。

組織や集団は，個人が自分の欲求を直接ないし間接に充足させる機会として参加するものであるかぎり存続の可能性をもつ。しかし，個人の欲求は完全に充足されるということはなく，個人間の対立あるいは組織や集団の目標と個人の目標の葛藤などにより，組織や集団は分裂・崩壊の危機をはらんでいる。M機能はこの分裂・崩壊をくい止め，結合を促進する作用なのである。M機能が機能せず集団の維持が困難になれば，いうまでもなくP機能も作用しない。

P機能を縦軸に，M機能を横軸にとり，おのおの強・弱をつければpm, Pm, pM, PMといった4つのリーダーシップ類型ができる。大文字は機能が強いこ

図表8-3 三隅二不二のPM理論

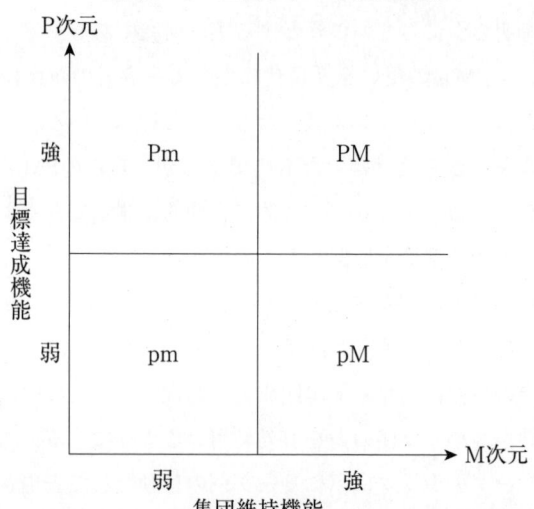

	弱	強
強	Pm	PM
弱	pm	pM

縦軸：P次元（目標達成機能）
横軸：M次元（集団維持機能）

出所）三隅二不二（1966）『新しいリーダーシップ——集団指導の行動科学』ダイヤモンド社，128頁。

とを，小文字は機能が弱いことを示す。たとえば，Pm型はP機能がM機能より強いリーダーシップであるといえる。実験室や現場では，P機能とM機能がともに強いPM型が高い業績と結びついているという結果が得られている。この結果は，マネジリアル・グリッドと同じであるといえよう。

3. フィードラーのLPCとハーシー＝ブランチャードのSL理論（状況理論）

行動科学や組織論の分野で研究が進められているコンティンジェンシー理論のリーダーシップ研究における代表的存在がフィードラー（Fiedler, F. E.）である。リーダーシップのコンティンジェンシー理論とは，リーダーシップの普遍的有効性を否定し，リーダーシップが有効か否かは集団状況に依存するという考え方である。フィードラーは，*A Theory of Leadership Effectiveness*, 1967.（山田雄一監訳『新しい管理者像の探求』産業能率短期大学出版部，1970年）の中で，「LPC」得点という採点方式を用いて，相互依存型集団におけるリーダーシップ・スタイルの有効性について論じている。

ハーシー＝ブランチャード（Hersey, P. & Blanchard, K. H.）は，*Management of Organizational Behavior*, 1969.（山本成二・水野基・成田攻訳『行動科学の展開』日本生産性本部，1978年）の中で，リーダーシップ・スタイルと集団業績の関連については，フォロワーの成熟度（level of maturity）が条件となるという状況理論「SL理論」（situational leadership theory）を展開している。それは効果的リーダーシップのスタイルはフォロワーの成熟度（マチュリティ）によって異なるというコンティンジェンシー・モデルである。

3-1 相互依存型集団

フィードラーは，まず分析の対象となる集団を3種類に分類する。

(1) 相互依存型集団：集団が一定の成果をあげるために，その集団メンバーが情報を交換し，細部の点についてまで十分な調整をしながら維持・存続している集団。通常，われわれが「集団」と呼ぶときは，この集団を指している。

(2) 独立並行型集団：各メンバーが，各自の課業を他のメンバーとの意見調整なしに，独立して行う集団。

(3) 対立統合型集団：対立する意見についてメンバーが交渉や取引を行う集団。

フィードラーによれば，集団の性格が異なることによって，リーダーの役割や，メンバー間の競争の程度や目標共有の程度も異なってくる。多くの集団はこれらすべての性格をあわせもつのが普通であるが，そのいずれの性格が強いかによって上記3種類に分類できるのである。フィードラーが対象とした集団は，「相互依存型集団」である。

つぎのこの相互依存型集団を，(1) リーダーとメンバーの人間関係，(2) 課業（タスク）構造の高低，(3) リーダーの権限の強弱（地位パワー）という3つの「状況要因」により，8種類の集団に分類する（図表8-4）。

ここで「リーダーとメンバーの人間関係」というのは，リーダーの評定した「集団雰囲気」の良し悪しである。「課業構造の高低」は，その測定尺度として，(1) 目標決定についての検証可能性，(2) 目標の明確さ，(3) 達成手続の多様性，(4) 問題が発生した際，それへの解決策が多数あるか否かの4点によって

図表8-4 フィードラーの状況要因による集団分類

カテゴリー	I	II	III	IV	V	VI	VII	VIII
リーダー＝メンバー関係	良い	良い	良い	良い	悪い	悪い	悪い	悪い
タスク構造	構造化されている		構造化されていない		構造化されている		構造化されていない	
地位パワー	強い	弱い	強い	弱い	強い	弱い	強い	弱い

出所）榊原清則（2002）「フィードラーの発見」『経営学入門』日経文庫，79頁。

決定される。「リーダーの権限（地位パワー）」とはリーダーの地位に伴う権限（採用・評価・昇進・昇級への影響力）である。

3-2　リーダーのパーソナリティ

つぎに，リーダーのパーソナリティを測定する。それは，LPC（least preferred coworker）得点といわれるもので，これは，リーダーが過去，自分自身が一緒に仕事をした協働者の中から，最も好ましくないと思った者に対する態度を下記（LPCの得点例）に示すようなセマンティック・ディファレンシャル方式のテストによって測定したものである。フィードラーは，この測定尺度を用いてリーダーのパーソナリティを評定するとともに，このパーソナリティによって，リーダーシップ・スタイルが決まるとする。

LPC 得点の例

「現在、あるいは過去において，あなたが，最も働きにくい人（きらいな人ということではない）のことを考えてみよう。感じたとおりのことを記入して下さい。」

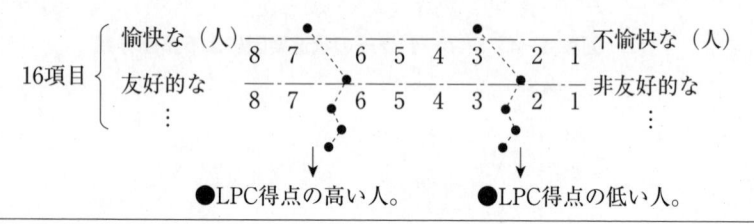

16項目 ┤ 愉快な（人） ── 8 7 6 5 4 3 2 1 ── 不愉快な（人）
　　　　 友好的な　 ── 8 7 6 5 4 3 2 1 ── 非友好的な
　　　　 …

●LPC得点の高い人。　●LPC得点の低い人。

すなわち，LPC得点の高い人は，対人関係をうまくやっていくことに主たる満足を見出す人であり，低い人は，業績をあげることに主たる満足を見出す人であることが認められた。このようにして前者を「人間関係指向的リーダー」，後者を「課業指向的リーダー」と称した。

以上のように，一方において，3つの状況要因によって集団を分類（8種）し，他方において，LPC指標によって，リーダーシップ・スタイルを2種に分類する作業を行った。そして，最後に，多くの実験からどの集団には，集団の目標達成にとってどういったリーダーシップが最も適しているかを結論づけた。

その結論によれば，リーダーが，リーダーシップを発揮するのに状況の有利な場合（集団状況Ⅰ，Ⅱ，Ⅲ）と不利な場合（集団状況Ⅷ）には，課業指向的リーダーシップ（LPC得点の低い者）が有効であり，状況がやや有利な場合（集団状況Ⅳ，Ⅴ，Ⅵ，Ⅶ）には，人間関係指向的リーダーシップ（LPC得点の高い者）が有効であるということである。

3-3 リーダーシップ・スタイル

ハーシー＝ブランチャードが提唱したSL理論におけるリーダーシップ・ス

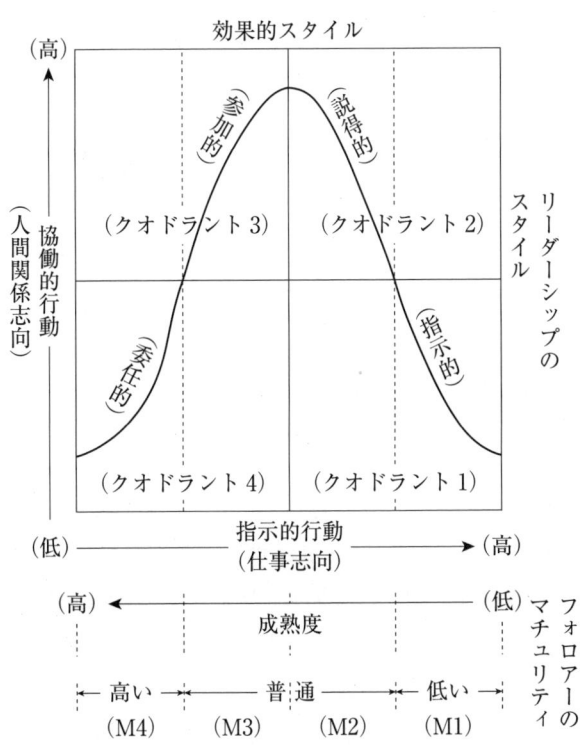

図表8-5　SL理論

出所）Hersey & Blanchard（1969）*Management of Organizational Behavior.*（山本成二他訳（1978）『行動科学の展開』日本生産性本部，232頁。）

タイルは，仕事志向の「指示的行動」と，人間関係志向の「協働的行動」の2次元でとらえ，その組合せによって4つのリーダーシップ・スタイルを設定している（図表8-5）。この考え方ではすでに明らかにしたように，オハイオ・グループの「構造づくり」・「配慮」の2次元軸，ブレイク＝ムートンによる「マネジリアル・グリット理論」の「人間に対する関心」・「業績に対する関心」の2次元軸や三隅二不二の「PM理論」の「目標達成機能」と「集団維持機能」の2次元軸の設定と類似したものである。

過去の研究においては，クオドラント2（第2象限），すなわち指示的，協働的行動の双方とも高いリーダーシップ・スタイルが最も有効であり，クオドラント4の2次元とも低いリーダーシップが最悪であるという普遍妥当性が追求されてきた。しかしSL理論においては，フォロワーの成熟度によって有効なリーダーシップ・スタイルは異なり，クオドラント2のリーダーシップ・スタイルが，いかなる状況においても妥当するわけではないことを示している。

コンティンジェンシーとしての成熟度には，(1) 達成可能で，しかも高い目標を設定しようとする達成意欲，(2) 責任を積極的に負い，また，それをまっとうできる能力があるかどうかという責任遂行能力，(3) 教育と経験，さらに(4) 自信と自立性などの要素が含まれている。

3-4 成熟度とリーダーシップ

この成熟度とリーダーシップ・スタイルの適合関係がSL理論の中心である。

成熟度が低いM1のフォロワーに対してはクオドラント1（指示的行動が高く，協働的行動が低い）のリーダーシップ・スタイルが有効である。同様にM2にはクオドラント2，M3にはクオドラント3，が対応する。成熟度が最も高いM4のフォロワーに対しては，クオドラント4の指示的行動も協働的行動も低いリーダーシップが最も効果的であることを示している。各々の適合的リーダーシップ・スタイルは，指示的（telling），説得的（selling），参加的（participating），委任的（delegating）リーダーシップと名づけられている。

この曲線は，リーダーが最適なスタイルをとれない場合の次善のリーダーシ

ップ・スタイルをも示している。たとえば，M1に対しては指示的リーダーシップが最適であるが，2番目にはクオドラント2が，3番目にクオドラント3のリーダーシップの成功率が高く，クオドラント4の成功率が最も低いことを示している。

　このように最近におけるリーダーシップ研究では，リーダーシップ・スタイルと業績，あるいはフォロワーの満足度との関連において，フォロワーの特性，あるいは課業の特性を状況変数とするコンティンジェンシー・アプローチが進められているのである。

4. マズローの「欲求段階説」(コンテンツ・セオリー)

　モチベーションに関する理論は，主にモチベーションの内容・種類・関連性を明らかにしようとする内容理論（content theory）とモチベーションが心理的プロセスを通して人間行動に反映されるまでを明らかにしようとする過程理論（process theory）の2つに分類される。前者の代表的理論が，マズロー（Maslow, A. H.）の欲求段階説であり，後者の代表的理論が期待理論（expectancy theory）である。

　人間の行動を理解しようとするとき，動機づけ（motivation）の問題は避けては通れない。動機づけは一般的にヤル気を起させることと解釈されている。上司が部下を動機づけるとき，部下がどのような欲求をもち（欲求の内容，種類），どのようにして動機づけられるのか（動機づけの過程）を理解しておかなければならない。そこでマズローの欲求段階説を手がかりに，人間の欲求を説明する。マズローは著書 *Motivation and Personality*, Harper & Row, 1954.（小口忠彦訳『人間性の心理学』産業能率大学出版部，1971年）の中で，人間の欲求を整理し，つぎのように人間の欲求を明らかにした。

4-1　欲求の種類と構造

　マズローは，人間の欲求には以下のような欲求が存在することを明らかにした。

生理的欲求（physiological needs）
安全の欲求（safety needs）
所属と愛の欲求（belongingness and love needs）
尊敬と自尊心の欲求（esteem and self-respect needs）
自己実現と完成の欲求（needs for self-actualization and accomplishment）

　(1) 生理的欲求とは食物，睡眠，運動など肉体的欲求である。
　(2) 安全の欲求とは身体的な危険から守られたいと思う欲求である。

(3) 所属と愛の欲求とは友情や愛情，集団への帰属などの仲間意識や社会的関係を求める欲求で，仲間欲求や社会的欲求（social needs）ともいわれる。
(4) 尊敬と自尊心の欲求とは，第1に他人から尊重，尊敬され，地位や評価を得ようとする欲求であり，第2に能力に対する自信，独立と自由を求める欲求で，自我の欲求とも呼ばれる。
(5) 自己実現と完成の欲求とは，限りなき自己啓発，能力の向上ならびに実現を望む欲求で，成長欲求とも呼ばれる。

なおマズローは，これらの欲求の他に高次元の欲求として，⑥知る欲求と理解する欲求（the desires to know and to understand），⑦審美欲求（aesthetic needs）をあげている。

マズローによれば，(1)から(5)の欲求が階層構造をなしているという。そして低次の欲求が満たされなければ，次の高次な欲求が出現しないという点がマズロー理論の特徴である。すなわち生理的欲求が満たされない状況では，安全の欲求は出現しないのである。

また，たとえばAという欲求が満たされていない（欠乏している）場合，行動の動因となる（欠乏欲求という）。しかし，Aという欲求が満たされてくる（充足されてくる）とAという欲求は行動の動因としての地位を失い，次のBという欲求が行動の動因となってくる。

このように(1)から(4)の欲求は欠乏欲求と呼ばれるのに対して，(5)の自己実現と完成の欲求は例外で，その欲求が満たされるとさらにその欲求の強さが増すので，成長欲求とも呼ばれている。

4-2　アージリスとマグレガー

マズローの欲求段階説は，行動科学（behavior science）のアージリス（Argyris, C.）やマグレガー（McGregor, D.）の理論に影響を与えた。アージリスもマグレガーも，ともに組織と個人の統合に向けて人間観を想定しているが，彼らの人間観のベースにあるのはマズローの自己実現欲求である。

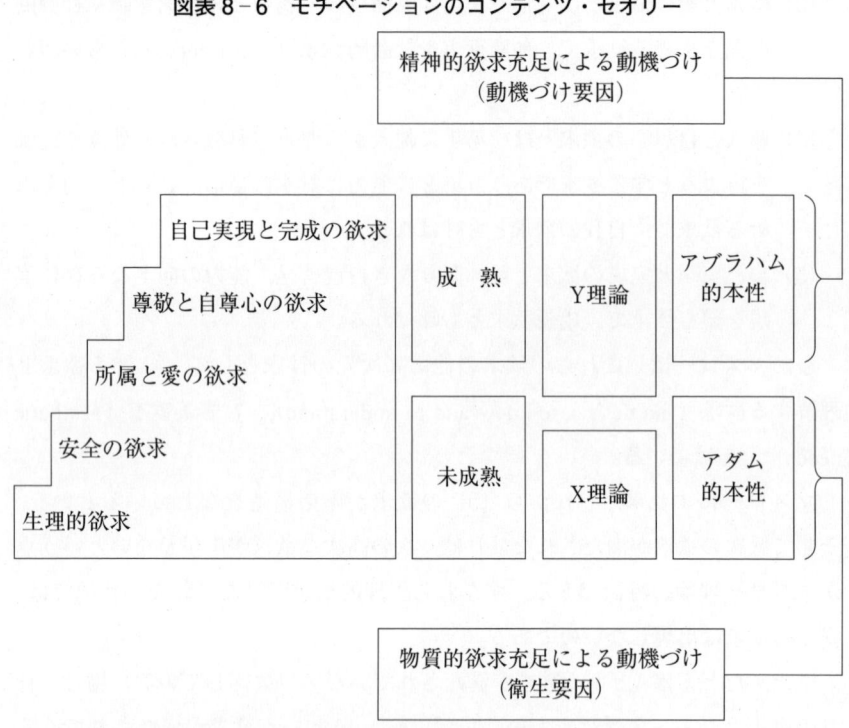

図表 8-6　モチベーションのコンテンツ・セオリー

```
                    ┌──────────────────┐
                    │ 精神的欲求充足による動機づけ │
                    │    （動機づけ要因）      │
                    └──────────────────┘
┌─ 自己実現と完成の欲求
│
├─ 尊敬と自尊心の欲求      ┌──────┐ ┌──────┐ ┌──────┐
│                        │ 成 熟 │ │ Y理論 │ │アブラハム│
├─ 所属と愛の欲求         │      │ │      │ │的本性 │
│                        └──────┘ └──────┘ └──────┘
├─ 安全の欲求
│                        ┌──────┐ ┌──────┐ ┌──────┐
└─ 生理的欲求             │ 未成熟│ │ X理論 │ │ アダム│
                        │      │ │      │ │的本性 │
                        └──────┘ └──────┘ └──────┘
                    ┌──────────────────┐
                    │ 物質的欲求充足による動機づけ │
                    │     （衛生要因）       │
                    └──────────────────┘
```

出所）藤芳誠一監修『新経営基本管理』泉文堂，2000年，241頁。

アージリスは，*Personality and Organization*, John Wiley & Sons, 1957.（伊吹山太郎・中村実訳『新訳　組織とパーソナリティ』日本能率協会，1970年）の中で健康なパーソナリティの成長傾向として未成熟—成熟モデルを示した。

未成熟—成熟モデルによると，個人は成長に伴って，(1) 受動的から能動的へ，(2) 依存的から自立的へ，(3) 限られた行動から多様な行動へ，(4) 浅い関心から深い関心へ，(5) 短期的欲望から長期的展望へ，(6) 従属的地位から同等または優越的地位へ，(7) 自我の欠如から自覚と自己統制へとパーソナリティを成熟させ，自己実現を求めていく。

もし，こうしたパーソナリティの成熟がなんらかの形で阻害されるのならば，個人は攻撃，拒否，抑圧，合理化，優柔不断，失言などの防衛メカニズムを用

いてしまう。

　公式組織は専門化の原則，階層の原則，命令統一の原則，監督範囲適正化の原則が支配する世界であり，アージリスは，公式組織のもとで個人は未成熟段階の行動が求められ，健康なパーソナリティの成熟がはばまれ，公式組織の中の個人は防衛メカニズムを働かせるようになるという。

　公式組織でみられる防衛メカニズムは組織的怠業，（対抗的）非公式組織の形成，無関心，無気力，金銭的報酬の重視である。これらは上記の組織原則をさらに強化することとなり，悪循環が生まれる。こうした悪循環を断ち切り，組織と個人を統合する方法としてアージリスは職務拡大（job enlargement）と現実中心的リーダーシップ（real centerd leadership）をあげている。

　マグレガーは，*The Human Side of Enterprise*, McGraw-Hill, 1960.（高橋達男訳『新版　企業の人間的側面』産業能率短期大学出版部，1970年）でX理論とY理論という2つの人間観を示した。

　X理論は，

（1）普通の人間は生まれつき仕事嫌いで，できるだけ避けようとするものである，

（2）彼らに努力させるには，強制・統制・命令・処罰を加えなければならない，

（3）普通の人間は命令される方が好きで，自分から責任をとろうとしたりせず，野心も持たず，何よりも安全を望んでいる，

という内容である。こうしたX理論は，マズローの生理的欲求や安全の欲求にもとづいた人間観である。

　これに対してY理論は，

（1）仕事で心身を使うことは人間の本性であり，人間は本来仕事を嫌うものではない，

（2）外からの脅迫や統制だけが目的達成に向けて努力させる手段ではなく，人間は自分から掲げた目的に対しては，自ら努力するものである，

（3）献身的に努力するかどうかは報酬次第であり，最大の報酬は自我の欲求

や自己実現の欲求を充足することにある，
　(4) 人間は条件次第では自ら進んで責任をとろうとする，
　(5) 問題解決のための創意工夫の能力を多くの人々がもっている，
　(6) 現代の組織では従業員の知的能力の一部しかいかされていない，
という内容である。Y理論はマズローの欲求段階説の所属と愛の欲求，尊敬と自尊心の欲求，自己実現と完成の欲求にもとづいた人間観であるといえよう。

　マグレガーによれば，X理論とY理論では有効な組織原則が違うという。人間観が異なれば管理の仕方も違ってくるのである。X理論に立脚した管理は「階層原則」（scalar principle）にもとづく。階層原則は権限の行使による命令と統制の原則である。それに対し，Y理論に立脚した管理は「統合原則」（principle of integration）によるものであり，管理者には，従業員個々人が自己実現などの欲求を充足させると同時に，組織目的も達成できるような適切な状況を整えることが求められる。

4-3　ハーズバーグの動機づけ衛生理論

　マズローがあげた欲求と職務満足・職務不満の関係を明らかにしたのが *Work and the Nature of Man*, World Publishing, 1966.（北野利信訳『仕事と人間性』東洋経済新報社，1968年）の著者，ハーズバーグ（Herzberg, F.）である。ハーズバーグの主張は，「人々を仕事の上で幸せにする要因と人々を仕事の上で不幸せにする要因とは，互いに独立した別個の要因である」という言葉に凝縮されている。

　ハーズバーグは，人間の欲求には異なった2つの欲求があるとし，それぞれアダム的本性とアブラハム的本性と呼んだ。アダム的本性は"動物としての"欲求で，不快を回避したいという欲求である。これはマズローの生理的欲求をはじめとする低次な欲求に近い欲求である。アブラハム的本性は"人間としての"欲求で，精神的成長により潜在能力を引き出したいという，マズローの高次な欲求，中でも自己実現と完成の欲求に近い欲求である。アダム的本性は職務不満に，そしてアブラハム的本性は職務満足に関係する。

(1) アダム的本性にもとづく欲求の欠乏は職務不満を引き起す。この欲求の充足は職務不満の減少につながるが，必ずしも職務満足を引き起すわけではない。
(2) アブラハム的本性にもとづく欲求の充足は職務満足につながる。この欲求の欠乏は職務満足の減少につながるが，必ずしも職務不満を引き起すわけではない。

ハーズバーグは，アダム的本性にもとづく欲求を満たす要因，すなわち職務不満の増減に関連する要因を衛生要因（hygiene factor）と呼んだ。衛生要因として，仕事の手続きやルール，作業時間，対人関係，給与，監督技術などがあげられている。それに対して，アブラハム的本性にもとづく欲求を満たす要因，すなわち職務満足の増減に関連する要因を動機づけ要因（motivator）と呼んだ。動機づけ要因として，達成，承認，仕事そのもの，責任，昇進，成長などがあげられている。もちろん，ハーズバーグは動機づけ要因を重視し，アージリスのいう水平的な職務内容の拡大（単純な同程度の仕事の拡大）ではなく，垂直的な職務内容の拡大（たとえば肉体的業務だけでなく判断業務の追加など）である職務充実（job enrichment）を提唱した。

4-4 目標による管理

マグレガーのY理論に立脚する管理システムの提唱とハーズバーグの職務満足を充足する職務充実の管理システムの提唱とから導き出されるのは，目標による管理システムの設計である。

「目標による管理」（management by objectives）は，もともと1954年にドラッカーが言い出した考えが展開されたものである。ドラッカーは，「上司は社長から，下は現場の職長や主任にいたるまで，それぞれはっきり定義された目標をもつことが必要である。この目標が各経営単位の行うべき業務をきめるのである」と『現代の経営』で主張した。それと同年にその本で，業務執行者の「目標設定による管理と自己統制による管理」の有効性を指摘した。

この考え方がシュレー（Schleh, E. C.）によって普及された。シュレーは1961

年に『リザルト・マネジメント』で，目標とは「一定の時期に各個人に，期待する一定の成果を提示したものである」といい，「このやり方のねらいは，組織の全体目標と個人目標とを関連づけ，目標を達成することに人間の興味や欲求を満足させる方法である」と説いて，目標による管理とは，仕事の仕方そのものに問題があるのではなく，仕事の成果に重点を置いた管理方式であることを提唱した。

この目標による管理（management by objectives）は伝統的な管理体系「統制による管理」（management by control）からの転換を意味するものである。

目標による管理の基本システムはつぎのようである。

(1) 上司は，部下の職位において達成を期待される仕事の目的と方針およびその仕事の範囲を可能なかぎり包括的に示す。その際，その仕事の中から，何を重点的にとりあげ，どの程度までの基準を達成するかについて

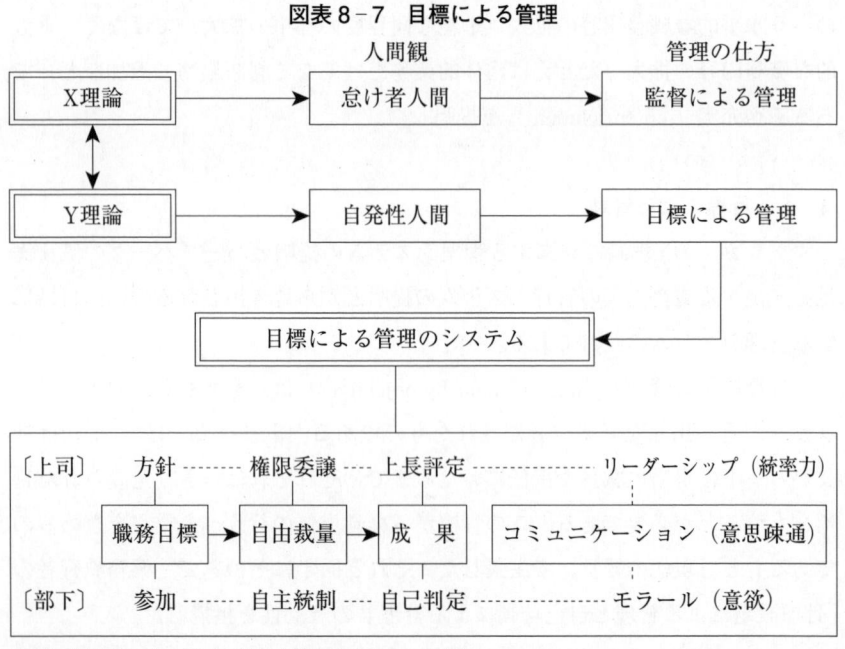

図表 8-7 目標による管理

	人間観	管理の仕方
X理論	→ 怠け者人間	→ 監督による管理
Y理論	→ 自発性人間	→ 目標による管理

目標による管理のシステム

〔上司〕　方針 ········ 権限委譲 ···· 上長評定 ············· リーダーシップ（統率力）

職務目標 → 自由裁量 → 成　果　　コミュニケーション（意思疎通）

〔部下〕　参加 ········ 自主統制 ···· 自己判定 ············· モラール（意欲）

出所）藤芳誠一（1998）『経営基本管理』泉文堂，107頁。

は，職務担当者自身が計画をし，上司との「面接」（interview）を通じて決定される。すなわち，仕事の計画設定には部下を一定の枠の範囲で参画させる。もちろん，期待される成果についての最低の基準は業績基準（performance standard）として当然守らなければならない。

(2) 達成すべき仕事が決定されたならば，その仕事の達成上必要な権限は，その仕事に即して配分されるなり，権限の委譲が行われるなりして，具体的な執行過程に関してはできるだけ大幅な自由裁量の余地が与えられなければならない。

部下は，上司の細かい指示や監督を受けないで，自主的に仕事を遂行する。すなわち，自己統制を行うことによって，仕事を達成する。

(3) 成果については，仕事の目標なり，仕事の達成基準なりが，明確に理解されているのであるから，自己判定を行うことができる。しかし，その判定は，さらに上司との「話合い」によって評価され，そこで，必要な指導を受けるというかたちをとる。

5. ブルームとポーター=ローラーの「期待理論」（プロセス・セオリー）

　期待理論は，心理学者レヴィン（Lewin, K.）やトールマン（Tolman, E.C.）の認知過程論（cognitive process theory）を手がかりに，アトキンソン（Atkinson, J. W.）などの研究に受け継がれ，ブルーム（Vroom, V. H.）によって体系化されたといわれている。そして，そのブルームの理論をさらに精緻化したのが，ポーター（Poter, L. W.）とローラー（Lawler Ⅲ, E. E.）であり，「計算高い（打算的な）人間」を前提としているという批判もあるが，彼らが著した，*Managerial Attitudes and Performance*, Richard D. Irwin, Inc., 1968. により，期待理論は一応の完成をみたのである。

　ポーターがその後，スティアーズ（Steers, R. M.）らとともに著した*Motivation and Work Behavior*, McGraw-Hill/ Irwin 7th edition, 2002. は，モチベーション論の古典的名著として現在でも極めて評価が高い。

5-1　ブルームの期待理論モデル

　人間の行動を解釈するうえで，今日注目を集め，有効なアプローチとして広く受け入れられているモチベーションの期待理論は，トールマンやレヴィンの認知過程論を手がかりにブルームによって著された，*Some Personality Determinants of effect of Participation*, Prentice-Hall, 1960. ではじめて体系化されたといえる。ポーター=ローラーの期待理論もブルームの期待理論を元にしている。

　ブルームは，一般的に人間は行動を起す前に，その行動がもたらす諸結果を予測し，どのような結果がどの程度の確率で起るのかを検討することができるとしている。そして，いかなる結果が自分にとって最も魅力的かつ有効的であるかを判断し，行動を決定するのである。彼は以上の観点をふまえて，「期待」，「誘意性」，「道具性」という3つの概念を用いて行動へのモチベーションを説

明しようとしたのである。

(1) 期待（expectancy）

　期待とは，努力することによってある行為水準に達成できるという本人の確信度を意味する。たとえば，努力すればするほど業績があがると信ずる度合のように極めて主観的な確率である。

(2) 誘意性（valence）

　個人がとった行動によってもたらされる結果に対する魅力の度合を示す。したがって，個人が獲得を望んでいる結果は正の誘意性（最高値はプラス１まで）となり，反対に望まない結果は負の誘意性（最低値はマイナス１まで）となり，どちらでもなく無関心であればゼロになる。

(3) 道具性（instrumentality）

　第１次レベルのある結果を獲得することによって，第２次レベルの諸結果を獲得することが，どの程度可能であるかを示すのであり，第１次結果の第２次結果に対する手段価値を意味する。

　そして彼の理論によれば，モチベーションは期待，誘意性，道具性の積和によって示されるという。したがって，努力をしていても達成の可能性がない場合（期待＝ゼロ）や，業績をあげても報酬などの第２次結果に魅力を感じなかったり，獲得できなかったりする場合には，モチベーションは生まれてこないか，あっても極めて弱いことを指摘している。

5-2　動因理論と期待理論

　ポーター＝ローラーは，はじめに，期待理論とハル（Hull, C. L.）の提唱した動因理論（drive theory：モチベーションの過程理論）との比較を行っている。彼らは，両理論とも快楽主義の要素を含んでおり，行動と結果の間になんらかの適切な結びつきがあるという共通点はあるが，両理論には，つぎのような相違点があると主張している。

　動因理論は目的の大きさが結果に対する刺激の影響力となっているのに対し，期待理論は，結果の予期が行動に対する影響を与える。

習慣を強調する動因理論は過去の学習に重きを置いているのに対し，結果の予期を強調する期待理論は未来の予期に重きを置いている。

彼らは，このように動因理論と期待理論を比較し，ブルームにより体系化された期待理論こそが，経営上の動機づけに最も適した理論であることを主張している。

5-3 期待理論モデルの変数

ポーター＝ローラーは，期待理論のモデル構築のため，そのモデルで用いる9つの変数をつぎのように提示している。

(1) 報酬の価値（value of reward）

報酬（同僚の友情，昇進，昇給など）の価値が魅力的であるか，望ましいものであるかによって，個人における行動可能性（誘意性）は大きく左右される。

(2) 努力→報酬可能性（effort→reward probability）

報酬の量がどの程度期待できるかは，個人の努力の量に依存するのであり，個人の期待に関係する。

(3) 努力（effort）

努力をすればエネルギーは費やされるが，努力すれば必ず仕事が実行されるわけではない。

(4) 能力と資質（abilities and traits）

能力と資質は，短期間で変更されるものではなく，比較的長期にわたるものを考慮に入れなくてはならない。

(5) 役割認識（role perceptions）

効率的な仕事の遂行のためには，役割を認識することは欠かせない。

(6) 業績（performance）

仕事の業績は，人間の評価につながる。それは，能力と特徴と役割認識によって修正される努力の所産であり，客観的法則および信用度のような主観的法則によって評価される。

(7) 報酬（rewards）

第8章 リーダーシップとモチベーションの理論類型 273

図表8-8 期待理論モデル

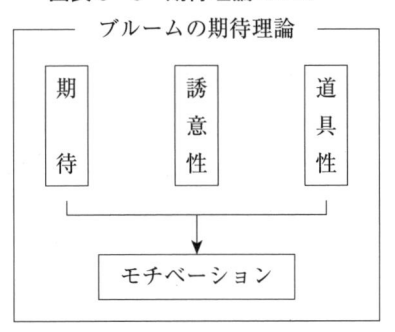

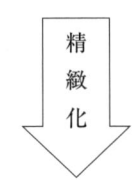

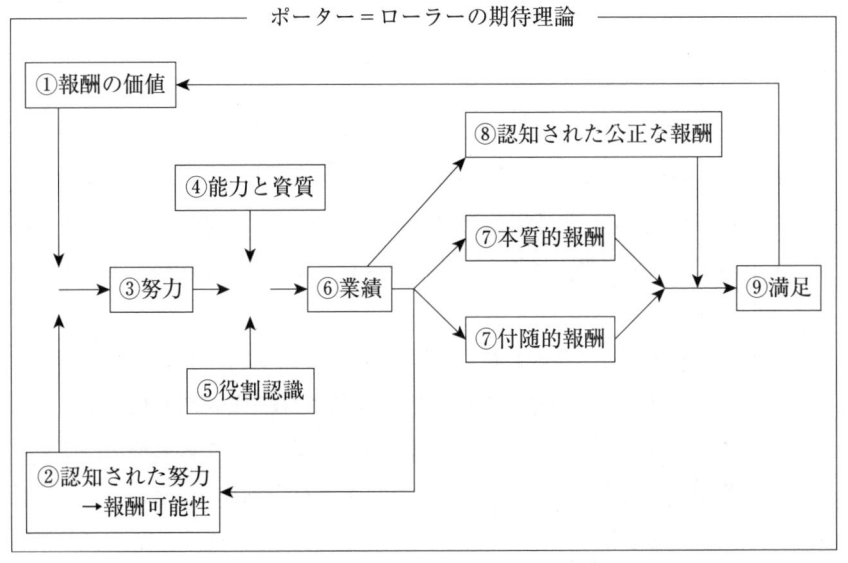

ブルームの期待理論
- 期待
- 誘意性
- 道具性

→ モチベーション

精緻化

ポーター＝ローラーの期待理論

① 報酬の価値
② 認知された努力→報酬可能性
③ 努力
④ 能力と資質
⑤ 役割認識
⑥ 業績
⑦ 本質的報酬
⑦ 付随的報酬
⑧ 認知された公正な報酬
⑨ 満足

出所）藤芳誠一（2000）『新経営基本管理』泉文堂，247頁。

報酬は好ましい結果へと導く。過去の業績の認められた大きさとそれに対する報酬の大きさを知ることで、未来の業績を予期する。報酬は、友情・尊敬・自己実現などの本質的報酬（内発的報酬）と賃金・昇給・昇進などの付随的な報酬（外発的報酬）に区分される。

(8) 認知された公正な報酬（perceived equitable rewards）

報酬の量が、与えられた仕事とバランスがとれているとき、認知された公正な報酬と定義される。

(9) 満足（satisfaction）

実際に受け取る金銭が適当か、あるいは認知される報酬が期待以上のレベルの場合、満足が得られる。

5-4　ポーター＝ローラーの期待理論モデル

ポーター＝ローラーは、前項で考察した変数が「期待理論モデル図」のようなプロセスを経るというモチベーションモデルを展開した。ここでは、「期待理論モデル図」に関連する若干の検討を加えてみよう。

彼らのモデルでは、最初に報酬に対してどの程度価値を見出しているかということと、努力に対してどの程度報酬が期待できるかということが実際の努力の度合に影響を与える。しかし、必ずしも努力がそのまま業績という結果に結びつくわけではない。努力に加え、能力や資質、役割認識が関係し、業績となって現れるのである。

すなわち、報酬に対する価値観が高く、努力に対する報酬の期待が高いほど、努力するのであり、その努力と能力や資質の優劣、役割認識の正確性が相互に作用し、業績へとつながっていくのである。そして、ここでの業績が再び努力に対する報酬への期待にフィードバックされ影響を与える。つぎに、業績に対する報酬（本質的な報酬と付随的な報酬）が与えられる（しかし、業績と報酬の間は結びつかない場合もあることに注意する必要がある）。一方、実際に与えられた報酬と適正な報酬であると考える額との差の評価が行われ、満足感を得られるか否かが判断され、そこから報酬に対する価値へとフィードバックさ

れるのである（満足が大きければ，報酬の価値，すなわち報酬の誘意性は高まる）。彼らは，このような一連の流れで期待理論を現し，モチベーション変数を人間行動に結びつけたのである。

〈参考文献〉

Blake, R. R. & J. S. Mouton（1964）*The Managerial Grid.*（上野一郎監訳（1965）『期待される管理者像』産業能率短期大学出版部）

Hersey, P. & K. H. Blanchard（1969）*Management of Organizational Behavior.*（山本成二・水野基・成田攻訳（1978）『行動科学の展開』日本生産性本部）

アーウィック，L. F. 著，堀武雄訳（1961）『経営の法則』経林書房

──著，藤芳誠一・星野清訳（1968）『新版 現代のリーダーシップ』経林書房

アージリス，C. 著，伊吹山太郎・中村実訳（1970）『新訳 組織とパーソナリティ』

ハーズバーグ，F. 著，北野利信訳（1968）『仕事と人間性』東洋経済新報社

フィードラー，F. E. 著，山田雄一監訳（1970）『新しい管理者像の探求』産業能率短期大学出版部

マグレガー，D. 著，高橋達男訳（1970）『新版 企業の人間的側面』産業能率短期大学出版部

マズロー，A. H. 著，小口忠彦訳（1971）『人間性の心理学』産業能率短期大学出版部

● 索　引 ●

あ　行

アーウィック, L. F.　245
アウトソーシング　103
アウトレットストア　65
アージリス, C.　263
アメーバ経営　136
アンゾフ, H. I.　97
アンバンドリング経営　133
暗黙知　144
委員会設置会社　15
家の論理　175
意思決定　226
意思決定論　225
伊丹敬之　81
移動組立法　211
稲盛和夫　137
イノベーション　55, 215
イノベーター　71
ウェーバー, M.　237
梅澤　正　140
X理論　266
M&A　104
LPC　258
王　東明　39, 40
近江商人　191
奥村　宏　23, 30, 167

か　行

会計監査人　14
会計参与　15
会社法　5
会社人間　176
会社の機関　7
カイゼン　70
階層性の原則　113
外発的報酬　274
科学的管理法　195, 199
課業管理　196
学習する組織　147
革新　86
加護野忠男　103
株主総会　8
監査委員会　17, 19
監査役　14
監査役会　14
神田秀樹　2, 4, 7
かんばん方式　69
管理活動　202
管理過程　202
　　──学派　112
管理原則　204
管理者的機能　215
管理者的経営者　47
管理人　228
官僚制　237
　　──の逆機能　237
管理要素　202
企業家　71
　　──的機能　215
　　──的経営者　47
企業行動規範　164
企業市民　166
企業の社会的責任　49
企業不祥事　153
企業別組合　173
企業倫理　159
岸田雅雄　4
期待理論　270
規模の経済　135
キャッシュフロー経営　185
旧三会　39
共生　86
競争戦略　91
業態変革　211
共同決定法　26
業務執行取締役　12
金融工学　67
グローバリゼーション　182
グローバル経営　182
グローバル・スタンダード　183
経営活動　211
経営機能　119
経営戦略　81, 82
経済人モデル　226
形式知　144

索　引

結果責任留保の原則　113
権限委譲の原則　113
権限受容説　223
権限と責任照応の原則　113
権限の源泉　117
コア・コンピタンス　95
ゴーイング・コンサーン　82
公式組織　235
顧客の創造　58, 215
国際会計基準　185
ゴールデン・パラシュート　106
コンティンジェンシー理論　256

さ　行

サイモン，H. A.　225
榊原清則　138
佐々木利廣　133
サブプライムローン　67
差別化戦略　92
差別出来高給制度　196
3委員会　16
三方よし　191
CEO　19
時価会計　185
事業部制組織　127
執行役　17, 21, 22
執行役員　21, 22, 53
執行役員会　53
シナジー　99
指名委員会　17, 19
シャイン，E. H.　140
社外取締役　20, 25
社会人モデル　234
社団法人　4
社長　21
社内ベンチャー　138
終身雇用制　171
集団維持機能　250
シュンペーター，J. A.　56
職能部門組織　125
職能別職長制度　197
職務拡大　265
職務権限　117
職務充実　267
職務充実化　116
自立人間　177

新三会　39
杉田あけみ　178
杉本泰治　20
ステークホルダー　51, 160
スピードの経済　135
成熟度　260
製品系イノベーション　59
蛻変の経営　74
制約（制限）された合理性　228
石門心学　190
善管注意義務　12
戦術　88
選択と集中戦略　96
専門化の原則　114
専門経営者　3
戦略　88
戦略事業単位　139
戦略提携　104
創造的破壊　57
組織IQ　46
組織影響力　228
組織原則　112
組織成立の条件　220
組織的怠業　196
組織能力　46
組織の存続条件　222
組織の定義　220
組織の能率　222
組織の有効性　222
組織文化　140
SOX法　153
啐啄同時　76

た　行

ダイバーシティ・マネジメント　179
代表執行役　17
代表取締役　12
多角化戦略　97
高橋俊夫　29
立石信雄　178
田中宏司　159
多品種変量生産システム　70
知識創造組織　144
チャンドラー，A. D. Jr.　87
忠実義務　12
賃金動機　208

ツー・ボス・システム　114
テイラー，F. W.　195
適正事業体　82
適正利潤　82
テレワーク　180
党委員会　36
党管幹部原則　38
動機づけ　262
　――衛生理論　266
董事会　33
統制範囲＝監督の幅の原則　113
トップ・マネジメント　121
都鄙問答　190
ドメイン　77, 90
ドラッカー，P. F.　58, 213
取締役　10
取締役会　11
取締役の監視義務　13

な 行

内発的報酬　274
内部告発　167
内部統制　164
名ばかり管理職　181
日本的（型）経営「三種の神器」　171
人間関係論　231
年功序列制　172
野中郁次郎　136, 145

は 行

ハーシー，P.　256
ハーズバーグ，F.　266
バーナード，C. I.　219
ハメル，G.　95
パラダイム　77, 217
範囲の経済　133
B・M・G三面体企業　42
PM理論　253
東アジア共同体　187
非公式組織　235
PPM　100
ファヨール，H.　111, 201
ファンクショナル組織　122
フィードラー，F. E.　256
フォーディズム　207
フォード，H.　207

フォード・システム　210
藤芳誠一　43, 74
プラハラード，C. K.　95
フランチャイズチェーン　65
ブランチャード，K. H.　256
ブルーム，V. H.　270
ブレイク，R. R.　253
プロジェクト組織　139
プロダクト・ポートフォリオ・マネジメント　100
ベンチマーキング　150
ベンチャー・ビジネス　72
ポイズン・ピル　106
報酬委員会　17, 19
法人格　5
法人企業　4
方法系イノベーション　59
ポジショニング戦略　90
ホーソン実験　231
ポーター，L. W.　270
ポーター，M. E.　91
ホワイトナイト　107

ま 行

マグレガー，D.　263
マーケティング　59, 215
　――近視眼　91
マズロー，A. H.　262
マトリックス組織　129
マートン，R. K.　237
マネジリアル・グリッド　250
三隅二不二　253
三戸公　174
ミドル・マネジメント　121
無関心圏　223
ムートン，J. S.　253
メイヨー，E.　331
命令統一の原則　113
目的と手段の転倒　241
目標達成機能　250
目標による管理　115, 213, 267
持株会社　131
モチベーション　262

や 行

役員　21

由井常彦　190
有限責任　2
欲求段階説　262

ら行

ライン・アンド・スタッフ組織　122
ライン組織　122
利潤動機　208
リストラクチャリング　75
リーダーシップ　247

リッカート，R.　250
稟議制度　174
レスリスバーガー，F. J.　231
連結決算　185
ロワー・マネジメント　121
ローラーⅢ，E. E.　270

わ行

Y理論　264
ワーク・ライフ・バランス　178

著者紹介

藤芳　明人（ふじよし　あきひと）

現　職	中京学院大学　経営学部教授
1957年	東京生まれ
1980年	慶應義塾大学経済学部卒業
1982年	青山学院大学大学院修了（経営学修士）
1985年	成蹊大学大学院経営学研究科博士課程単位取得
	千葉経済短期大学（現千葉経済大学短期大学部）専任講師，東京経営短期大学助教授を経て，2000年より現職。東京在住。
著　書	『ビジョナリー経営学』（共著）学文社，2003年
	『日本の経営革命』（共著）泉文堂，2001年
	『新経営基本管理』（共著）泉文堂，2000年
	『ビジュアル基本経営学』（共著）学文社，1999年
	『解説　経営管理学』学文社，2010年

解説　企業経営学

2008年11月20日　第一版第一刷発行
2010年10月20日　第一版第二刷発行

著　者　藤　芳　明　人
発行所　㈱学　文　社
発行者　田　中　千　津　子

〒153-0064　東京都目黒区下目黒3-6-1
電話(03)3715-1501（代表）　振替00130-9-98842
http://www.gakubunsha.com

印刷／㈱シナノ
〈検印省略〉

乱丁・落丁本は，本社にてお取り替え致します。
定価は，売上カード，カバーに表示してあります。

ISBN978-4-7620-1895-4
©2008　FUJIYOSHI Akihito Printed in Japan